什么是"受过教育的人"?
——彼得斯教育思想研究

刘 安 著

上海大学出版社
·上海·

图书在版编目(CIP)数据

什么是"受过教育的人"?：彼得斯教育思想研究／刘安著.—上海：上海大学出版社,2022.11
ISBN 978-7-5671-4527-6

Ⅰ.①什… Ⅱ.①刘… Ⅲ.①理查德·斯坦利·彼得斯-教育思想-研究 Ⅳ.①G40-095.61

中国版本图书馆CIP数据核字(2022)第209003号

出版统筹　邹西礼
责任编辑　厉　凡
封面设计　柯国富
技术编辑　金　鑫　钱宇坤

什么是"受过教育的人"?
——彼得斯教育思想研究
刘　安　著

上海大学出版社出版发行
(上海市上大路99号　邮政编码200444)
(https://www.shupress.cn　发行热线021-66135112)
出版人　戴骏豪

*

南京展望文化发展有限公司排版
江苏凤凰数码印务有限公司印刷　各地新华书店经销
开本 710mm×1000mm　1/16　印张 15.75　字数 234千
2022年11月第1版　2022年11月第1次印刷
ISBN 978-7-5671-4527-6/G·3471　定价 68.00元

版权所有　侵权必究
如发现本书有印装质量问题请与印刷厂质量科联系
联系电话：025-57718474

前 言
FOREWORD

一

教育目的是教育工作的出发点和归宿,因此,教育应该培养什么样的人、怎样培养人是历久弥新的重要课题。这一问题反映了一定社会中教育目的的实质和内涵。教育目的规定着"把受教育者培养成为一定社会需要的人的总要求,是培养人的质量规格"。① 它既是教育工作的起点,又是教育工作的归宿,也是检验和评价教育成果的依据。进入 21 世纪以来,"什么是受过教育的人"的问题再次成为新时代教育理论与实践的新命题,"核心素养""关键能力""批判性思维"等当代教育热词都折射出这一问题的时代性,因此重新探讨这一问题具有一定的时代意义。

然而,由于对教育目的和教育价值等的理解认识歧见纷出,当前我国教育改革发展过程中出现了一些热点问题,直指人们对教育目的的理解与再定位,不能不引起我们的深入思考。例如,现在的父母经常担心孩子"输在起跑线上"而热衷于早教,希望尽早开发儿童智力。在他们看来,生活就像一场比赛,学习成绩可以决定孩子在未来社会中的地位。另一些父母则持"快乐教育"的观点,认为童年生活和成年生活一样重要,反对为不可靠的未来牺牲现在。这两种取向其实可归结为一个问题:教育到底是为当下还是为未来?再如,近年来我国教育领域出现了一股"状元风",这可能刺激和推动片面追求升学率。诚然,目前我国的学校教育无法回避考试,千军万马过高考"独

---

① 简明教育辞典. http://kns.cnki.net/kns/brief/result.aspx?dbprefix=CRPD.

木桥"是不可避免的现实。然而,如何应对"素质教育"与"应试教育"之间的矛盾?我们不禁要对教育本质和教育目的进行追问:办教育究竟是为了什么?

2015年修订的《中华人民共和国教育法》规定,现阶段我国的教育目的是"培养德、智、体、美等方面全面发展的社会主义事业的建设者和接班人"[①]。虽然按照教育法的规定德育的重要性排在第一位,但在学校教育实践中,重智育而轻德育的情况并不鲜见,这种做法的后果有时是严重的。例如,近年发生的"高铁霸座"事件就在社会上引起巨大反响。有些霸占他人座位拒不让出的还属于高学历人士,但其行为却是"德不相配"的典型。这类事虽然属于偶发个例,但一定程度上不禁令人反思:我国现行的教育体系是否有不完善需要改进之处?培养高智商高学历之人是否就是教育的目标?在道德上是不是也应该有所要求呢?什么样的人才能称得上是一个"受过教育的人"呢?怎样才能培养出"受过教育的人"呢?

作为教育研究的核心问题,"什么是受过教育的人"是一个亘古不变的命题,在不同社会不同历史时期有着不尽相同的回答,多位思想家均做过或浅或深的探讨,英国当代分析教育哲学家理查德·斯坦利·彼得斯(Richard Stanley Peters,1919—2011)堪称其中翘楚,其思想至今被广泛关注。他曾经提出"受过教育的人"的观点,并以此表达他对教育及教育目的的看法。他的教育哲学理论曾经在20世纪六七十年代主导着英国教育哲学的发展方向,深深影响了一代教育哲学家。然而,我国学术界、教育界对彼得斯的研究却乏善可陈,很大原因是引介其著作、研究其思想的学者屈指可数。虽然彼得斯的教育思想及相关著作的出版距今已过去半个多世纪,其理论亦有些不尽周全之处,但他对当时英国教育现状的批评和建议在今日看来仍具有启示性。尤其是他坚持博雅教育传统、提倡追求教育的内在价值和秉持非工具性态度等主张,对照我国教育现状与社会状况,依旧发人深省。有鉴于此,本书便带着当下中国教育中出现的问题,期望通过引介彼得斯的思想和观点,深入探究其思想要义,以期为热点问题的平衡或解决提供新的视角,能够起到以"他山之石攻己之玉"的作用。

---

① 中华人民共和国教育法[Z]. 中国法制出版社,2015:1.

二

彼得斯在长达92年的人生历程中,①经历了各种跌宕起伏。幼年由于家境优渥,他享受到较优质的英国公学教育。青年时期他经历了残酷的战争年代,积累了丰富的人生体验。在伦敦大学工作期间,他领衔"伦敦路线"(London Line),②步入学术生涯巅峰。只是晚年由于疾病缠身,学术生涯不得不戛然而止。

在彼得斯去世之后,新西兰学者迈克·彼得斯(Michael A. Peters)力邀数位哲学家为他撰文以表纪念,例如大卫·阿斯宾(David Aspin)欣然同意出一期《教育哲学与理论》特刊,并牵头撰文向彼得斯致敬。③ 在这一期特刊中,阿斯宾和伊万·斯努科(Ivan Snook)深情回忆了他们与彼得斯的交情;詹尼斯·奥佐林思(Janis T. Ozoliņš)和约翰·克拉克(John Clark)均为彼得斯撰写了讣告,高度评价了彼得斯作为分析教育哲学创始人的重要性,以及对他们的事业与生活产生的巨大影响。伦敦大学在彼得斯的讣告中说,彼得斯对教育哲学研究产生了革命性影响,他在教与学的关键概念上运用概念分析方法赋予教育研究新的生命力,为解决教育的目标等问题表现出前所未有的洞察力。虽然他的逝世标志着一个时代的终结,但是他的作品仍将为教育的哲学思考带来永恒的灵感。④

彼得斯在教育哲学领域做出了重要贡献,有着独特的地位。在英国哲学界,人们一般认为是彼得斯创立了一个新的教育哲学分支,是分析教育哲学最具影响的代表人物。⑤ 英国学者迪尔登(R. F. Dearden)认为,彼得斯

---

① 参见附录1.
② 伦敦路线亦称伦敦学派,是指20世纪中期伦敦大学领衔的英国分析教育哲学流派。
③ 参见:Special Issue: Philosophy of Education in the Perspective of Professor R. S. Peters[J]. Educational Philosophy & Theory, 2013, 45(2): 117-238.
④ R. S. Peters, professor emeritus, dies. UCL Institute of Education, University College London, 2012. http://www.ucl.ac.uk/ioe
⑤ James Bowen, Peter R. Hobson. Theories of Education: Studies of Significant Innovation in Western Educational Thought[M]. New York: John Wiley and Sons, 1987: 341.

什么是"受过教育的人"？——彼得斯教育思想研究

作为"伦敦路线"的主要代表，在伦敦大学教育哲学讲座教授就职演说中对教育概念的分析，成为教育哲学研究方法的范例。① 卡尔(Wilfred Carr)认为，彼得斯"独立地革新了目前运用和认识教育哲学的方法"，并且成为"教育哲学研究的领航人"。② 新西兰梅西大学教授克拉克(John Clark)认为，彼得斯在1962年至1983年担任伦敦大学教育哲学教授期间，使教育哲学学科发生了翻天覆地的变化，没有哪位同时代的思想家能像他那样给该学科留下如此深刻的印记。③ 檀传宝在《世界教育思想地图》中指出，在20世纪的后半期，彼得斯可以说是英国教育哲学的创始人，在很多方面，他被视为"二战"后把分析教育哲学学派的成果应用到教育学具体问题上的开创者。彼得斯独特的哲学思辨姿态、普遍主义心态、对真理和理性的热爱、对自主的强调，都使得他更像一个斯多葛学派的哲学家；他始终认为人们要找到生命的意义，而不是沉浸在世界的偶然性中。④

就彼得斯的学术思想而言，学界公认其主要贡献在于开拓了新的研究思路，使教育哲学在教育及哲学的领域里均受到认同。分析教育哲学大师赫斯特(Paul H. Hirst)在和怀特(Patricia White)共同主编的《教育哲学：分析传统中的主要议题》(Philosophy of Education: Major Themes in the Analytic Tradition)指出，当20世纪60年代初期英国分析哲学家们纷纷就教育问题进行探讨时，是彼得斯看清了研究方向，并且主导了分析教育哲学的各项研究。库柏斯(S. E. Cuypers)和马丁(C. Martin)认为彼得斯对现代教育哲学的发展影响重大，其研究的独创性和广度持续影响着教育哲学领域。⑤ 他们认为彼得斯的主要成就包括：首先，以概念分析为方法，从事教育及其相关概念的哲学分析，形成教育哲学研究的新典范；其次，主张将教

---

① R. F. Dearden. Philosophy of Education: 1952 – 1982[J]. British Journal of Educational Studies, 1982, 30(1): 58.
② Wilfred Carr. R. S. Peters' Philosophy of Education: Review Article[J]. British Journal of Educational Studies, 1986, 32(1): 269.
③ John Clark. Richard Peters 1919 – 2011[J]. Educational Philosophy and Theory, 2012, 44(3): 237.
④ 檀传宝. 世界教育思想地图[M]. 福州：福建教育出版社, 2010: 249.
⑤ Stefaan E. Cuypers, Christopher Martin. Reading R. S. Peters on Education Today[J]. Journal of Philosophy of Education, 2010, 43(S1): 3 – 7.

育领域分为哲学、心理学、社会学及史学这四大基础学科,并且改革师资培训课程,促使教育哲学成为英国教师教育中的主要科目。吴式颖和任钟印在《外国教育思想通史》中指出,彼得斯对分析教育哲学发展的主要贡献集中在三个方面:一是改变了谢弗勒(Israel Scheffler)进行教育分析的逻辑实证主义思想基础,①转而把"日常语言哲学"作为教育分析的基础,从维特根斯坦(Ludwig Wittgenstein)的"语言游戏说"和"生活形式说"出发,②认为词的意义在于用法而非名称,在分析教育概念时十分注重参考概念出现的背景以及各种与概念相关的问题;二是尖锐批评了"美国派"为分析而分析的倾向,彼得斯放弃中立的分析立场,认为教育是一种价值追求活动,鼓励教育哲学家将伦理原则运用到教育情境中去;三是倡导古典人文主义的教育观,提出教育过程中暗含的三个标准,即教育的"合价值性""合认知性"和"合自愿性"。③

彼得斯不仅左右了英语国家教育哲学的发展方向,并且在世界其他地方也影响深远。在彼得斯的主导下,"伦敦路线"培养了许多重要的教育哲学家,他们至今仍活跃在教育哲学领域的第一线。奥佐林思指出,"彼得斯为教育哲学提供了一种特殊的、康德式的、分析式的方法,为教育、教学和学习的哲学分析和概念化提供了肥沃的土壤"。④ 在进入20世纪90年代以后,包括英国在内的许多具有分析教育哲学传统的英语国家,都纷纷开始对分析教育哲学的研究传统、分析教育哲学的发展态势等展开研究。彼得斯作为"伦敦路线"的分析教育哲学大师,可说是继杜威之后在教育哲学领域为人称道的大家。他的影响力不仅普遍为英美教育界及哲学界所公认,即使是第三世界国家的教育从业人员,也不乏对其思想的推崇者。

---

① 谢弗勒(Israel Scheffler,1923—2014):美国教育哲学家,哈佛大学哲学系教授。是美国分析教育哲学的倡导者和代表人物之一。主要著作包括《教育的语言》(1960)、《知识的条件》(1965)、《理性与教学》(1973)、《论人的潜能:一项教育哲学的研究》(1985)等。
② 维特根斯坦(Ludwig Wittgenstein,1889—1951):犹太人,是20世纪最有影响力的哲学家之一,其研究领域主要在数学哲学、精神哲学和语言哲学等方面。主要著作包括《逻辑哲学论》(1921)、《哲学研究》(1953)等。
③ 吴式颖,任钟印. 20世纪的教育思想:下[M]//外国教育思想通史:第10卷. 长沙:湖南教育出版社,2002:240.
④ Jānis T. Ozoliņš. R. S. Peters: A Significant and Seminal Thinker in Philosophy of Education [J]. Educational Philosophy and Theory, 2012, 44(3):236.

纵使彼得斯对教育哲学的贡献有目共睹,但是他也并非没有引起争议、没有遇到过批评。最著名的批评认为彼得斯的理论只是英国式的博雅教育观,他虽然自称具有普遍意义,但实际上与其他教育观鲜有共鸣。① 如今在很多地方,衡量教育是否成功的标准依然是能获得多少显而易见的技能,这与彼得斯所提倡的博雅教育相去甚远。为此,奥佐林思指出,"彼得斯教授仙逝,教育世界因此变得更为贫瘠"。②

2013年,英国布鲁姆斯伯里出版社出版了一套教育哲学家丛书(Continuum Library of Educational Thought),以传记的形式专门介绍了历史上全球范围内举足轻重的教育思想家的思想和实践。这些教育思想家包括亚里士多德、柏拉图、卢梭、孔子、杜威、皮亚杰等,而理查德·彼得斯亦名列其中,是这套丛书第18卷的主人公。正如丛书编辑理查德·百利(Richard Bailey)所言,"彼得斯是位举足轻重的学者,他的权威地位依然体现在当今许多教育哲学家的研究方法和研究内容之中"。③

三

如上文所述,作为著名的分析教育哲学家和教育伦理学家,彼得斯在教育哲学领域的影响不仅在英美等发达国家得到公认,而且在第三世界国家的教育界也受到广泛认可。当前,我国台湾地区以及海外以"彼得斯"④及其思想为主题的研究已有较为丰硕的成果;遗憾的是,中国大陆对彼得斯的研究相对比较匮乏。本书试图从彼得斯的知识观、理性道德观与理性自由观等核心范畴出发,系统梳理他眼中"受过教育的人"的内涵及图像,并探讨什么样的教育才能培养出其所构想的"受过教育的人",最后评述并反思其思想要义对我国教育的启示。

---

① ② Jānis T. Ozoliņš. R. S. Peters: A Significant and Seminal Thinker in Philosophy of Education [J]. Educational Philosophy and Theory, 2012, 44(3): 236.
③ Richard Bailey. Series Editor's Preface[G]. // Stefaan E. Cuypers, Christopher Martin. R. S. Peters. London: Bloomsbury Academic, 2013: 9.
④ 中国台湾地区学者译为"皮德思"。

这里先就本书的体系及布局作一点说明。第一部分阐述彼得斯教育思想的时代背景及渊源。主要对彼得斯"受过教育的人"理论产生的社会现实背景作简要阐述,并勾勒出他的学术思想基础的轮廓,内容涵盖他的哲学基础、道德理论基础以及教育理论基础等,以便理解其相关理论的来龙去脉。第二部分系统分析和阐述彼得斯关于"受过教育的人"的思想要义。首先介绍了彼得斯关于"受过教育的人"的基本观点,以求把握"受过教育的人"理论的总体样貌。接着对彼得斯的博雅知识观、理性道德观和理性自由观进行了探讨,以便深入了解彼得斯教育思想中关于"受过教育的人"的具体特征。第三部分主要探讨彼得斯关于"受过教育的人"之教育的观点,意在弄清彼得斯关于教育如何培养"受过教育的人"的问题,阐述其关于"受过教育的人"应当接受什么样教育的观点。首先讨论彼得斯对"受过教育的人"之教育合理性的论证,探讨教育的价值问题;接着讨论彼得斯对人的心智发展的看法,探讨教育的心理学依据问题;然后讨论教育应当在启蒙的意义上进行,探讨彼得斯对教育应该的样子的看法;最后讨论彼得斯对学校教育过程的看法,探讨关于"受过教育的人"如何在学校教育中实现的问题。第四部分对彼得斯教育思想进行述评,主要目的是厘清彼得斯教育思想的贡献和局限性,并探讨彼得斯的教育思想对我国教育实践的参考价值。

总体上,彼得斯教育思想中"受过教育的人"是有博雅知识观及理性道德、理性自主的自由人。他有关"受过教育的人"的理论核心体现在知识、道德、自由的关系之上。要成为"受过教育的人",知识是基础,道德是保障,自由是目的。另一方面,彼得斯"受过教育的人"之教育的理论核心要素有四,即人的心智、心智发展、教育、公共世界。教育一词蕴含着教育过程的标准及"受过教育的人"的标准。教育依据人的心智发展特点,启蒙和引导受教育者接触有内在价值的东西,通过学习各种社会规则和客观标准,使其逐渐进入公共世界并成为其中一员。

彼得斯的"受过教育的人"的相关理论对中国当代教育富有借鉴意义,有助于启发我们重新认识教育目的这一教育的根本命题,努力追求教育的内在价值,从而适应"立德树人"的时代要求并培养在道德上"受过教育的人"。

目录 CONTENTS

前言 ··· 1

第一章 彼得斯教育思想产生的背景与渊源 ·············· 1
第一节 生平简介 ·· 2
第二节 时代背景 ·· 5
一、哲学研究的转向 ··· 6
二、战后的社会冲突与价值多元 ································· 9
三、英国传统教育与进步主义教育的碰撞 ···················· 10
小结 ·· 13
第三节 思想渊源 ·· 13
一、哲学基础 ··· 14
二、道德理论基础 ·· 24
三、教育理论基础 ·· 26
小结 ·· 36

第二章 "受过教育的人"之思想要义 ······················· 38
第一节 彼得斯关于"受过教育的人"的思想发展历程 ···· 40
一、早期观点:"受过训练的人"不是"受过教育的人" ······ 41
二、中期观点:"受过教育的人"之教育不同于一般教育 ···· 45
三、晚期观点:"受过教育的人"为民主生活做准备 ········ 48
小结 ·· 51

第二节 "受过教育的人"是有博雅知识观的人 … 52
一、全人教育 … 53
二、知识的广度与深度 … 54
三、对知识的非工具性态度 … 58
四、彼得斯的博雅教育观 … 60
小结 … 62

第三节 "受过教育的人"是有理性道德的人 … 63
一、理性道德的内涵 … 63
二、理性道德的要素 … 64
三、理性道德的发展 … 72
四、理性道德的培养 … 75
小结 … 78

第四节 "受过教育的人"是理性自主的"自由人" … 80
一、自由是一种社会原则 … 80
二、作为选择者的自由人 … 83
三、理性自主的自由人 … 86
四、自由人的培养 … 90
小结 … 95

第三章 彼得斯论"受过教育的人"之教育 … 97
第一节 对教育工具性和非工具性的证成 … 99
一、对教育之必要性的证成 … 99
二、对教育的工具性证成 … 101
三、对教育的非工具性证成 … 103
小结 … 106

第二节 教育应符合人的心智发展特点 … 107
一、论心智的本质 … 107
二、论心智的发展 … 114
小结 … 121

第三节 教育即启蒙 …… 122
一、什么是启蒙 …… 122
二、教育需在启蒙的意义上进行 …… 125
三、教育的过程 …… 133
小结 …… 136

第四节 "受过教育的人"之学校教育 …… 138
一、学校教育未必是教育 …… 138
二、重新定位学校教育过程 …… 139
小结 …… 152

第四章 彼得斯教育思想之述评与镜鉴 …… 153

第一节 彼得斯教育思想述评 …… 154
一、贡献与积极意义 …… 154
二、局限性 …… 164

第二节 对我国教育的启示 …… 172
一、正确理解教育目的 …… 173
二、追求教育的内在价值 …… 176
三、培养道德上受过教育的人 …… 178

结语 …… 181

参考文献 …… 185

附录 …… 212
附录一 彼得斯专著与论文一览表 …… 212
附录二 彼得斯重要学术著作简介与述评 …… 220

第一章
彼得斯教育思想产生的背景与渊源

探讨某位学者的理论,少不了对他的相关理论提出的时代背景以及思想渊源进行了解。对于彼得斯这位在我国大陆鲜有研究的分析教育哲学家而言尤其如此。

彼得斯在长达92年的人生历程中,经历过各种跌宕起伏。在学术生涯初期,他恰逢哲学研究的转型时期,哲学走向分析的趋向深刻影响了他的哲学立场。面对战后的社会变迁和价值冲突以及英国教育实践中的进步主义倾向对传统教育形成的冲击,彼得斯希望树立新的道德形式来解决道德矛盾,主张取进步主义之长来补传统教育之短,在重视儿童发展特点的基础上,向个体传递在社会维度中有价值的活动,使之成为"受过教育的人"。

作为分析教育哲学家的代表人物之一,彼得斯学识渊博,在政治学、哲学、心理学方面都有不少建树,为他后来从事教育哲学研究奠定了坚实的基础。彼得斯是哲学心理学博士出身,秉承经验主义和自由主义以及理性思想传统。他深受维特根斯坦日常语言哲学的影响,把哲学的分析方法运用于教育问题,发现概念用法背后的一般标准,对教育、教学、知识、课程等概念进行厘清,以帮助人们对教育过程中出现的问题保持清晰的认识。他之所以要重新认识什么是"受过教育的人",这与他思想方式的变化有着直接的关系。

在道德理论上,他在康德的自律道德理论以及皮亚杰和柯尔伯格道德认知发展理论基础上,主张把道德形式与道德内容分开考虑,依照人的发展阶段性特点,在道德教育的认知与行为之间,加上情感、意志、和习惯等三个环节，从而把人培养成为具有理性道德之人。

在教育理论方面，他秉承的是传统的博雅教育观点，注重教育的内在价值，主张非功利性教育，以培养人的心智能力为目的进行人文主义教育。根据教育目的的不同，对教育应当培养什么人的问题，彼得斯之前的思想家和理论家都有各自的表述，但其核心要素多有类似，不外乎重视知识、道德以及智慧的培养。彼得斯也不例外，只是他的表述有自己的特色，并有着自己独特的主张。

第一节 生平简介

1919年10月31日，彼得斯出生于印度穆索里(Mussoorie)。他的家庭条件比较优渥，父亲在印度警察部门工作，属于有着绅士气派的中产阶级。14岁时他回到英国与祖母同住，曾经在索斯伍德(Southwood)与乔治·奥维尔(George Orwell)度过漫长而快乐、富有冒险精神的假期。[①] 后来，彼得斯在传统色彩浓厚的公学克利夫顿学院(Clifton College)接受中学教育。在此期间，彼得斯一直是无神论者；然而在克利夫顿学院就读的最后一年，他开始对圣约翰福音(St John's Gospel)产生兴趣。到进入大学时，彼得斯已完全着迷于宗教思想。1938年"二战"前夕，彼得斯进入牛津女王学院就读，专攻古典文学，广泛阅读了宗教与哲学的论著，于1942年获得学士学位。

第二次世界大战期间，彼得斯成为教友派教徒(Quakers)，认为发生战争时不应入伍服役，而是应该尽己所能去救死扶伤。于是，彼得斯加入教友派救护团(Friends Ambulance Unit)，从事伤员与病患救助。彼得斯之前在中产阶级绅士家庭中长大，耳濡目染的是中产阶级的习惯和思想；其家世背景及求学经历，使得他与他人难以和谐相处。彼得斯非常想要越过横亘在自己和伙伴之间的鸿沟，但一直未能如愿。后来，他碰巧被派往伦敦东区(East End)负责开办一家青少年中心，参与援助失学或流离失所的青年。

---

① 奥维尔(1903—1945)是英国政治寓言体小说《动物庄园》的作者。

由于日夜与底层民众打交道,彼得斯逐渐发现自己和他人之间的界线消失了,他的内心冲突慢慢平息了下来。他说道:

> 我们一起工作时会分享一切——我们的经历、思想、话语、甚至包括刮胡刀——我们鬼混在一起,我们之间的差异变得微不足道。①

经历过了残酷的战争,彼得斯不仅加深了对宗教教义的认同,也更加体会到人与人之间的爱,并且引发了他对人类境遇的关怀。他说:

> 在战争中,我对此并没有太多的考虑。我只是有个模糊的乌托邦式的想法:如果让好人参与进来,一切都会得到纠正。……现在,我意识到……自己深恶痛绝之事不仅仅是个人造成的,我们体系中的某些传统和制度也逃不脱干系。②

1944年,彼得斯赴西德科特学校(Sidcot School)担任古典文学教师。1946年进入伦敦大学伯贝克学院(Birkbeck College)担任兼职教师,学习哲学与心理学,攻读博士学位。在梅斯教授(Professor C. A. Mace)的指导下,彼得斯完成论文《心理学探究的逻辑》(The Logic of Psychological Enquiries),于1949年获得博士学位。完成博士学业之后,彼得斯留校任教,教授哲学、心理学方面的课程,专门从事伦理学、政治哲学、历史和哲学心理学方面的研究,也担任过成人教育的工作。彼得斯热爱教学工作,把学校视为:

> 田园诗般的建设与合作的呼吸空间,就像是理想环境下的青少年中心。③

---

①③ R. S. Peters. Psychology and Ethical Development[M]. London: George Allen and Unwin Ltd., 1974: 466.
② R. S. Peters. Psychology and Ethical Development[M]. London: George Allen and Unwin Ltd., 1974: 467.

什么是"受过教育的人"？——彼得斯教育思想研究

在第二次世界大战期间的社会服务工作和战后的教学经历，使彼得斯对教育产生了浓厚兴趣。由于教育哲学结合了心理学和哲学的多个分支，他深受教育哲学的吸引，致力于哲学与教育的结合。1956年至1959间，彼得斯接受英国广播公司的邀请，在广播电台就权威、责任、教育目的等话题进行探讨，从此进入教育哲学的领域。[1] 后来这些讲稿刊载于《听众》杂志，并收录在《权威、责任与教育》（Authority, Responsibility and Education）一书中于1959年公开出版。从此，他的影响开始扩大，甚至引起美国哈佛大学教育研究所谢弗勒（Israel Scheffler）教授的注意。1961年，谢弗勒邀请彼得斯前往哈佛大学担任客座教授。1962年彼得斯赴澳大利亚国立大学（Australian National University）担任客座教授。这些经历进一步激发了彼得斯研究教育哲学的兴趣。[2]

1962年，伦敦大学教育学院教育哲学讲座教授（Professor of Philosophy of Education）莱德（L.A.Reid）退休后，院长艾尔文（H.L.Elvin）邀请彼得斯回国继任该职位。1963年12月9日，彼得斯发表就职演说，题目为《教育即启蒙》（Education as Initiation）。该演说"不仅强化了概念分析的教育哲学方法论，也具体提出了一套承继西方博雅教育传统，特别是自启蒙运动以降西方自由民主的现代教育理念，影响深远"。[3] 自此，他逐步确立了在英国教育哲学界的引领地位，成为主导分析教育哲学走向的重要人物。1966年，彼得斯获得全美教育学术奖，被选入美国国家教育科学院（American National Academy of Education）。其他教育研究机构也争相邀请彼得斯访问，例如加拿大英属哥伦比亚大学、澳大利亚国家大学、新西兰奥克兰大学皆聘他为访问教授。在彼得斯及同行的努力下，教育哲学在教育及哲学的领域里均得到认可。1973年英国皇家哲学研究所（The Royal Institute of Philosophy）组织教育哲学讨论会，对彼得斯等人努力建构的教育哲学学术社群予以肯定。

---

[1] R. S. Peters. Authority, Responsibility and Education[M]. London: George Allen and Unwin Ltd., 1959: 7.
[2] R. S. Peters. Psychology and Ethical Development[M]. London: George Allen and Unwin Ltd., 1974: 458.
[3] 皮德思. 伦理学与教育[M]. 简成熙, 译. 台北: 联经出版事业股份有限公司, 2017: 21.

在伦敦大学任职期间,彼得斯致力于将教育哲学发展成为一个具有影响力的学科,构建了以彼得斯为核心的分析教育哲学学派——"伦敦路线"。"伦敦路线"以日常语言哲学为理论工具,采取分析式的研究方法进行教育哲学研究。此外,彼得斯希望教育哲学不应局限于抽象的讨论,而应适应教育的实际问题。在20世纪80年代初对英国分析教育哲学的发展历程进行回顾和展望时,彼得斯曾经说道:"我们渴望出现新的征程。在我看来,'伦敦路线'应该朝着更加强调社会价值和人性的方向发展。但这或许需要一种'范式的转变',在此过程中,一些新的思想将会出现。"[①]在英国教育哲学发展的过程中,以伦敦大学为中心的"伦敦路线"左右了当时英国教育哲学的整体发展,影响深远。可以说,20世纪六七十年代的英国教育哲学几乎是分析哲学的天下;伦敦大学教育学院教育系成为当时最具影响力的教育哲学研究机构。

1975年,彼得斯在新西兰考察期间不幸患上躁郁症,严重影响了他的生活,其学术生涯也几乎就此中断。由于健康原因,彼得斯于1983年退休。虽然被聘为荣誉教授(Emeritus Professor),但他很少再过问"伦敦路线"的事务。2011年12月30日,彼得斯于伦敦逝世,享年92岁。

第二节 时代背景

一种理论的诞生与学者个体的才华、时代发展、思想环境以及实践基础等有着密切联系。彼得斯出生于1919年,卒于2011年,跨两个世纪。他所经历的20世纪的英国处于巨大的变革时期,包括哲学方法论的转向、战后社会的重建以及教育思潮的转变等。英国哲学方法论的转向以及社会价值观、教育思潮等的变迁,激发了彼得斯对教育和什么是"受过教育的人"等问题的思考。他试图通过对教育概念的澄清、对道德教育路径的探索等,就相

---

① Paul H. Hirst, ed. Educational Theory and its Foundation Disciplines[M]. London: Routledge and Kegan Paul, 1983: 53.

关问题和现象做出回应,并找到可行的道路。

一、哲学研究的转向

19世纪西方哲学的突出特点是,各个学派的哲学家往往围绕一个单一的结构原则来表达系统的哲学思想,试图在简单而坚实的原则基础上解决深刻的哲学问题。人们一般可以用几句话就概括他们的核心观点或思想。黑格尔、费希特的唯心主义和马克思的辩证唯物主义都鲜明地体现了这一特点。然而进入20世纪后,随着科技的进步,社会生产力和经济迅速发展,哲学作为"把握时代的思维"也发生了重大变化。哲学界出现了一股反对传统哲学的力量,改变了哲学探究的对象和方法,即所谓的"哲学革命":作为传统哲学基础的认识论被数理逻辑取代;哲学研究方法也不再是心理分析,而是客观的逻辑分析。这场哲学革命的结果就是分析哲学的兴起,逻辑和语言被看作哲学研究的全部内容。

这一时期的主要哲学流派都主张抛弃传统哲学。维也纳学派的逻辑实证主义者主张"科学就是一切",认为一切思辨哲学(尤其是形而上学)都是一种欺骗,一切逻辑和语言之外的争议性问题都可以通过自然科学来解决。哲学进入分析的时代之后,"哲学即分析"成为20世纪哲学运动的基本口号。分析哲学家主张对语言的使用进行诠释,例如,应当考察人们在讨论"真、善、美"的问题时是如何在语言中使用这些字词的。分析哲学家认为哲学是一种分析活动,哲学的作用是对语言和概念进行分析。后来,这一主张逐渐进入教育思想领域,使英美教育哲学走向分析趋向,成为20世纪40年代以后最具影响力的教育思想流派。

另一方面,心理学被认为应当与认识论分离。早在17世纪,洛克(John Locke,1632—1704)在《人类理智论》(An Essay Concerning Human Understanding)中曾经开辟了一条哲学道路,表明哲学是关于事物的真正知识,包括事物的本质(物理学),人作为有理性、有意志的动因应该做什么(实践学或伦理学),以及获取和交流这种知识的途径和方法(符号学或逻辑学)。[1]

---

[1] 梯利. 西方哲学史[M]. 贾辰阳,解本远,译. 北京:光明日报出版社,2014:308.

洛克提出要研究知识的界限是什么，并且要说明知识的来源问题。洛克开辟的这条哲学道路在19世纪末遭到英国哲学家布拉德雷（Francis Herbert Bradley，1846—1924）的诘难。布拉德雷先后发表《逻辑原理》（The Principles of Logic）(1883)和《现象与实在》（Appearance and Reality）(1893)，提出把逻辑和哲学与心理学区分开来的观点，认为应该从哲学的认识论中清除关于知识起源（即心理学）的研究。他主张心理学只能处理个别观念的真理性，不能处理普遍观念的真理性；哲学不是对个别事物的研究，而是对真理的研究，涉及物种、属和类的标记（普遍概念）等。由此，20世纪哲学的认识论开启了"回避心理学"的革命。科学负责建立世界观的功能；心理学负责讨论知识的起源，知识、心灵的性质；哲学剩下的职能就是分析。这种功能分化是20世纪哲学革命的重要内容。

哲学走向分析的趋势深刻影响了彼得斯的哲学立场。彼得斯本就是心理学专业出身，对政治学、社会哲学亦有建树；如今在分析方法的加持下，他从"受过教育的人"的理论出发，创立起自己的教育理论体系。鉴于当时人们对教育的概念存在认识不清的情况，彼得斯利用哲学分析方法，区分了一般教育与特定意义上的"受过教育的人"之教育的不同。彼得斯的概念辨析为"受过教育的人"的理论奠定了方法论的论证基础。

英国现代意义上的教育哲学研究的兴起是多种因素共同作用的结果，包括教育哲学学会的成立、教育哲学学科地位的确立等。1932年，伦敦大学教育学院（Institute of Education）宣告成立；虽然教育哲学成为该学院师资培训的课程，但尚未成为一门学科，研究教育哲学只是一些纯哲学家的副业。1942年，英国哲学家莱德（L. A. Reid）就任伦敦大学教育哲学教授职位，成为英国哲学史上具有划时代意义的事件，标志着教育哲学研究和教育哲学研究团体从此具有了合法性。

1956年，英国出版了一部有关教育哲学分析方法的著作——《教育哲学导论》（An Introduction to the Philosophy of Education），作者是英国哲学家奥康纳（D. J. O'Connor）。他坚决拥护在教育问题上运用分析哲学，力主把哲学上的分析方法与教育工作相联结，以纠正传统教育哲学的研究方法在论证上不够严谨清晰的偏差问题。他在书中不仅概括地叙述了分析哲学的一般特征,还把分析哲学工具运用于"价值标准""价值判断""教育理论"等概念分析之中,通过严谨的论证过程,使教育的有关概念更加清晰。

继奥康纳之后,彼得斯也致力于将分析方法引入教育哲学研究,并引起教育哲学家们的广泛关注。彼得斯认为教育哲学融合了哲学、心理学和社会哲学的知识,这些也是他感兴趣的领域。因此,彼得斯理所当然地被教育哲学所吸引,并将其研究方向转向这一领域,尤其侧重于伦理学和社会哲学方面的研究。[①] 1964 年,彼得斯创立"英国教育哲学学会"(The Philosophy of Education Society of Great Britain),进一步推动了分析教育哲学的发展。1967 年,英国教育哲学学会创办了会刊:《英国教育哲学学会年会文章汇编》(Proceedings of the Philosophy of Education Society of Great Britain),[②]构筑起教育哲学的研究阵地。学会积极参与教育论著的撰写,邀请和鼓励当时的哲学家将其思想运用于教育议题,并将其论点编纂结集。在英国教育哲学学会推动下,教育哲学家们深入研究教育哲学问题,使英国教育哲学不仅在国内得到认可,而且受到国际关注。自此,英国教育哲学走向完善和成熟。迪尔登曾写道:

> 师资培训机构开设了教育哲学各阶段的课程,甚至成为必修课……哲学家开始在教育系任职,首先是彼得斯,然后是佩雷(L. R. Perry)、赫斯特(P. H. Hirst)等都曾在伦敦学院任职。一些纯哲学家……也表现出极大的兴趣,这大多都是由彼得斯在哲学家中的名声推动。[③]

教育哲学研究的兴起,推动了教育哲学学科的建构,也扩大了教育哲学研究成果的影响。彼得斯在教育哲学研究中,运用分析哲学的方法阐明了教育的许多基本概念,提出了自己的一套教育理论。最为人熟知的是他在

[①] James Bowen, Peter R. Hobson. Theories of Education: Studies of Significant Innovation In Western Educational Thought[M]. New York: John Wiley and Sons, 1987: 344.
[②] 1978 年更名为《教育哲学杂志》(Journal of Philosophy of Education)。
[③] R. F. Dearden. Philosophy of Education: 1952 - 1982[J]. British Journal of Educational Studies, 1982, 30(1): 59.

就职演说《教育即启蒙》中对教育概念的分析,包括教育、教学、培训、灌输等。他的教育理论基于对"教育"一词概念分析的结果,证明教育是一种具有内在价值的活动。他认为教育活动必须符合认知性、价值性和自愿性三个标准,主张教育是启发个体进入各种价值活动和思维模式的过程,从而以此来调和传统教育与儿童本位教育的矛盾。① 彼得斯提出的教育三标准,也是"受过教育的人"之教育的标准。它强调知识的内在价值和人的通观认知,以对抗当时社会对职业教育的偏颇要求。通过树立"受过教育的人"之教育标准,彼得斯彰显了理性自觉,捍卫了知识和教育的内在价值,增进了教育工作者对教育的认识。

二、战后的社会冲突与价值多元

"二战"之后,欧洲社会百废待兴,无论是在社会、经济、文化、还是人口结构方面,都发生了相当大的变化,社会价值也处于重构过程中。为了振兴经济,大批移民被引入。伴随着不同种族人口的涌入,随之而来的是不同的语言、生活习惯、宗教信仰、文化传统、价值观等的交融碰撞,这使得种族成分不再单一,社会文化日益多元,价值冲突也在所难免。另外宗教信仰亦日趋多元,基督教不再占据主导地位,不少人对宗教的信仰热度也有所减退,宗教信仰和宗教组织的社会控制作用被削弱。20世纪60年代兴起的女权运动,使得越来越多的女性加入职业大军中,女性的社会地位不断提升。由于教育的发展,社会下层青年地位上升的机会比过去增多,阶级结构也受到侵蚀。加上科学技术突飞猛进、社会经济急速发展,使得社会生活日益复杂。

社会变迁、宗教衰落,加上多元价值观的冲突,使得人们不再有单一的道德权威可以遵循。可以说,在价值多元的社会中,各种道德观念相互冲突碰撞,人们也失去了客观的价值标准。这使得社会处于道德无序状态,道德危机日益严重。这些因素导致了道德的解体和道德相对主义;人们不再相

---

① James Bowen, Peter R. Hobson. Theories of Education: Studies of Significant Innovation In Western Educational Thought[M]. New York: John Wiley and Sons, 1987: 347 – 353.

信存在普遍的价值观,共同道德标准的丧失使人们失去了安身立命之所。有鉴于此,人们重新燃起对传统哲学的兴趣,不再崇尚批判传统的逻辑实证主义和日常语言哲学。这种趋势不仅反映在形而上学领域,在伦理学方面也是如此。人们的兴趣转向了研究实际内容的传统伦理学,探讨社会、经济、医药、服务等领域的伦理道德问题。

面对当时社会变迁的各种特征以及社会中道德规范的冲突,彼得斯认识到必须要树立一种新的道德形式;他对于道德的论述就是为了解决当时的道德矛盾。彼得斯表达了自己对道德教育的看法,认为所有的教育都是道德教育。他这样写道:

> 19世纪出现了一种更具体的教育观,认为教育与培训不同,是培养"受过教育的人"的过程。具体而言,教育使人在被认为有价值的活动中有所作为,并具有一定深度和广度的理解。大多数教育工作者在考量自己的工作时,都采用了这种具体意义上的教育方式。就这种更具体的教育观念而言,所有的教育都是道德教育。[①]

对于道德教育的实施,彼得斯在皮亚杰和柯尔伯格的道德理论基础上,进一步提出理性和情感发展并重的路径。彼得斯对道德的形式与内容都非常重视,主张要对道德内容进行学习,传递"公正""自由""尊重他人""诚实"等道德原则和准则。他认为道德教育在认知与行为之间,需要加上情感、意志和习惯等三个环节,如此才能使个体自始至终坚持道德原则和伦理准则,从而使培养在道德上"受过教育的人"成为可能。

三、英国传统教育与进步主义教育的碰撞

在20世纪初的美国,进步主义的浪潮席卷教育界,以杜威理论为基础的进步主义教育观盛行,人们开始关注孩子的独立性和主动性。进步主义

---

① R. S. Peters. Moral Development and Moral Education[M]. London: George Allen and Unwin Ltd., 1981: 73.

思想不仅在美国传播,而且蔓延到了欧洲。当时英国受到进步主义的影响,在教育实践中出现进步主义倾向。尤其在1967年,英国中央教育顾问委员会发布了关于《儿童与小学》的调查报告,亦称《普洛登报告》(Plowden Report)①,主要研究初等教育及初等教育向中等教育过渡的问题。该报告提出三项原则:补偿性教育原则、以儿童为中心的进步主义原则以及教育系统所有部门享受同等待遇的原则。在这些原则基础上,《普洛登报告》提出了一些具体建议与措施,例如密切家校联系、承认家长对儿童教育的重要作用、主张以学习者为中心的进步主义发现式教学方法、提出确立教育优先发展区并为其提供额外的师资和资金等。这些意见和建议得到政府各部门的大力支持,尤其是确立"教育优先区"的提议,在当时英国教育界产生了很大影响。

《普洛登报告》带有强烈的进步主义色彩,充分反映了进步主义思想对英国教育的影响。虽然儿童本位教育是英国教育的主要教育理念之一,但以知识传授为基础的传统教育理念还在发挥着它的影响力,英国社会因此出现两大对立的阵营:一部分人支持传统教育,另一部分人支持进步主义教育。两者针锋相对,互相抨击。支持传统教育的人重视传统文化,重视现有知识和有价值的人类经验的传递,强调教师在教学中应发挥关键作用;而进步主义者则反对教师进行直接指导,认为教育工作者应该给儿童更多的空间,根据他们的兴趣开发潜力,让儿童自己做出选择和决定。

面对当时两大阵营的对立,彼得斯提出了自己的看法和主张,对充满进步主义色彩的《普洛登报告》提出批评,认为这份报告包含的进步主义思想对儿童的自然发展和自我决策能力过于乐观,忽视了专业化知识体系对教育提出的新要求以及教师在教学工作中的关键作用。他在1969年出版的《关于普洛登报告的评述》中警告人们不要把《普洛登报告》当作教科书使用。为了强调学校教育的重要性,彼得斯在扉页上引用了美国心理学家斯金纳(B. F. Skinner,1904—1990)的话:

---

① 《普洛登报告》是1967年由英国中央教育顾问委员会[the Central Advisory Council for Education (England)]主席布里吉特·普洛登(Bridget Plowden)在历经4年的调查研究后提交的一份有关英国基础教育现状的报告。

什么是"受过教育的人"?——彼得斯教育思想研究

> 经验的学校根本不是学校,原因不是人们无法从中学到什么,而是因为没有人教导。教学是学习的探索之旅;学习时有人教要比没人教快多了。①

彼得斯认为该报告过于以儿童为中心,不加鉴别地拔高儿童发展、低估教学的重要性,并再次重申积极学习和积极教学的必要性。尽管彼得斯没有详细阐述儿童的认知局限性,但他指出了个体发展与社会需求之间缺乏必要的一致性的问题,而且单纯的自我延伸也具有盲目性。儿童在学校应该学会成为自己,但光说不做是不够的,必须给他们提供"装备",让他们恰如其分地知道自己想要成为什么样的人。② 尽管彼得斯偏向传统教育,但考虑到传统教育不够重视儿童的心理发展、兴趣差异等情况确实存在,他总体上采取的是一种调和手段,取进步主义之长来补传统教育之短,在重视儿童发展特点的基础上开展在社会维度中有价值的活动。

彼得斯的这种教育观点极大地受到保守派政治和教育理论家迈克尔·奥克肖特(Michael Oakeshott)的影响。在《政治与经验:迈克尔·奥克肖特教授荣休纪念论文集》③一书中,他特撰《迈克尔·奥克肖特的教育哲学》一章向前者致敬,并讨论了传统在"进步主义"教育中是如何被忽视的。彼得斯指出,"进步主义"教育者和家长很少重视习惯和传统在道德教育中的重要性,而奥克肖特对传统道德的精彩描述是对这种过度理性至上行为的有益矫正。④ 同时他认为,尽管奥克肖特的论点没有任何经验证据,但是他

---

① 原文如下:The school of experience is no school at all, not because no one learns in it but because no one teaches. Teaching is the expedition of learning; a person who is taught learns more quickly than one who is not. 参见: R. S. Peters, ed.. Perspectives on Plowden[M]. London: Routledge, 1969.
② R. S. Peters, ed.. Perspectives on Plowden[M]. London: Routledge, 1969: 12.
③ 参见: King Preston, B. C. Parekh, eds.. Politics and Experience: Essays Presented to Professor Michael Oakeshott on the Occasion of His Retirement[M]. Cambridge: Cambridge University Press, 1968.
④ R. S. Peters. Michael Oakeshott's Philosophy of Education[G]// King Preston, B. C. Parekh, eds.. Politics and Experience: Essays Presented to Professor Michael Oakeshott on the Occasion of His Retirement. London: Cambridge University Press, 1968: 62.

"像霍布斯一样着眼于整个人类,而非某个特定之人"。① 彼得斯再次表现出自己在哲学上对人类处境的关注。此外,像奥克肖特一样,彼得斯认为,尽管个人意识十分重要,但不能忽视社会因素的重要性。社会因素表现在个体意识中,并帮助塑造个体意识。这些社会因素包括语言、观念、信仰和规则。人们在社会维度中从事有价值的活动,并向个体传授这些活动使之成为"受过教育的人"。

小 结

本节主要梳理彼得斯所处的社会时代背景。

首先,分析哲学是 20 世纪西方最主要的哲学思潮之一,对现代西方哲学影响重大。由于传统教育哲学依附于传统哲学,当分析哲学对传统哲学进行革新时,分析哲学的方法不可避免地进入教育哲学领域。

其次,"二战"后的社会变迁和价值冲突使得人们失去以往可遵循的传统的道德权威,加之个人主义盛行,欧洲社会处于道德混乱的状态,人们处于严重的道德危机之中。彼得斯希望树立新的道德范式来解决道德矛盾。他在皮亚杰和柯尔伯格的道德认知发展理论的基础上,提出理性和情感发展并重的教育路径。

最后,英国教育实践中的进步主义倾向对传统教育形成了冲击。彼得斯认为,尽管个人意识十分重要,但不能忽视社会因素的重要性。他主张取进步主义之长来补传统教育之短;在重视儿童发展特点的基础上,向个体传递在社会维度中有价值的语言、观念、信仰和规则等,使之成为"受过教育的人"。

第三节 思 想 渊 源

彼得斯的教育思想和"受过教育的人"的理论有其特色与渊源。本节拟

---

① R. S. Peters. Michael Oakeshott's Philosophy of Education[G]// King Preston, B. C. Parekh, eds.. Politics and Experience: Essays Presented to Professor Michael Oakeshott on the Occasion of His Retirement. London: Cambridge University Press, 1968: 62.

什么是"受过教育的人"？——彼得斯教育思想研究

阐析彼得斯的心理学与分析哲学背景、理性思想来源、道德教育理论基础、博雅教育观以及"受过教育的人"的理论渊源等，目的在于探讨彼得斯的"受过教育的人"的理论基础与思想渊源。

一、哲学基础

不论是一般教育理论还是道德教育理论，心理学的研究可以说是其中非常重要的一环。这是因为教育的对象是人，从事教育就必须对人类的心理发展有相当程度的了解。彼得斯本身所具有的厚实的心理学背景，使得他在道德教育思想的建构与情感概念的论述方面具备坚实的基础。除此之外，彼得斯分析哲学家的背景也为教育理论的厘清作出了有益贡献。他的分析哲学思想来源于维特根斯坦的日常语言哲学。

（一）心理学专业出身

彼得斯是心理学博士出身，他的博士学位论文题目就是《心理学探究之逻辑》。从伦敦大学伯贝克学院（Birkbeck College）博士毕业之后，彼得斯留校任教，继续从事哲学与心理学方面的学术研究。入职不久，彼得斯就在心理学杂志《分析》上发表了其第一篇论文《治疗，原因和动机》。[①] 在该文中，彼得斯分析并批评了托民（Stephen Toulmin）在"精神分析的逻辑状态"系列文章中有关"治疗"的观点以及弗陆（Antony Flew）对"原因"和"动机"的区分，同时希望有方法论意识的精神分析学家来澄清他提出的困惑。这篇文章虽然有点不太成熟，但它让我们看到了彼得斯在其学术生涯之初对概念分析的兴趣。

1953 年，彼得斯出版了自己第一部编选作品：《布雷特心理学史》，该书是乔治·布雷特（George Sidney Brett，1879—1944）著名的三卷本《心理学史》的精选本。布雷特是英国心理学家，因编著了三卷本巨著《心理学史》而闻名学界。在这三大卷的巨著中，布雷特追溯了心理学的发展历史，从其最早的源头，即古希腊的柏拉图、亚里士多德、元老学派，进而描述了现代哲学和实验心理学，一直到 20 世纪前叶国际心理学的发展。彼得斯把三卷本的

---

① R. S. Peters. Cause, Cure and Motive[J]. Analysis, 1950, 10(5): 103-109.

原著修订和节略为一卷,并且在原著基础上增加了一节引论和最后一章《二十世纪心理学走向》。学者维斯登(J. O. Wisdom)高度评价彼得斯的版本,认为它有两大特色:一是精确描述了现代心理学主要流派,二是从方法论的角度对纷繁复杂的现代心理学流派进行了归类,这非常新颖有效。[1] 彼得斯的博士生导师梅斯教授也为他撰写了评价中肯的书评,他说:"彼得斯工作非常认真,大刀阔斧地精简原著实属不易。他既尊重了原作者的写作意图,也考虑到了读者的感受。他的引论部分对各个章节进行介绍和评论,让读者不至于如堕五里雾中。他的最后一章也令原著跟上了时代步伐。"[2]

1956年,彼得斯在沉寂两年后出版了第二部著作《霍布斯》。[3] 在这部书中,彼得斯回顾了霍布斯曲折的一生,并详细叙述了霍布斯的方法论(基于欧几里得几何理论和伽利略力学理论的经验主义与理性主义的独特混合体)以及自然哲学、语言、伦理、国家和宗教理论。他之所以对霍布斯有兴趣是因为后者的著作融合了心理学、哲学和政治学。学者赫洛维茨(Irving Louis Horowitz)指出,尽管前人有关霍布斯的论著在很多方面优于彼得斯的著作,但是没有哪一位作者能像彼得斯那样对霍布斯的哲学观点进行如此审慎合理的评估。[4] 另一位学者克鲁克(Dorothea Krook)则对彼得斯的著作提出批评,认为其面向的读者群不够明晰,对于一般读者而言该书过繁过细,尤其是有关霍布斯学说比较深奥的部分太过详细;而对于研究霍布斯的专家读者而言彼得斯的著作则过于通俗,在文风和主题处理方面均是如此。[5]

彼得斯致力于学术研究,对哲学心理学方面较具体的问题做了大量的分析工作,取得了丰硕的成果,他在1958年出版的《动机的概念》就是其中

---

[1] J. O. Wisdom. Review[J]. The British Journal for the Philosophy of Science,1954,5(18):171-172.
[2] C. A. Mace. Review[J]. Philosophy,1955,30(112):88.
[3] 托马斯·霍布斯(Thomas Hobbes,1588—1679)英国政治家、哲学家。他创立了机械唯物主义的完整体系,指出宇宙是所有机械地运动着的广延物体的总和。他提出"自然状态"和国家起源说,认为国家是人们为了遵守"自然法"而订立契约所形成的,是一部人造的机器人。他反对君权神授,主张君主专制,并主张利用"国教"来管束人民,维护"秩序"。
[4] Irving Louis Horowitz. Hobbes by Richard Peters[J]. Science and Society,1957,21(3):284-286.
[5] Dorothea Krook. Hobbes by Richard Peters[J]. Philosophy,1958,33(125):172-175.

之一。彼得斯在《动机的概念》中讨论了"何为动机"以及"有关动机的各种合理问题",并且把讨论结果应用于弗洛伊德(Sigmund Freud,1856—1939)学说以及内驱力理论、快乐论等心理学理论。彼得斯认为弗洛伊德提出的解释特定类型异常行为的理论在逻辑上是值得尊敬的,但是其声称可以解释所有行为的普遍理论则是混淆了不同类型问题和答案的产物。彼得斯还对赫尔(C. Hull)、托尔曼(E. C. Tolman)等提出的内驱力理论进行了深入分析,他指出,行为主义者青睐的一些力学和生物学模型具有误导性,有待深入分析;而一些心理学家由于未能理解所涉及概念的逻辑,简单地用"内驱力"来涵盖不同类型的情况。如对于在压力或精神崩溃情况下发生的行为,易随心所欲地解释其行为动机。针对当时有学者试图恢复用快乐论的原则来分析行为动机,彼得斯亦对其进行了研究和揭示。

《动机的概念》对行为主义和自我平衡理论有着非常深刻的评价,该书是心理学方面的杰作,甚至在英国的哲学系与心理学系中被列为必读书籍,被认为是"自莱尔(G. Ryle)以来最好的哲学心理学研究之作,将像《心的概念》一样保持多年经典地位"。[①] 英国哲学家们充分肯定了彼得斯对于哲学心理学方面的贡献。舒马克(Sydney Shoemaker)指出,彼得斯在《动机的概念》一书中对诸如"需要""内驱力""动机"等各种解释人类行为的概念进行了澄清,对心理学做出了有益贡献。[②] 艾略特(R. K. Elliott,1924—2006)指出,彼得斯的著作"极具启发性,令人难忘,因为他的哲学思想不是从专业哲学家而是从外行人的哲学观念出发的"。[③] 艾略特甚至认为彼得斯在哲学心理学方面的成就比在教育哲学方面的成就获得了更多的认同。

简言之,彼得斯的这些务实的工作贴近教师的课堂实践,体现了他最敏

---

① Robert Thomson. The Concept of Motivation by R. S. Peters[J]. Philosophy,1959,34(128):72-73.
　　另:《心的概念》(The Concept of Mind)是英国著名哲学家莱尔(Gilbert Ryle)的著作。莱尔写作此书的主要目的在于批驳笛卡尔以来的身心二元论,认为机器中的幽灵是人们因误用心理行为等语词概念而自设的藩篱。
② Sydney Shoemaker. Review[J]. The Philosophical Review,1960,69(3):403-407.
③ R. K. Elliott. Richard Peters:A Philosopher in the Older Style[G]// D. E. Cooper, ed.. Education,Values and Mind:Essays for R. S. Peters. London:Routledge and Kegan Paul,1986:46.

锐的哲学思考,为当代教育哲学和心理学的发展做出了重要贡献。

(二)维特根斯坦后期的日常语言哲学

彼得斯的哲学立场受到当时的"分析哲学"运动的影响,尤其是受到维特根斯坦(Ludwig Josef Johann Wittgenstein,1889—1951)晚期关于语言分析的观点的深刻影响。在《教育的逻辑》一书中,彼得斯指出,哲学与概念分析密切相关,涉及信仰、知识、行动和活动等基本问题。[①] 换句话说,哲学家的角色从一个为生活或教育提供"等级指导"的向导,转变为主要任务是区分概念的"朴素的洛克式的知识清道夫"。[②] 在这里,彼得斯非常明确地指出了分析哲学在其哲学方法上的地位,并将这一观点贯穿于他的整个思想之中。

维特根斯坦后期的代表作《哲学探究》(Philosophical Investigations),主要通过分析日常语言的意义,来解构长期以来哲学讨论形而上学的困境。传统的本质主义认为事物具有的共性构成其本质,因而试图通过对词语的定义来揭示事物本质。维特根斯坦认为,正是这种对事物"本质""共相""一般"的追求使哲学家患上了"哲学病",陷入旷日持久的无谓争论,犹如苍蝇飞入了"捕蝇瓶"。[③] 他认为"任何定义都是对被定义者普遍性和本质的概括,而语言游戏没有这样的本质"。[④] 所以当他首次提出"语言游戏"时,并没有对其作出明确的界定,从而试图从根本上取消"本质"这类问题,使哲学家走出长期无法摆脱的困境。他认为"哲学家应当把处理问题当作治疗",[⑤]其主要任务是阐明语言的意义。维特根斯坦指出,哲学问题是由对语言意义的误解造成的,因而他提出"语言游戏"的理论。"语言游戏"作为一个能够改变时代观念的革命性概念,[⑥]充分体现了维特根斯坦从早期的静态语言观到后期的动态语言观的转变。"语言游戏"与"生活形式""家族

---

① R. S. Peters. The Logic of Education[M]. London: Routledge and Kegan Paul, 1970: 3.
② R. S. Peters. Ethics and Education[M]. London: George Allen and Unwin Ltd., 1966: 15.
③ 刘龙根. 维特根斯坦"语言游戏说"探析[J]. 广西社会科学, 2004(7): 34-36.
④ 江怡. 维特根斯坦[M]. 长沙: 湖南教育出版社, 1999: 311.
⑤ Ludwig Wittgenstein. Philosophical Investigations[M]. G. E. M. Anscombe, Trans. Oxford: Basil Blackwell & Mott, 1979: 51.
⑥ 刘龙根. 维特根斯坦"语言游戏说"探析[J]. 广西社会科学, 2004(7): 34-36.

相似性""遵守规则"等概念密切相关。笔者认为,维特根斯坦后期的"语言游戏"等概念对彼得斯的思想影响甚大。

首先,维特根斯坦指出,"语言游戏"一词旨在突出以下事实,即"语言的述说乃是一种活动,或是一种生活形式的一个部分"。① 作为人类活动的一个重要方面,语言的使用必然与人们的生活方式密切相关。他认为语言就像一场游戏,单词的意义只能存在于"语言的游戏"中,他说:"一个词的意义就是它在语言中的使用。"②换言之,一个词的意思就是它的用法,只能存在于语言使用的语境中。例如,在某人大喊"Fire!"③时,他是指"着火了!"还是"开火!"要根据语境来判断。由此可见,词汇的意义只能通过使用词汇的特定"语言游戏"来确定,试图通过孤立的逻辑分析来揭示语言的意义是远远不够的。

彼得斯深受维特根斯坦观点的影响。他把维特根斯坦的"语言游戏"作为分析教育哲学的基础,分析语言时利用词的习惯用法来进行分析,认为词意不在于其名称而在于其用法;主张分析概念时,应注意概念产生的背景。例如,他认为人们使用"习惯"这个词时有三种用法,包括以描述性的方式来谈论一个人的"习惯",使用解释性的词如"迫于习惯""出于习惯",以及某些东西是由于"习惯化"的结果等,这是彼得斯作概念分析时常用的一种策略。

其次,"家族相似性"是与"语言游戏"密切相关的一个重要概念。"语言游戏"具有多样性和变异性,但各种游戏之间的关系如何?他们有什么共同点吗?维特根斯坦用"家族相似性"来解释这些问题。他在《哲学研究》中指出:

> 我想不出比"家族相似性"更好的表达式来刻画这种相似性关系:因为一个家族的成员之间的各种各样的相似之处:体形、相貌、眼睛的颜色、步姿、性情等等,也以同样方式互相重叠和交叉。——所以我要

---

① 维特根斯坦. 哲学研究[M]. 李步楼,译. 北京:商务印书馆,1996:17.
② 维特根斯坦. 哲学研究[M]. 李步楼,译. 北京:商务印书馆,1996:31.
③ "Fire"在英语中可以做名词也可以做动词,前者意为"火灾",后者意为"开火",即开枪。

说:"游戏"形成一个家族。①

维特根斯坦的"家族相似性"意在解释我们如何正确使用概念词。除了探究概念的"用法",概念分析也是通过比较相似概念的异同来阐明语言的意义。彼得斯在探讨不同的概念时,也利用了维特根斯坦有关"家族相似性"的方法,经常将一些人们容易混淆的概念放在一起进行比较分析,如"教育"和"训练","教育"和"改造","力量"和"权威"等。

最后,作为"生活形式"的一部分,"语言游戏"还表现出另一特征,即"遵守规则"。维特根斯坦之所以把语言活动比作游戏,原因之一就是为了让人们注意到语言活动在"遵守规则"方面与游戏存在相似性。任何一种游戏都必须遵循一定的规则,"语言游戏"也不例外。从某种意义上说,"遵守规则"也是一种语言游戏,所以"遵守规则"和"语言游戏"必须在生活方式的语境中进行理解。在维特根斯坦看来,"意义或概念等同于限制语言使用的规则;因此,遵守规则就是产生意义,掌握规则就是掌握意义"②。语言规则和普通的语法规则存在着差异。语言学家研究规则的机制,哲学家研究规则的意义。如果语言规则使用不当,可能不是犯语法错误那么简单,而是可能会违反社会规范。例如鲁迅曾讲过:有人家生了孩子,合家开心。满月时,有人不合时宜地说,这孩子终归是要死的,结果遭痛打一顿③。

受维特根斯坦的影响,彼得斯认为哲学应该转向分析。不过,虽然彼得斯认同维特根斯坦关于"家族相似性"的观点,但他认为,用法上有差异并不意味着找不到游戏逻辑的必要条件。由此可见,彼得斯仍然无法摆脱传统哲学对他的影响。艾略特指出,彼得斯自以为在做严格而客观的概念分析,但实际上是在表达既有的观点。④ 例如,彼得斯在分析"教育"时将自己理

---

① 维特根斯坦. 哲学研究[M]. 李步楼,译. 北京:商务印书馆,1996:48.
② Arif Ahmed. Wittgenstein's Philosophical Investigations: A Critical Guide[M]. Cambridge: Cambridge University Press, 2010.
③ 参见:野草·立论[M]//鲁迅. 鲁迅全集:第2卷. 北京:人民文学出版社,2005:212.
④ R. K. Elliott. Richard Peters: A Philosopher In The Older Style[G]// D. E. Cooper, ed.. Education, Values and Mind: Essays for R. S. Peters. London: Routledge and Kegan Paul, 1986:82.

想中的教育理论融入原本中立、客观的价值分析中,以表明他所分析的"教育"是"博雅教育"。① 在分析哲学中,概念分析应当是分析教育概念的价值中立工具,但彼得斯在将概念分析引入教育哲学领域后,利用它来构建自己的教育理论,并以此来强化自己所发展的教育理论。所以,彼得斯终究还是没能像维特根斯坦那样摆脱形而上的束缚。

(三) 英国的经验主义与自由主义传统

彼得斯的哲学思想大多继承了英国经验主义(Empiricism)和自由主义(Liberalism)的传统。洛克为英国的经验主义奠定了深厚的理论基础,是近代英国经验主义哲学的奠基人。他主张经验是所有知识和观念的源泉;认为人的心灵就像一块白板,教育是由外而内的"输入",将"经验"带入心灵。他指出:

> 人心是白纸,没有一切特性,没有任何观念。我们所有的知识都是建立在经验之上,知识归根到底导源于经验。②

按照经验主义的观点,人的成长不同于植物的生长。植物只是无意识地朝向一个目标,而人类是有意识的、能够通过操纵来实现目标。意识是心智的标志,个人经验是心智发展的重心。彼得斯关于心智发展的观点深受经验主义的影响。他十分赞同经验主义关于个体意识的概念,但认为心智的成长不是经验的积累。彼得斯的观点是,人的心智发展是语言、概念、信仰和规则的产物,个体是被引导进入社会的。③ 也就是说,个体通过感官将公共经验带入自己的心灵后获得心智发展,并逐渐成长为成熟的个体。

另一方面,英国自由主义的传统也影响了彼得斯的观点。洛克的政治哲学思想是英国自由主义的起源。自由主义主张排除干涉和束缚,提倡以个人为目的,视国家为工具。约翰·斯图亚特·穆勒(John Stuart Mill,1806—1873)是洛克的追随者,也是自由主义的支持者。彼得斯基本上认同

---

① R. S. Peters. Ethics and Education[M]. London: George Allen and Unwin Ltd., 1966: 43.
② 张焕庭. 西方资产阶级教育论著选[M]. 北京: 人民教育出版社,1980: 56.
③ R. S. Peters. Ethics and Education[M]. London: George Allen and Unwin Ltd., 1966: 49.

穆勒提出的"自由"的前提条件,曾多次引用他的观点。穆勒认为,自由不仅是人类福祉的主要因素之一,而且对个人和社会的进步至关重要。他认为从长远来看,坚持利己主义(self-regarding)的自由权利是改善人类福祉的最佳途径,但这种自由的前提是不伤害他人。在穆勒看来,同样的事物对一个人的成长有利,对另一个人就会形成障碍;同一种生活方式对一个人是一种健康的激励,对另一个人却是无益的负担。这就是人与人之间的不同,人们有着不同的快乐源泉、不同的痛苦感受。①

彼得斯在对自由概念的分析中,也有类似的主张。他认为自由在没有约束的情况下,某人的无限自由将妨害其他人的自由生活。彼得斯提出了伦理的基本原则,包括尊重他人、自由、诚实和公平等,这些原则都是以考虑他人的权利为基础的。只有有了这种"有限的自由",每个人才能获得自由,个人的自我实现才能得到保障。彼得斯认为,道德发展的终极目标是成为一个自主的人,而自主的人就是彼得斯所说的"自由的人"。②

(四)西方传统理性思想

理性的精神是西方哲学和科学的基础。自古希腊起,西方的哲学家、思想家均不同程度地强调理性在人生中的重要性。古希腊的理性思想、近代的康德以及洛克等的理性观点在彼得斯理论的很多地方都有所反映,尤其影响了彼得斯的知识观、道德观等。

有学者指出,古希腊思想家"最特别的地方,就是他们的理性态度。他们有知识的勇敢,一切都要在理性的标准下试验过,凡不合理性的便一概抛弃"。③彼得斯受到古希腊斯多葛学派理性思想的影响似乎特别大。正如艾略特所言,彼得斯把"斯多葛派的理想(Stoic ideal)当作对生活的恰当态度"。④

---

① J. S. Mill. Utilitarianism and Other Essays[M]. NewYork:Penguin Books,1987:273.
② R. S. Peters. Freedom and the Development of the Free Man[M]// R. S. Peters. Psychology and Ethical Development. London:George Allen and Unwin Ltd.,1974:351.
③ 瞿世英. 西洋教育思想史[M]. 福州:福建教育出版社,2011:40.
④ R. K. Elliott. Richard Peters:A Philosopher in the Older Style[G]// D. E. Cooper, ed.. Education, Values And Mind:Essays for R. S. Peters. London:Routledge and Kegan Paul,1986:46.

什么是"受过教育的人"？——彼得斯教育思想研究

斯多葛学派起源于公元前4世纪末的雅典，创始人是芝诺（Zeno，约公元前336—前264）。斯多葛学派认为事物的发展和变化是由"世界理性"决定的。"世界理性"就是神性，是世界的主人。该学派认为宇宙是一个美丽、有序、完美的整体，从原始的神圣之火演化而来，人是宇宙的一部分；因此，人应使自己与宇宙的大方向相协调，以达到最终目的。① 斯多葛学派把"逻各斯"（Logos）视为最高的理性，②是贯穿宇宙的神圣法则。人和自然界都产生于"逻各斯"。斯多葛学派的伦理思想是以宇宙哲学观为基础，在该学派看来，宇宙是有机整体，人是宇宙的一部分；宇宙作为一个整体是由理性支配的，因此人应该由理性支配，遵循宇宙的规律，过理性的生活。换言之，自然界的一切发展变化都是规律的、理性的。人的本性也是理性的，所以人类社会也是理性的。芝诺曾经设想过一种理想的智者模式，反映了他对"理性"生活的向往。他认为智者温和善良、有责任感、好交友，特别是有判断力和正义感。塞内卡（Seneca，约公元前4年—65年）是斯多葛学派后期的代表人物，他也认为只有"理性"的生活才能使人的灵魂平静，才能使人平静地面对和接受无法改变的命运。内在自我应该受"理性"的控制，不应受外在事物的影响，从而达到内心的平静。③

斯多葛学派的主张，如对真理与理性的信仰、对纪律的尊重、对人的尊重等广泛地体现在彼得斯的"理性"哲学思想中。彼得斯非常重视"理性"的培养，认为"受过教育的人"不仅拥有广泛的知识，而且还了解这种知识是"为什么如此"。对彼得斯来说，理性不仅在知识学习中起着至关重要的作用，对道德也很重要；人必须具有"理性道德"。另外，彼得斯非常重视文化的保存。他把文化、语言、价值观和标准视为"神圣的领域"，认为人的意识发展就在于启蒙个体接受社会语言、概念和规则所蕴含的公共传统。④

伊曼努尔·康德（Immanuel Kant，1724—1804）是苏格拉底、柏拉图、亚里士多德之后西方最重要的思想家之一。康德哲学调和了英国的经验论

---

① 斯多葛学派[J]. 教学考试，2018(53)：29.
② 逻各斯的概念最早由赫拉克利特（Heraclitus，公元前535—475）引入哲学，用来说明万物的生灭变化具有一定的尺度，虽然它变幻无常，但人们能够把握它。
③ 金玉双，刘倩. 简析斯多葛学派的伦理思想[J]. 商业文化（下半月），2011(03)：201.
④ R. S. Peters. Ethics and Education[M]. London：George Allen and Unwin Ltd.，1966：49.

和欧洲大陆的理性论。经验主义者认为知识来自人的经验,而理性主义者则认为知识来自人的理性。康德在一定程度上结合了这两种观点。康德指出,知识是人类通过感官和理性获得的;经验是必要的,但它不是产生知识的唯一因素。人通过理性把经验转化为知识。康德认为一切知识都是"先验的"(apriori)知识,它具有经验的内容,且独立于经验而存在。在康德看来,一切"先验的"事物都是"先然的",具有普遍的必然性。先验是指先于经验而又关于经验,它考察经验知识是如何可能的,是以哪些先天条件为前提才得以可能的。①

康德的"先验"理论对彼得斯产生了深刻影响。彼得斯承认,在建立自己的哲学体系时,他采用了"先验演绎"或"先验论证",②认为一些"原则"是理性辩论的"前提",不需要进一步证明,而这些原则的产生源于"先验演绎"方法。彼得斯用康德的先验论证来证明一些基本的哲学信念,主要表现在他对"基本道德原则"和"不同人类活动的价值"的确认上。③ 这也是彼得斯长期以来一直备受争议的地方。

洛克的理性思想也对彼得斯有着重要影响。洛克认为对绅士的教育要顺应理性,遵守理性原则。他指出:

> 一切道德与价值的重要原则及基础在于:一个人要能克制自己的欲望,要能不顾自己的倾向而纯粹顺从理性所认为最好的指导,虽然欲望是在指向另外一个方向。④

洛克强调理性的重要性,主张理性应该用来控制情感和欲望,一切都应该遵循理性。所以洛克可说是一个理性的经验主义者,其思想介于理性和经验之间。彼得斯受其影响,也不走极端,经常把内在价值与外在价值、理

---

① 邓晓芒. 康德的"先验"与"超验"之辨[J]. 同济大学学报(社会科学版),2005(05):7-18.
② R. S. Peters. Ethics and Education[M]. London: George Allen and Unwin Ltd., 1966:163.
③ P. H. Hirst. Richard Peters' Contribution To The Philosophy Of Education[G]// D. E. Cooper, ed.. Education, Values And Mind: Essays for R. S. Peters. London: Routledge and Kegan Paul, 1986:8-40.
④ 洛克. 教育漫话[M]. 傅任敢,译. 北京:教育科学出版社,1999:23.

性与经验、理论与实践、自由与权威等概念放在一起讨论。洛克理性思想的影响还反映在彼得斯有关情感教育的观点方面。彼得斯认为,情感会干扰人的理性判断,所以需要被控制和引导。彼得斯与洛克均认为,理性可以规范欲望,情感可以促成习惯,人的欲望、情感和习惯相互交织,有助于个体形成优良的道德品质。

二、道德理论基础

彼得斯的道德理论深受康德哲学和柯尔伯格、皮亚杰相关理论的影响。彼得斯提出的理性道德与康德的自律道德有异曲同工之处;而皮亚杰和柯尔伯格的道德认知发展阶段论也在彼得斯的道德理论中有所反映。

(一)康德的自律道德

康德道德哲学强调个人的自律,主张一个人在道德生活中是立法者(law-giver),而法律好坏取决于个人的理性洞察力。康德认为德性的惟一原则就在于它对于法则的一切质料(亦即欲求的客体)的独立性,同时还在于通过一个准则必定具有的单纯的普遍立法形式来决定意愿。道德法则无非表达了纯粹实践理性的自律,亦即自由的自律。① 由此,人类通过理性和自律超越了一切自然存在,成为不受任何外在因素影响的独立的真实主体。

康德这种强调"自律"和"理性"的道德理论也反映在彼得斯的道德思想中。彼得斯区分道德形式与道德内容的方法与康德区分理性形式与经验内容的方法相似。他通过将道德形式与道德内容分离来探讨道德问题,强调理性在道德中的地位。道德形式是指所获得的道德信念或道德规则的一般特征;道德内容是指人们所持有的道德信念或所遵循的道德准则。彼得斯认为道德形式与道德内容的关系是:"道德原则的形式只能由内容构成;道德的形式应该能够体现在具体的情境中"。② 彼得斯把道德形式与道德内容分离,是为了调和在道德上极端的"绝对主义与相对主义之间的冲突"。③ 绝对主义维护权威所决定的绝对规范,而相对主义则过分强调个人选择的

---

① 康德. 实践理性批判[M]. 韩水法,译. 北京:商务印书馆,1999:34-35.
② R. S. Peters. Reason and Compassion[M]. London:Routledge and Kegan Paul, 1973:10.
③ R. S. Peters. Reason and Compassion[M]. London:Routledge and Kegan Paul, 1973:34.

结果。彼得斯试图找到一个折中的路径,强调普遍原则的存在,认为道德发展的最高阶段是成为自我抉择的自主之人。虽然彼得斯强调选择的重要性,但他认为个体盲目选择自己的道德观是空洞的原则。个体必须习得基本的道德规则,如讲真话、不偷盗等,从社会道德传承出发才能获得基本的批判能力。[1]

(二)皮亚杰和柯尔伯格的道德认知发展阶段论

20世纪六七十年代前后,西方主要国家兴起道德认知发展理论,并迅速成为主流的理论,且影响到其他国家。道德认知发展理论认为,教育应促进儿童与发展中的社会或环境的互动,将发展视为一个有序而连续的阶段。此外,在道德教育的过程中,不应把道德作为"内容"强塞给学生;相反,教师要以增强学生的批判反思和推理能力为目标,在教学中保持开放的态度。

皮亚杰(Jean Piaget,1896—1980)被认为是道德发展心理学的先驱。他从心理学的角度提出了验证阶段的概念,将儿童的道德发展分为三个阶段:无律阶段、他律阶段和自律阶段。不过,皮亚杰忽视了社会因素在儿童认知发展中的作用。在皮亚杰的著作中,虽然有些地方讨论了儿童心理发展的社会化,谈到了社会环境和社会生活对人们认知发展的作用,但他只注意到同龄群体的影响,而对其他如成年人、家庭、社会、文化和教育(包括语言)等因素未能给予足够的重视,这在一定程度上损害了其理论的科学性和完整性。[2]

柯尔伯格(Lawrence Kohlberg,1927—1987)继承了皮亚杰的研究方向,并对皮亚杰的研究成果进行了补充和拓展,证实了道德认知发展的阶段性特征。柯尔伯格认为道德判断的内容不同于道德判断的结构,道德判断的结构决定了道德发展的阶段。不过,柯尔伯格的道德认知发展理论也受到了批评。批评人士指出,柯尔伯格过于强调道德认知和道德判断等理性部分在道德发展中的作用,过于坚持"公平"的原则而相对忽视了道德情感、

---

[1] James Bowen, Peter R. Hobson. Theories of Education: Studies of Significant Innovation In Western Educational Thought[M]. New York: John Wiley and Sons, 1987: 356.
[2] 张治忠,马纯红. 皮亚杰与柯尔伯格道德发展理论比较[J]. 扬州大学学报(高教研究版),2005(1): 71-75.

意志、行为在道德发展中的作用。①

彼得斯的道德发展理论基本上是以皮亚杰和柯尔伯格的道德认知发展理论为基础。同时,彼得斯也认识到前两者理论的不足,认为柯尔伯格和皮亚杰对情感方面的论述都比较薄弱,几乎没有论及道德情感的发展,如内疚感、关爱他人、懊悔等;②他批评柯尔伯格过于重视理性和正义并对此进行了纠正,认为发展阶段的划分标准不仅要涉及认知的理性方面,还应包括情感方面。换言之,理性与情感相互关联、相互影响,两者的发展必须得到同等重视。

彼得斯作为道德普遍主义者,其道德论著中反映的观点与康德、柯尔伯格等道德普遍主义者观点一致。其有关道德生活的描述和实践理性概念不是形而上学的本体论,而是通过探讨人们应该怎样共处的各种纷繁复杂的主张来揭示普遍的道德核心。马丁(Christopher Martin)指出,彼得斯的道德普遍性原则属于后形而上学,既严谨又包容,在当代道德哲学理论中占有重要的一席之地。③

三、教育理论基础

彼得斯的教育理论最大的特征就是秉承西方博雅教育(亦称自由教育)的传统,主张追求教育的内在价值。同样,他的"受过教育的人"的思想也是对历史上诸多思想家相关论点的继承和发展,以下分别作以梳理和阐述。

（一）西方博雅教育传统

彼得斯提倡博雅教育,强调教育应当启发个体心灵,使个体具有广博的知识和强大的适应力。他指出:

> 博雅教育是一种追求教育内在价值的教育。它反对纯粹工具主义

---

① 张伟. 柯尔伯格道德认知理论的分析与借鉴[J]. 经济师,2012(2):35-38.
② R. S. Peters. Why Doesn't Lawrence Kohlberg Do His Homework? [J]. California: A Phi Delta Kappa Publication, 1976, 56(10): 288-290.
③ Christopher Martin. The Good, the Worthwhile and the Obligatory: Practical Reason and Moral Universalism in R. S. Peters' Conception of Education[J]. Journal of Philosophy of Education, 2010, 43(S1).

的活动,反对任何把活动与明显外在目的相关联的桎梏。①

彼得斯这种博雅教育观并非他所首创,而是深受西方古典博雅教育和英国神学家纽曼(John Henry Newman,1801—1890)的影响。

古雅典是西方文明的摇篮,也是博雅教育理念的发祥地。"博雅教育"一词首次出现在柏拉图(Plato,前427年—前347年)所撰的《第七封信》中。柏氏指出,有理智的人只有在"博雅教育"(eleutheras paideias)中才能取得自信;"博雅"的教育使志同道合者结成友谊,而且是一种高贵的友谊。②

亚里士多德(Aristotle,前384—前322年)在《政治学》中提出"适合于自由人的知识"的概念,用"博雅(liberal)"来指代那些仅仅出于好奇或享受而追求的知识,而将那些出于某种目的被追求的知识视为机械的或有用的知识。③ 亚里士多德认为,教育也有"博雅"与"褊狭"之分;职业教育是鄙贱、褊狭的,而博雅教育则是高尚而文雅的,博雅教育当然应该是贵族子女接受教育的首选。④ 博雅教育不注重功利性,而是以培养人的心智能力为目的。贵族子弟属于统治阶级,不愁生计,所以他们能够接受课程体系由逻辑、语法、修辞、数学、几何、天文、音乐等"七艺"组成的教育。这种博雅知识或博雅教育与职业实践教育的区别在于,前者旨在促进人们对知识的理解和享受,而后者旨在为法律实践、专业技术及服务行业等领域提供所需的知识和技能。

自古希腊以来,博雅教育一直在西方教育理念中占主导地位,但这种情况在近代发生了重大转变。现代科学技术的发展使得欧洲经济也随之得到迅猛发展,但是当时科技知识难以进入学校课程体系,教育远远落后于社会发展的需要,成为社会进步的阻碍因素。人们愈来愈凭借是否"实用"来衡量一切,使得传统博雅教育的地位不断受到质疑。以英国为例,社会上逐渐

---

① R. S. Peters. Moral Development and Moral Education[M]. London: George Allen and Unwin Ltd., 1981: 81.
② 沈文钦. 近代英国博雅教育及其古典渊源[D]. 北京大学博士学位论文,2008:11.
③ Aristotle. Aristotle on Education [M]. J. Burnet, trans and ed.. Cambridge: Cambridge University Press, 1903: 108.
④ 亚里士多德. 政治学[M]. 吴寿彭,译.北京:商务印书馆,1965: 408-412.

形成两股势力,一股是以更传统的牛津方法为基础的博雅教育,一股是新兴的伦敦大学提倡的以专业知识和实践知识为基础的专业教育,两者形成了鲜明对比。

在19世纪中期,英国神学家纽曼等拥有牛津大学教职的神职人员为了捍卫博雅教育传统发起牛津运动(Oxford Movement),主张回归传统,捍卫英国的古典教育传统。纽曼认为博雅教育是专业教育的前提和条件,两者并不矛盾。纽曼认为,"大学是教育而非教学的场所,大学的根本意图是在智性(intelligence)和教育"。[①] 专业性培训尽管实用,但大学是传授普遍知识之地,专业教育应让位于更广泛的人文教育。纽曼还认为,一个人不仅要"了解"(know)事物,还要接受这事物背后的一切。[②] 换言之,"受过教育的人"的知识不仅具有广度而且具有深度。

亚里士多德和纽曼的这些观点得到彼得斯的拥护和继承。博雅教育的主张者认为,追求知识是为了知识本身,知识本身就是目的。因此学习是为了追求知识本身,而不是为了其他功利主义的目的或价值。那些看似无用的艺术等科目对培养人的心智是有助益的,它们能使人适应更广泛的工作。简言之,按照博雅教育的理想,追求真理是教育理想的一部分,教育不应培养狭隘的专业性人才。

(二)西方思想史上的"受过教育的人"

彼得斯虽然明确提出"受过教育的人"的概念,但他的相关理论并非独创。在西方不同历史时期,由于教育目的的不同,多位哲学家、思想家均描述过教育所应当培养的理想之人的形象。"受过教育的人"的形象主要体现在各种教育目的的论述中,苏格拉底、柏拉图、亚里士多德、阿奎那、洛克、杜威等哲学家都表达过各自的观点。有的认为知识即道德,道德即知识;有的侧重道德的培养;有的侧重智慧的开发,等等。虽然他们的表述不一样,但基本上均认为"受过教育的人"应当是德才兼备之人。下面拟从重知识、重道德、重智慧三方面进行讨论。需要说明的是,之所以把这三者分开来讲,并

[①] 郭英剑. 绕不过去的纽曼及《大学的理念》[J]. 博览群书,2012(12):48-49.
[②] 郭英剑. 绕不过去的纽曼及《大学的理念》[J]. 博览群书,2012(12):49.

非意指诸如"知"与"德"的完全割裂,只是为了方便讨论,侧重点各有不同。

1. 重知识

西方自古以来就有"重知"的传统,很重视知识的重要性。从古希腊的哲学思想到现代科技的发展,从英国的经验主义到美国的实用主义,都浸润着求知的精神。重视知识的获取同样反映在西方教育的目的上,这是"受过教育的人"之理想的共同特征之一。

在古希腊时期,知识和道德是一体的。苏格拉底(Socrates,前469年—前399年)主张,"道德即知识"。[①] 在他看来,人之所以为"恶",是由于不知"善"。"恶"就是不智,就是没有知识。人要为"善",首先必须有知识,使人知道真理之所在,并努力追求真理。实际生活的成功并不能算是成功,真正的成功在于具有合理的、正当的行为,因此个人必须超越功利观念。

柏拉图也重视知识的作用,他秉承了老师苏格拉底关于"道德即知识"的观点。柏拉图在《人生问题》中说:

> 知识是生活的南针……只有智慧可以使道德纯粹……只有它能使个人有道德,使他的行为真得着自由。[②]

在柏拉图眼里,哲学家是理想社会中的理想统治者,他所具备的道德品质包括节制、勇气和自我控制等;他必须通晓知识与善,并保持对它们的热爱;他还必须超脱于现有知识,进入"纯形式"(pure forms)的世界,即概念的知识——这是知识的最高水平。

柏拉图的弟子亚里士多德从更一般的意义上来设想公民的教育理想。在他眼里,公民首先是一个自由人,在政治上有选举权、从事公务,在经济上不需要做奴隶必须做的卑微工作。他认为适合自由人的教育就是自由教育。自由教育的目标是培养理性,因为智慧或理性是人区别于野兽的特殊美德。亚里士多德在《形而上学》中指出,"求知是人的本性……获得知识是

[①] 瞿世英.西洋教育思想史[M].福州:福建教育出版社,2011:44.
[②] 瞿世英.西洋教育思想史[M].福州:福建教育出版社,2011:52.

我们的目标"。① 在亚里士多德看来,真正的知识并不在于熟悉事实,而是在于知道这些事实的理由或者原因,知道它们何以如此。哲学在广义上包括所有这样经过理性思考得来的知识,包括数学或其他具体的科学。亚里士多德把知识划分为不同的学科,例如物理学、化学、生物学、医学等。在亚里士多德之前,所有知识都包括在哲学之中。

西方重知的传统在夸美纽斯(Johann Amos Comenius,1592—1670)所坚持的"泛智主义"中体现得淋漓尽致。夸美纽斯在《大教学论》(Great Didactic)中提出,"要把一切事物交给一切人类的全部艺术",②这集中体现了泛智论的观点。这种泛智主义(pansophic)的教育目的,要求教育要囊括所有的知识,是一种百科全书式的教育。虽然夸美纽斯也提倡受教育者要具备德行和虔信,但他提出"周全的教育"是使人们了解必要的知识,了解一切事物的原因,了解一切知识的正确使用。他理想中的"受过教育的人"是"全智人"。夸美纽斯指出,博学包括一切事物、艺术和语文的知识;而德行不仅包括外表的礼仪,它还是人们的内外动作的整个倾向;至于宗教,人们把它理解为一种内心的崇拜,使人心借此可以皈依最高的上帝,这三者是人们的生活要点。③

至 19 世纪,自然科学的迅速发展深刻改变着社会和学校教育的面貌,思想家们也开始关注科学知识。但在英国,学校依旧重视传统的古典主义教育,而忽视科学知识的重要性。英国思想家斯宾塞(Herbert Spencer,1820—1903)对此进行了抨击,认为儿童被迫背诵经典,只是为了显示自己受到的是"绅士"教育而显摆自己的社会地位。这种重装饰轻实用的知识观无疑导致了英国教育的落后。斯宾塞认为,教育的核心价值在于生活,教育目的是为完满的生活做准备。在他看来,科学知识作为学校的课程内容最有价值。科学知识不仅给学生提供了广阔的园地去学习和锻炼,而且能培养一个人的独立性,在学校课程中科学知识应占据最重要的位置。因此,斯宾塞的"受过教育的人"的理想形象较多地偏重于具有理性精神、掌握系统

---

① 亚里士多德. 亚里士多德全集:第 2 卷[M]. 苗力田,译. 北京:中国人民大学出版社,1993:7.
② 夸美纽斯. 大教学论[M]. 傅任敢,译. 北京:教育科学出版社,1999:1.
③ 夸美纽斯. 大教学论[M]. 傅任敢,译. 北京:教育科学出版社,1999:25-27.

科学知识和职业技能的人。为了实现这一目标,斯宾塞特别重视教育的正确方法,他指出:

> 如果说能够生儿育女是身体上成熟的标志的话,那么能够教养这些子女就是心智上成熟的标志。一个涉及一切其他科目的科目,而因此是在教育中应该占最高地位的科目,就是教育的理论和实践。①

为此,斯宾塞制定了以自然科学知识为核心的课程体系,主张教学应从简单到复杂、从不确切到确切、从具体到抽象、从实验到推理,引导学生自己去进行探讨和推论,使学生在愉快的教育过程中发展自己。

以上只是以苏格拉底、柏拉图、亚里士多德、夸美纽斯和斯宾塞等的观点为例,说明知识在教育中的重要性。事实上,几乎任何一位思想家、教育家都不会忽略知识的传授,只是随着时代的变迁,知识的形式会有所变化。时至今日,知识的获取在教育中依旧占据重要地位,智育是培养"受过教育的人"不可或缺的一部分。

2. 重道德

如前所述,在古希腊思想家眼里,知识与道德其实是不分家的。苏格拉底认为,"美德就是知识""美德是一种善""美德是灵魂的一种属性"。② 尽管如此,当涉及教育目的时,两者还是有先后的。例如,苏格拉底就指出:"教育的目的,即在于通过认识自己达到获得知识,最终成为有智慧、有完善道德的人。"③西方历史上有不少思想家尤其重视道德教育,以下以阿奎那、洛克、赫尔巴特为例进行说明。

中世纪晚期,希腊哲学被用来支持基督教的教义,精神和身体的训练成为主要的目的。著名的天主教神学家托马斯·阿奎那(Thomas Aquinas, 1225—1274)试图调和亚里士多德的逻辑学和基督教神学。和亚里士多德

---

① 斯宾塞. 教育论[M]. 胡毅,译. 北京:人民教育出版社,1962:85.
② 北京大学哲学系外国哲学史教研室. 西方哲学原著选读:上册[M]. 北京:商务印书馆.1982:164.
③ 王天一,夏之莲,朱美玉. 外国教育史:上册[M]. 北京:北京师范大学出版社,2006:40.

什么是"受过教育的人"？——彼得斯教育思想研究

一样，阿奎那也认为教育的最终目标是美德。他说：

> 教育的目的，亦即生活本身的目的，是通过培养道德和理智美德来获得幸福。①

阿奎那提出了"受过教育的人"的概念，概括了职业教育以及勇气、智慧、自由、信仰、仁爱和希望等经典美德。② 他认为仁爱高于一切，是从良好教育中逐渐获得的美德。一个"受过教育的人"必须拥有爱的能力，不能爱、不爱他人的人等于没有受过教育。

洛克也对"受过教育的人"的概念做出了有价值的贡献。洛克的教育假设是建立在当时明显的阶级差异的基础之上的。对于洛克来说，应该对不同的社会阶层进行不同类型的教育。他专注于上层阶级（贵族阶层）的教育，在《教育漫话》中详细论述了青年绅士的教育问题。洛克所设想的"受过教育的人"是绅士兼统治者，他有智慧、有美德，信仰上帝，与人融洽相处，诚实宽容，彬彬有礼，在管理和处理公民事务方面保持谨慎。③ 洛克非常重视德育，主张进行说理教育，培养学生服从理智、克制欲望、遵守约束的能力。他说：

> 身体强健的主要标准在能忍耐劳苦，心理健强的标准也是一样。一切道德与价值的重要原则及基础在于：一个人要能克制自己的欲望，要能不顾自己的倾向而纯粹顺从理性所认为最好的指导。④

由此观之，虽然人类在各个年龄阶段有着各种不同的欲望，但人们必须使欲望接受理智的规范与约束。在英国的教育思想和教育实践中，洛克所提倡的绅士教育理想的各个方面，包括政治、社会和教育等，一直是普遍的

---

① 瞿葆奎. 教育学文集：教育目的卷[M]. 北京：人民教育出版社，1985：399.
② O. I. Enukoha et al. Philosophy of Education: An Introduction[M]. Calabar: Unical Printing Press, 2010: 267.
③ O. I. Enukoha et al. Philosophy of Education: An Introduction[M]. Calabar: Unical Printing Press, 2010: 279.
④ 洛克. 教育漫话[M]. 傅任敢，译. 北京：教育科学出版社，1999：23.

要素。这些要素也是彼得斯的"受过教育的人"理想的基础。

另外,明确提出以道德作为最高教育目的的还有德国哲学家赫尔巴特(Johann Friedrich Herbart,1776—1841)。赫尔巴特认为道德普遍地被认为是人类的最高目标,因此也是教育的最高目标。① 道德作为人类的最高目标,决定了教育的最高追求,规定了各级各类教育的具体目标,从根本上回答了教育要塑造何种人及何种品质的问题。赫尔巴特把教育的所有目的和最高目标指向道德,旨在培养"道德人"。在赫尔巴特看来,教育有最高目的和一般目的。最高目的是道德目的,旨在培养人的道德力量;一般目的是关于职业选择的意向目的。赫尔巴特把道德目的作为人人都须达到的必要目的,意向目的则是教育可能达到的目的。对于如何把握道德目的的问题,赫尔巴特写道:

> 所以,使绝对明确、绝对纯洁的正义与善的观念成为意志的真正对象,以使性格内在的、真正的成分——个性的核心——按照这些观念来决定性格本身,放弃其他所有的意向,这就是德育的目标。②

对于这一德育目标,赫尔巴特主张培养学生树立"自由""完善""仁慈""正义"和"公平"等五种道德观念。前两种用来调节个人道德行为,后三种用来调节社会道德行为。根据赫尔巴特的观点,理想的受教育者最好是通过各种各样的兴趣来达到这些道德目标。

以上对西方教育"重道德"的传统作了简要梳理。知识和道德无疑是"受过教育的人"必备的要素,但是,仅仅具备知识和道德是否就一定能算是"受过教育的人"呢?答案是否定的。随着社会的发展,鉴于对知识的负面应用可能给人类带来潜在的危害,有些思想家进一步提出"受过教育的人"还应当具备批判反思能力,必须是一个有智慧的人。

3. 重智慧

西方各种学说的源头是哲学(philosophy),而"哲学"一词源自希腊文

---

① 赫尔巴特. 普通教育学·教育学讲授纲要[M]. 李其龙,译. 北京:人民教育出版社,1989:11.
② 赫尔巴特. 普通教育学·教育学讲授纲要[M]. 李其龙,译. 北京:人民教育出版社,1989:40.

"philosophia",意为"爱智慧"。①

对于智慧的重要性,两千多年前的亚里士多德即有相关论述。亚里士多德把人的灵魂分为理性灵魂和非理性灵魂,前者表现在思维、理解、判断等方面,是灵魂的理智部分;非理性灵魂表现为本能、情感、欲望等,是灵魂的动物部分;此外,他把人的身体称为植物灵魂,表现为营养、发育、生长等。在他看来,人的发展,首先是身体发育,然后为情感培养,最后是理智的锻炼。要使灵魂的三个方面得到充分发展,最有效的途径是教育和训练。亚里士多德把体育放在最前面,其次是道德教育,最后通过智育和美育使灵魂中的思维、认识、理解、判断能力得到发展,这是教育的最终目的所在。这种对思维和判断力的重视,在近代尤其受到一些思想家的重视,以下以怀特海和杜威为例。

19世纪是科学技术主宰欧洲的阶段。科学技术给人们带来了巨大的好处,但也可能给人类社会带来潜在而未知的风险。英国思想家怀特海(Alfred North Whitehead,1861—1947)就指出:"物力本身在伦理上讲来是中性的,它也能向错误的方面发展。……给人类的社会良心带来非常不良的后果。"②怀特海对社会大环境和未来社会深表关切,提出文化和专业知识并重的教育目的,不仅考虑到个人的平衡发展,也考虑到了文明社会可持续发展的问题。怀特海提出除了专业知识之外,还需要一种更坚强的指导力量来弥补专门化的不足与局限。怀特海认为学校教育应当培养受教育者的批判性和反思性的特质。

怀特海在抨击当时死板僵化的英国教育状况时指出,传统教育存在只强调知识的传授而忽略知识运用的弊端。他猛烈批评传统学校从根本上受到了"死的知识"的毒害。在传统学校中,教师单纯地教,学生单纯地学,知识的运用完全被忽视了,这会使学生的智力变迟钝,根本达不到发展思维的目的。因此,他提出要防止死的知识和无活力的概念对教育的毒害。③虽然智力教育的主要目的之一是传授知识,但智力教育还有另一个要素,即智慧。智慧意味着掌握知识,如此才能获得最本质的自由。怀特海提出了知

---

① 英汉百科知识词典. http://kns.cnki.net/kns/brief/result.aspx? dbprefix=CRDD.
② 怀特海. 科学与近代世界[M]. 何钦,译. 北京:商务印书馆,2009:226.
③ 张斌贤,褚红启. 西方教育思想史[M]. 成都:四川教育出版社,1994:573.

识应由智慧支配的主张,他说:

> 通往智慧的唯一的道路是在知识面前享有自由,但通往知识的唯一途径是在获取有条理的事实时保持纪律。自由和纪律是教育的两个要素。……教育的全部目的就是使人具有活跃的智慧。①

所以教育应该培养具有创新精神和智慧的人,他们不仅能掌握文化知识,而且能做好工作。由此,怀特海的教育目的观可以概括为一句话——教育的目的是激发活的智慧。知识不等于智慧,智慧是教育的目的。

在美国,随着移民的涌入、北美的独立、南北的统一以及西部开发的实现;随着现代科学技术的进步,以及确立人生价值的需要,杜威(John Dewey,1859—1952)的进步教育思想应运而生。

杜威摒弃了过去柏拉图式的乌托邦思想和洛克式的阶级教育等教育学说和理论,认为教育是一种以培养批判性和反思性思维为最高理想的职业。对他来说,一个"受过教育的人"已经达到了知识自主的阶段,能够独立地过着符合他个人和社会成长标准的满意的生活。杜威强调民主主义和教育的相互关系,认为没有家庭教育和学校教育,民主主义便难以维持。虽然教育不是唯一的工具,但是教育是位于第一位的工具。通过教育,社会所珍视的价值、想要实现的目标被分配给个人,供他思考、判断和选择。杜威不仅强调个体在知识上的自主性,也强调个体在道德上的自主性,他主张培养在道德上"受过教育的人",即培养品行良好的公民,使其有效参与社会生活,并使他们对社会做出贡献。杜威写道:

> 教育程度愈高,义务愈多。……受过教育的人(则)不然,他有错自己知道,会改过自新,所以道德无止境。道德愈高,向上的善念又多,行善的机会又众。②

---

① 怀特海.教育的目的[M].徐汝舟,译.北京:生活·读书·新知三联书店,2002:54,66.
② 杜威.杜威五大讲演[M].胡适,口译.合肥:安徽教育出版社,2005:270.

杜威认为人的理性是最重要的因素，他坚信教育能够培养出有道德的自由个体。有学者指出，"思维者，或用他的同义词称为'科学的'人是他理想中受过教育的人。"① 在杜威看来，只有把任务仔细分析，把智慧应用到许多场合中各种各样的问题上，使科学和技术成为民主希望和信仰的侍仆，才能具体地执行这个任务。他认为人们还应该养成自由的、广泛的、有训练的观察和了解的态度，并使这些态度成为习惯的、不知不觉的东西，从而使科学、教育和民主目标合而为一。②

由此，杜威把"哲学问题"和"教育问题"转化为"人的问题"。③ 他眼里的"受过教育的人"可以明智地行事，融知识、道德与智慧于一身，不仅关注生存问题，也进入社会，面对社会生活，走向社会化。这样的人可以通过理性探索来解决生活中的问题，可以在慎重思考和预测后果之后做出选择。

小　结

本节主要对彼得斯的思想背景和理论基础作了简要交代。

彼得斯哲学心理学博士毕业的背景为他后来转向教育哲学研究提供了得天独厚的条件，为他的教育及道德教育思想奠定了坚实基础。在哲学方法方面，康德的先验论和维特根斯坦的语言分析法均对彼得斯产生了深刻影响。彼得斯在建立哲学体系时，采取"先验的论证"的方式来证成包括基本道德原则和人类活动的价值等在内的哲学信念，并把"日常语言哲学"作为分析教育哲学的基础，把语言用法的分析当作概念分析的策略。英国的经验主义与自由主义哲学传统也是彼得斯的哲学基础，他深受传统精神的影响。正如学者所指出的，彼得斯其实是一位"老派的哲学家"。④ 另外，西方理性思想也是彼得斯的哲学基础之一。他把斯多葛学派的理性思想视为对生活的恰当态度，认为教育不仅要培养具有广博知识的人，也要培养具有

---

① 瞿葆奎. 教育学文集：教育目的卷[M]. 北京：人民教育出版社，1985：445.
② 赵祥麟，王承绪. 杜威教育论著选[M]. 上海：华东师范大学出版社，1981：404.
③ 陈于冰，桑志坚，刘文霞. 人的问题：杜威教育哲学的逻辑基点[J]. 教育学报，2016,12(5)：36.
④ R. K. Elliott. Richard Peters: A Philosopher in the Older Style[G]// D. E. Cooper, ed.. Education, Values And Mind: Essays for R. S. Peters. London: Routledge and Kegan Paul, 1986：41.

理性道德的人。

彼得斯的道德发展理论基本上是以皮亚杰和柯尔伯格的道德认知发展理论为基础,也提出了道德发展的阶段论。而且,与康德类似,彼得斯也把道德形式与道德内容分开来探讨道德问题。康德道德哲学中强调的自律原则在彼得斯的道德理论中也有所体现。彼得斯认为最高的道德发展阶段就是成为一个能自我抉择的自主之人。

彼得斯提倡博雅教育,强调教育应当启迪个体心灵,使个体具有广博的知识和强大的适应力。彼得斯这种博雅教育观并非他个人首创,而是深受西方古典博雅教育(亦称自由教育)观和英国神学家纽曼的影响。博雅教育不注重功利性的培养,而是以培养人的心智能力为目的。由于科技飞速发展,对人进行专业性培训不可避免;但是大学是传授普遍知识之地,专业教育应让位于更广泛的人文教育。

彼得斯关于"受过教育的人"的理想并非横空出世的新生事物,很大程度上也是对前人观点的继承和批判。他的理想在亚里士多德身上可以找到影子,也或多或少在英国本土思想家洛克、斯宾塞、怀特海等人的观点中有迹可循。虽然在不同的历史阶段,"受过教育的人"的理想形象在不同思想家的眼中具有不同的特征,但总体上看,这些"受过教育的人"的理想存在一些共性,例如知识、道德、智慧等。从苏格拉底到杜威,几乎所有西方教育思想家都肯定了这些要素,只是侧重点有所不同,并且在如何才能把人教育成为更好的、合乎道德的人的方法上意见不一。

第二章
"受过教育的人"之思想要义

要分析和阐述彼得斯眼中"受过教育的人"的形象,不妨从彼得斯的相关著述入手。从早期的《伦理学与教育》,到后来的《教育与理性发展》《自由与自由人的发展》等,彼得斯对"受过教育的人"的知识、能力、态度等作了详细论述。本章共分四节,第一节介绍彼得斯对"受过教育的人"的基本观点,以求把握"受过教育的人"的总体样貌。第二节至第四节分别对彼得斯的博雅知识观、理性道德观和理性自由观进行探讨,以期深入了解彼得斯关于"受过教育的人"的具体特征,并借以管窥彼得斯理论的一些基本主张和特点。

从有博雅知识观的人到有理性道德的人,再到理性自主的自由人,彼得斯秉承了博雅教育的观点。笔者认为,彼得斯有关"受过教育的人"的理论核心体现在知识、道德、自由的相互关系上,这三者的关系如图 1 所示:

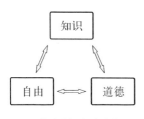

图 1 "受过教育的人"理论要素关系示意图

在图 1 中,"知识""道德"与"自由"之所以以循环结构图展示,主要是考虑到要成为这种"受过教育的人",知识是基础,道德是保障,自由是目的;人为了自由而追求知识即真理,同时,知识、道德、自由之间也是互相制约、互相促进的关系。首先,对于知识和道德的关系,正如富兰克林·罗斯福(Franklin Roosevelt,1882—1945)所言:"有学问而无道德,如一恶汉;有道德而无学问,如一鄙夫"。①

---

① 李文武,王华土. 试论高中语文教学中的心理品质教育[J]. 教育界,2018(12):66.

良好的道德品质是一个人的灵魂,比聪明才智更宝贵更重要。有了高尚的道德,聪明才智才能造福人类;没有高尚的道德,聪明才智可能是祸害。其次,关于道德和自由的关系,在康德的观点里可以证明。按照康德的观点,道德与自由是相辅相成、相互界定的。如果人是自由的,他就必须按照普遍的道德律行事;只有遵从道德律而行动之人,才是自由的。最后,关于自由和知识的关系,正如亚里士多德所言,"求知是人类的本性",[1]"我们不为任何其他利益而找寻智慧,只因人本自由。"[2]常言道,自由是人类永恒的追求。人们为了自由追求知识,有了知识更加向往自由。

与前人相比,彼得斯有关"受过教育的人"的理论有其独特之处,这些特征可总结如下:

首先,彼得斯秉承古希腊的博雅教育传统,重视理性和自由。彼得斯自述他与柏拉图持有相似的教育目的观,都认为理性的发展应当占据教育的中心位置。彼得斯强调非功利性的内在价值追求,反对工具主义的教育观,主张将所从事之事与其内在价值相联,而不是追求某种可感知的外在目的。彼得斯在教育方面的观点如此,在道德教育方面的看法亦不例外。正如他所言,"受过教育的人"不仅要有知识的广度与深度,成为"全人";在道德认知上也要有认知的广度与深度,成为有理性认知、理智情感、意志力及坚持笃行的有自主道德的自由之人。

其次,彼得斯对"受过教育的人"的道德发展的看法是独特的。彼得斯具有心理学和哲学两门学科的专业背景,这使他能够整合这两方面的知识,运用心理学知识来佐证哲学分析方法。而且,彼得斯既强调道德教育的形式,也强调道德教育的内容和方法。正如他所言:"虽然我把'原则性道德'(principled morality)作为终极目标,但我更重视传统道德在通往终极目标的道路上作为一个必要阶段的重要性,也重视诸如模仿、认同和嘉许等方法在儿童早期传授这方面知识的重要性。这种双重强调在'道德发展和道德

---

[1] 亚里士多德. 形而上学[M]. 吴寿彭,译. 北京:商务印书馆,1995:1.
[2] 亚里士多德. 形而上学[M]. 吴寿彭,译. 北京:商务印书馆,1995:5.

学习'一文中都有体现。"①

再次,在道德教育理论方面,彼得斯融合了亚里士多德和康德的思想,走了一条折中主义的道路。康德主张纯粹理性对意志、情感的绝对控制,重视善良意志本身,强调道德行为的动机而不重视道德行为的效果;而亚里士多德则重视行为训练,主张通过"学徒体系"来培养美德,从习惯的后院达到理性的殿堂。彼得斯的观点则将上述两者相结合,主张道德生活不仅要有理性的认知和判断,还要有情感、意志和行为习惯,是包括知、情、意、行在内的完整过程。彼得斯很大程度上遵从了亚里士多德的思想传统,正如他在多处引用亚里士多德所言:

> 德性因何原因和手段而养成,也因何原因和手段而毁丧。这也正如技艺的情形一样。好琴师和坏琴师都出于操琴。建筑师及其他技匠的情形也是如此。优秀的建筑师出于好的建造活动,蹩脚的建筑师则出于坏的建造活动……正是由于在危境中的行为的不同和所形成的习惯的不同,有人成为勇敢的人,有人成为懦夫。②

总之,彼得斯"受过教育的人"的理论有其内在逻辑特征,是对前人相关理论的继承和发展。彼得斯始终关注着人类的整体处境,对美好社会有着特殊愿景。他通过"受过教育的人"的理想,表达了人的理性发展与美好社会之间的关系愿景。

第一节 彼得斯关于"受过教育的人"的思想发展历程

彼得斯关于"什么是受过教育的人"的教育思想不是集中体现在某一著

---

① R. S. Peters. Moral Development and Moral Education[M]. London: George Allen and Unwin Ltd., 1981: 8.
② 亚里士多德. 尼各马可伦理学[M]. 廖申白,译注. 北京: 商务印书馆, 2003: 36.

述之中，而是分散在各篇论文及多部著作中。尽管如此，他对"受过教育的人"的论述一直贯穿于他的教育理论研究工作，在其《伦理学与教育》《什么是教育过程》《教育的证成》《教育与受过教育的人》《教育的逻辑》《论教育家》等著述中都有相应且广泛的内容。他的观点虽然总体上一脉相承，但也并非一成不变。

一、早期观点："受过训练的人"不是"受过教育的人"

根据现有资料来看，彼得斯首次明确提及"受过教育的人"（the educated man）是在《伦理学与教育》（Ethics and Education，1966）一书中。在论述教育的目的时，他写道：

> 这可能并不是一种关于改造（reform）或教育的外在目的的争议，而是到底一个受过改造或教育的人最重要的特征是什么的争议。这样的目的显示出特定的成就与心智状态，赋予"受过教育的人"以形式概念的内容。[①]

"受过教育的人"的现代概念产生于19世纪，是指在道德上、智力上和精神上全面发展的人。到20世纪，教育和训练的区别变得日益明朗。彼得斯在区分受教育与受训练的区别时指出，人们会说"训练有素的哲学家""训练有素的观察者""受过训练的心智"等，但是谈到"教育"时不一样，因为个体不会因任何特定的目标、功能或思考模式而被称为"受过教育"。战士、历史学家、厨师都可能是"受过教育的人"，但是人们并不是为了战斗、为了成为历史学者，或为了从事烹饪而受教育。[②]

以上是彼得斯对"受过教育的人"这一概念较早的一些叙述。他后来在《什么是教育过程》一文中，对"受过教育的人"的总体样貌进行了更为详细的描述：

[①] R. S. Peters. Ethics and Education[M]. London: George Allen and Unwin Ltd., 1966: 27.
[②] R. S. Peters. Ethics and Education[M]. London: George Allen and Unwin Ltd., 1966: 34-35.

（i）从受过教育的人的行为、判断和感觉以及所从事的活动等方面来看，他有着理想的生活方式。

（ii）无论他接受训练后从事什么，他都一定拥有知识，而不仅仅是拥有技巧；他还通晓各类原则。他的生命形式也一定会表现出对思想和意识形态的掌握，而这些思想和意识不是纯粹地用于功利或职业目的，或完全拘泥于一种模式。

（iii）他的知识和理解一定不是惰性的，一定会影响他的世界观、行为和反应；在某种意义上还会影响到他的思想和意识内部的标准，以及成就这些标准的能力。[①]

根据彼得斯以上描述，首先，教育工作者需要注意成长中的个体是否正在沿着理想的路线发展。如果他没有正确学习，如果他所学的东西不可取，那么"受过教育"一词并不适用于此人。第二，教育发展是人类心智发展的一种。它关心的不是个体能做什么，而是关注他能否发展成为遵循规则、理性的人。受过教育并不意味着个体不是或者不能为生计而工作，而是意味着他的人生并不完全为了谋生而奔波。第三，教育工作者必须确保学习者所学到的东西在其他一般环境下也能充分起到作用，也就是影响到学习者的"世界观"及其所作所为。彼得斯在另一著作中把这种学习称为培养"认知视角"（cognitive perspective）。[②]

按照彼得斯的观点，以上所描述的"有价值"的发展，意味着学习者对世界的普遍看法不仅发生了变化，而且他会坚守某些标准，因为这些是他学习内容中隐含的传统规范。因此，教育工作必须确保这些目标得以实现。然而，在现实中有些学校往往忽视了这些需求。在这些学校中，学习仅仅是死记硬背，所学的"事实"不被领会和理解。虽然学习者学到的东西可以被用来应付考试，但这些知识往往没有持久影响，它改变不了学习者的观点，学习者也不会对其产生认同感。按照彼得斯的观点，这些知识是惰性的，对

[①] R. S. Peters. What is an Educational Process? [M]// R. S. Peters, ed.. The Concept of Education. London: Routledge and Kegan Paul, 1967: 9.

[②] R. S. Peters. Ethics and Education[M]. London: George Allen and Unwin Ltd., 1966: 45.

第二章 "受过教育的人"之思想要义

"有价值"的发展毫无贡献。

针对当时关于"受过教育的人"的标准仍然有些模糊的情况,彼得斯在其他著述中还有一些零散的澄清与叙述。例如针对上述第一条标准,他的类似说法还有:教育"必须是引导学习者接触有价值的活动,培养有价值的思想、行为模式",①"受过教育的人是一个与老师在一段时间内所做任务取得了成功的人",②"一个受过教育的人一定能达到某种理想的精神状态",③或是"有价值的精神状态",④他的身上一定存在"知识和理解的理想状态"。⑤ 对于第二条标准,彼得斯的补充是:受过教育的人必须"对事物的'缘由'有一定的了解",他的知识必须具备广度和深度,而且不能被"狭隘地专业化";⑥他还必须"全面发展",⑦并且具备多种形式的"感悟能力"。⑧ 对于第三条,彼得斯补充道:对于"受过教育的人",他一定"会让知识改变……自己的人生观",⑨因而把活着变成了"优质生活",⑩包括敬业心在内的生活态度都是"来自思想和意识形态深处"⑪,等等。

具体而言,彼得斯通过与教育相关的标准问题阐发了自己对"受过教育的人"的看法,即学习者获得大量知识,同时对学习产生非工具性的态度。他描述了教育的认知一面,包括知识(knowledge)和理解(understanding),认为两者不仅指向"技能"(know-how),而且指向背后的"原因"(why)。由

---

① R. S. Peters. Ethics and Education[M]. London: George Allen and Unwin Ltd., 1966: 55.
② R. S. Peters. What is an Educational Process? [M]// R. S. Peters, ed.. The Concept of Education. London: Routledge and Kegan Paul, 1967: 2.
③ R. S. Peters. What is an Educational Process? [M]// R. S. Peters, ed.. The Concept of Education. London: Routledge and Kegan Paul, 1967: 90-91.
④ P. H. Hirst, R. S. Peters. The Logic Of Education[M]. London: Routledge and Kegan Paul, 1967: 13.
⑤ P. H. Hirst, R. S. Peters. The Logic Of Education[M]. London: Routledge and Kegan Paul, 1967: 40.
⑥⑧ R. S. Peters. Aims of Education: A Conceptual Inquiry[M]// R. S. Peters, ed.. The Philosophy of Education. London: Oxford University Press, 1973: 7.
⑦⑨ R. S. Peters. What is an Educational Process? [M]// R. S. Peters ed.. The Concept of Education. London: Routledge and Kegan Paul, 1967: 7.
⑩ R. S. Peters. Aims of Education: A Conceptual Inquiry[M]// R. S. Peters, ed.. The Philosophy of Education. London: Oxford University Press, 1973: 8.
⑪ R. S. Peters. What is an Educational Process? [M]// R. S. Peters, ed.. The Concept of Education. London: Routledge and Kegan Paul, 1967: 8.

此观之,彼得斯与怀特海(A. N. Whitehead)的观点是不谋而合的,二人都认为知识和理解不可能是惰性的;①相反,它们是世界观中具有转变性质的组成部分。对于"受过教育的人"而言,他拥有的知识一定不是信息碎片。他不仅有着持续将自己的知识应用到自己的经历中的能力,同时也有这样做的自觉;这种转变指向理解。换言之,如果一个人光有知识,却让知识与世隔绝,那这样的人虽然可能算得上是知识渊博的人,却算不上是"受过教育的人"。不仅如此,"受过教育的人"还应该能够由内而外去认识这个世界。彼得斯指出,这种投入来自思维和意识内部,在那些能够被验证的思维形式中,理论中肯、简明易懂和语言典雅非常重要。历史和哲学思想注重相关性、一致性和连贯性,所有形式的思想和意识都有其内在评价标准;若要深入它们内部,就必须理解它们、关注它们。没有这样的投入,它们就毫无意义。正如彼得斯所说:

> 如果一个人的知识纯粹是外部的、呆滞的,那我并不认为他是受过教育的人。②

彼得斯随后阐释了什么是受过教育而不仅仅是知识渊博,并提到"认知视角"。认知视角要求个体能够将自己的知识与生活的其他方面联系起来,也就是必须具有知识的广度。一个人在某领域受过良好训练,却对其他领域一无所知,那这样的人也称不上是"受过教育的人"。就像一位优秀的科学家,如果他只精通科学领域,却对其他领域一无所知,那么他只能算是训练有素的人,而不是"受过教育的人"。"受过教育的人"接受的教育是"全人"(whole man)教育,而不仅仅是某种"专业技能、活动或思维模式"的训练。③

---

① Alfred North Whitehead. The Aims of Education and Other Essays[M]. New York: Mentor Books/The Macmillan Company, 1929: 17.
② R. S. Peters. Ethics and Education[M]. London: George Allen and Unwin Ltd., 1966: 31.
③ R. S. Peters. Ethics and Education[M]. London: George Allen and Unwin Ltd., 1966: 35.

二、中期观点:"受过教育的人"之教育不同于一般教育

在发表《伦理学与教育》之后的几年里,彼得斯又写了《教育和受过教育的人》一文,①进一步阐述了自己对"受过教育的人"的观点。

在其早期著作中,彼得斯认为许多人会误读或误用"教育"这个词。例如,人们所说的"商务教育"的目的其实只是培训普通文员,历史学家言及的"斯巴达式的教育"几乎没有任何知识深度和广度可言。按照彼得斯以前的观点,上述说法都是对"教育"一词的使用不当,与彼得斯所提倡的教育标准是相悖的。于是,在《教育和受过教育的人》(Education and the Educated Man,1972)一文中,彼得斯修订了"教育"的定义,用以说明他曾经认为属于误用的事例实际上是关于教育的另一不同概念。他这样写道:

> 我一直认为"教育"与培养受过教育的人之间存在着某种联系,我也承认其他人可能没有这种将两者差异化的概念结构。但我坚持认为,即使人们不以特定术语来标记它们,把不同之处说清楚也很重要。②

彼得斯之所以把教育和"受过教育的人"之教育区分开来,其实是为了回应对其教育概念太狭隘的批评。在他看来,教育的第一种概念包含培养"受过教育的人"所需的教和学的过程,这些过程及结果符合彼得斯在早期相关分析中所阐述的教育标准;第二种更普遍的教育概念与"受过教育的人"的理想没有紧密关系,这种更普遍的概念可能适用于任何训练、教养或社会化的过程。

另外,区分两种教育概念,也是基于他对自己早期观点的反思。彼得斯后来意识到"教育"一词在普通语言里具有多种不同用法,这些用法与他早

---

① 此文最早发表于 1970 年第 4 期《英国教育哲学学会论文集》中,后收录在《教育与理性的发展》(1972)和《教育与教师教育》(1977)中。
② R. S. Peters. Education and the Educated Man[M]// R. S. Peters, ed.. Education and the Development of Reason. London: Routledge and Kegan Paul, 1972: 8.

期作品里所阐述的"教育即启蒙"的概念格格不入。为此,彼得斯指出,"教育"不仅意味着在人身上发展的东西是有价值的,而且还意味着它涉及的知识和理解的发展。不管"受过教育的人"是什么,他都是一个对某事有一定理解的人,而不仅仅是一个有专门知识或熟练技能的人。尽管有人认为这种理解不应过于狭隘,但"教育是全人教育"这句话是一个概念真理,因为接受教育与狭隘的专门化训练是格格不入的。①

《教育和受过教育的人》反映了彼得斯在思想上的重大转变。按照彼得斯原来的分析,人们关于教育的说法常常是语言上的误用;在思想上发生转变之后,他开始直面上述似乎没有道理的说法。按照彼得斯的新观点,那些谈论"商务教育""斯巴达式教育"的人并没有滥用语言,因为这样的语言似乎更符合一般的教育概念。埃德尔(Abraham Edel)总结了彼得斯教育哲学中这一崭新的分析成果,认为彼得斯通过斩断过程和结果之间的联系,得以迎合"教育"的那些偏常用法,而且还解决了围绕彼得斯关于不能言及教育"目标"展开的争论。② 在彼得斯看来,由于教育即启蒙、接触有价值的活动,所以教育已经具备了它所需要的一切目标。现在随着两个概念的分离,人们谈论的目标可以是关于教育,而不是关于"受过教育的人"。

虽然彼得斯主动修正了相关理论,但他仍坚持认为把经过专门培训的文员称为"受过教育的人"是错误的;同样,专门为战斗而接受训练的古代斯巴达公民也称不上是"受过教育的人"。因为在他眼里还有一个更为具体的教育理念,也就是《教育即启蒙》一文中提倡的理念;这种理念只适用于帮助实现"受过教育的人"的教和学。彼得斯之前把这种理念当作教育的唯一理念。

对于彼得斯有关观点与思想的演化历程,赫斯特在题为《理查德·彼得斯对教育哲学的贡献》一文中阐述了自己的观点。赫斯特认为,《教育和受过教育的人》一文进一步阐明了彼得斯当初提出的重大教育议题,并

---

① R. S. Peters. Education and the Educated Man[M]// R. S. Peters, ed.. Education and the Development of Reason. London: Routledge and Kegan Paul, 1972: 3-4.
② Abraham Edel. Analytic Philosophy of Education at the Crossroads[G]// James F. Doyle, ed.. Educational Judgments: Papers in the Philosophy of Education. London: Routledge and Kegan Paul Ltd., 1973: 247.

且将从根本上影响人们的教育观念；同时将社会背景和历史变迁直接引入了哲学辩论。① 然而，在更广泛的社会背景下对教育的任何分析都是极为复杂的，所以在很多人看来，如果把这些复杂性只归于两种概念是远远不够的。赫斯特指出，针对教育和"受过教育的人"之教育两种概念提出的异议，反映了许多批评人士对彼得斯教育思想的态度。但赫斯特也认为其中许多批评是错误的，因为这些批评人士只关注彼得斯的早期作品，而没有看到他在《教育和受过教育的人》中提出的新观点。

在对教育的一般概念与"受过教育的人"之教育的概念进行区分的同时，彼得斯再次阐发了自己对"受过教育的人"相关价值的观点。他在《教育和受过教育的人》中进一步阐述了实用性、工具性与受过教育之间的联系。他强调，教育尤其关注促进理论学习；教育意味着传递知识，但这些知识不是仅具有工具价值，亦即教育活动必须超越功利性或职业的目的。他指出：

> 受过教育的人善于进行理论化的反思，并且特别重视清晰、准确性和真理。②

对此，汉德（Michael Hand）曾指出彼得斯所谓的理论活动可能恰恰具有工具性的教育价值，因为从某种意义上讲，这样的理论活动可以阐明所有其他活动。③

尽管如此，彼得斯希望人们明白，他所认为的有价值的活动虽然仅限于非工具性的活动，但是对实用性活动还是留有空间。他指出：

> 受过教育并不意味着排斥追求实用性；因为从纯工具性角度看，并

---

① P. H. Hirst. Richard Peters' Contribution to the Philosophy of Education[G]// D. E. Cooper, ed.. Education, Values and Mind: Essays for R. S. Peters. London: Routledge and Kegan Paul, 1986: 22.
② R. S. Peters. Education and the Educated Man[M]// R. S. Peters, ed.. Education and the Development of Reason. London: Routledge and Kegan Paul, 1972: 12.
③ Michael Hand. Education for Autonomy: A Rejoinder to Aviram and Assor[J]. Oxford Review of Education, 2010, 36(1): 127.

不需要追求实用性。①

彼得斯明确指出,教育和培训的区别在于教育与任何狭义的事业不相兼容。"受过教育的人"并不是意味着他们没有不知道之事,而是意味着他们能够理解知识、可以解释事物何以如此,他们的知识不仅仅是建立在直觉的基础上,这才是有价值的。正如彼得斯所言:

> "受过教育的人"的概念涉及知识的深度、知识的广度和善的知识。②

由此可知,彼得斯尽管思想上对教育的概念进行了区分,但他只是借澄清概念的方式进一步对"受过教育的人"的价值进行辩护,即"受过教育的人"学识渊博、通观、持非工具性态度等。

三、晚期观点:"受过教育的人"为民主生活做准备

彼得斯认为,教育是在民主背景下开展的,人们通过教育来学习如何生活。在彼得斯的教育哲学中,民主、教育之间的联系要比字面意思复杂得多。彼得斯认为民主社会的公民至少会面对三种人生境遇,分别为"自然世界""人伦世界"及"经济、社会和政治世界"。③ 在彼得斯学术生涯的后期阶段,他以这三种人生境遇思考民主社会的价值,并提出具有民主价值的教育目的。

由于对教育的概念存在不同的解释,人们对"民主"(democracy)一词的解释也是五花八门。对此,彼得斯在《伦理学与教育》一书中指出:

> 在考虑民主于教育方面的可能应用之前,有必要认真考虑民主的意义和正当性。④

---

① R. S. Peters. Education and the Educated Man[M]// R. S. Peters, ed.. Education and the Development of Reason. London: Routledge and Kegan Paul, 1972: 9-10.
② R. S. Peters. Education and the Educated Man[M]// R. S. Peters, ed.. Education and the Development of Reason. London: Routledge and Kegan Paul, 1972: 13.
③ R. S. Peters. Essays on Educators[M]. London: George Allen and Unwin Ltd., 1981: 34.
④ R. S. Peters. Ethics and Education[M]. London: George Allen and Unwin Ltd., 1966: 193, 291.

在多元化社会中,民主的真正含义和象征变得越来越复杂,但很少有人质疑教育应该是民主的。对于民主是什么,彼得斯认为,为了让民主发挥作用,就必须对民主的一般原则达成普遍共识。彼得斯阐述了这些基本原则,并指出民主存在的前提就是要遵循这些原则。维护民主必须遵循的标准,民主才能得以存在。反过来,只有当民主的最基本的原则得到严格遵循,其他原则才能得到执行。问题是这些最基本的原则包括哪些呢?彼得斯认为人们在公平、宽容及利益因素等程序原则上存在共识,这为讨论民主提供了框架。因此,即便基本原则在一些较低层次的问题上出现冲突、分歧也没有关系。当然,存在这种共识并不意味着基本原则就一定有效,但起码不会让民主浮于表面。[1]

彼得斯认为人性是民主的最大敌人,因此必须保持理性至上才能保障民主的基本原则。在他看来,维持民主生活是非常困难的。那些民主所依赖的基本道德原则,如公平、自由以及对利益的考虑等,被强加在人的原始脾性之上。只有理性的人才会在情感上尊重别人、博爱他人。民主意味着公民要了解并关心公共事务,并愿意为民主制度服务。民主也需要时刻保持警惕,防止侵犯个人自由,并且在制度上加以保障。这种对他人的爱,比起训练个体来维护民主生活更持久有效得多。[2]

关于人性,彼得斯认为人本质上是利己的,如果没有约束条件或是缺乏对社会其他成员的友爱感,就会倾向于违背社会的最佳利益。显然,彼得斯的观点比杜威的进步主义或卢梭的以儿童为中心的理论要悲观得多。彼得斯对人性的看法是他理解教育的关键,由此可以看出为什么彼得斯不愿意将个体从公共世界中剥离出来区别看待、为什么他认为过分强调个体会损害文明。彼得斯教育哲学中有关人性的观点在他涉及西方教育哲学传统的许多文章中都有体现,这些文章发表于彼得斯职业生涯的不同阶段,清晰地反映了彼得斯对人类本性的假设。

后来在《民主价值与教育目的》(1981)中,彼得斯重申了自己对民主和

---

[1] R. S. Peters. Ethics and Education[M]. London:George Allen and Unwin Ltd.,1966:313.
[2] R. S. Peters. Ethics and Education[M]. London:George Allen and Unwin Ltd.,1966:319.

教育的立场，并且强调自己与柏拉图在"民主"问题上的立场具有相似之处：

> ……我一直都很认同柏拉图的观点，即一类国家养一类人。不过，我对民主国家和民主人的观点与柏拉图截然不同。当然，我们对两者的叙述也有相似之处，即理性的发展应占据教育的中心地位。尽管对于柏拉图来说，这代表着一个过程，而且最终只有少数人才能对善拥有权威性的洞察力，但是达成一致的终点以及这种精英的存在是民主所不允许的。①

由此可知，虽然彼得斯和柏拉图有相似的教育目的观，但对"民主"概念的观点却截然不同。诚然，以民主价值观为基础的目的是可以讨论的，"民主"本身也是可争论的概念。在《柏拉图的教育观到底对不对？》(1981)中，彼得斯进一步阐明了自己的柏拉图派倾向，但在谈到理性的社会形态时，却与柏拉图划清界限。柏拉图认为政治权力应该由"哲学王"等社会精英来垄断，而彼得斯与柏拉图相反，是支持民主的，认为理性的社会形态不是贵族制，而是民主制。作为一种修正的理性概念，民主最接近于理性的社会形态，原因是民主至少涉及"议会"，也就是在公共决策时进行讨论。而诸如自由、公正性和对人的尊重等程序原则也是民主生活方式的原则，这些原则构成了理性运作的社会环境。②

彼得斯认为，虽然民主价值观可以存在争议，但对教育目的的认知却不可以，因为民主不关心是否有一个确定的目标，它更关心的是行动的原则，而民主的教育目的应该强调这一共同之旅所必需的精神品质。③ 教育的概念牢牢存在于自由、民主的价值观中，对这些价值观必须有清楚认识，必须阐明这些价值观如何影响教育的标准，特别是在把它们应用于制订具体的

---

① R. S. Peters. Democratic Values and Educational Aims [M]// R. S. Peters. Essays on Educators. London: George Allen and Unwin Publishers, 1981: 49.
② R. S. Peters. Was Plato Nearly Right About Education? [M]// R. S. Peters. Essays on Educators. London: George Allen and Unwin Publishers, 1981: 13.
③ R. S. Peters. Was Plato Nearly Right About Education? [M]// R. S. Peters. Essays on Educators. London: George Allen and Unwin Publishers, 1981: 49.

第二章 "受过教育的人"之思想要义

教育目标之时。例如,二战后的民主国家想要强调个人自主的发展,这是可以理解的,因为人们经历过法西斯主义的祸害,在制订教育目标时更加强调自愿性和个人主义的一面,同时确保其他民主价值观不会遭到排挤,例如尊重他人、友爱、关心和同情他人等。在自由、民主的背景下,教育必须确保基本的道德权利不受侵犯,例如有权培养儿童对美好生活的信念,这就需要为儿童提供学习的机会。

彼得斯自始至终都密切关注着人类整体处境和社会状况;基于对人类处境的关切和对美好社会的特殊愿景,他在对教育目的的阐述中表达了占主导地位的理性发展与美好社会之间的关系。从本质上讲,彼得斯的主要论点是在确立教育目的之前,必须先树立宝贵的社会价值观,这样得出的教育目的在民主公共生活的条件下才对人类合适。他认为,必不可少的民主生活的条件包括尊重他人(人际道德)、对人类处境的知识和理解、真理、理性以及对民主生活方式的普遍认同等价值观,还包括公正、对他人的关心和包容、最低限度的行为规则或法律共识等,因为"没有这些规则,民主社会就继续不下去"。[①]

小 结

本节主要对彼得斯在《伦理学与教育》《什么是教育过程》《教育与受过教育的人》《论教育家》等著述中有关"受过教育的人"的总体观点进行了梳理。彼得斯对"什么是受过教育的人"的回答并非一成不变,而是在回应他者的批评过程中或是出于对人类境遇的关切而不断反思、补充与建构。

早期阶段,彼得斯在表达对教育的看法时描述"受过教育的人"的特征为:有理想的生活方式、遵循规则和理性、拥有的知识影响其世界观、有认知的视角等。后来,对于同行所提出的他的教育观过于狭隘的批评,彼得斯通过区分教育的两种概念来进行回应:一种是一般的教育概念,一种是特

---

① R. S. Peters. Was Plato Nearly Right About Education? [M]// R. S. Peters. Essays on Educators. London: George Allen and Unwin Publishers, 1981: 38.

殊的教育概念,后者正是彼得斯一直坚持的有助于实现"受过教育的人"的教和学。借此机会他进一步对"受过教育的人"的价值进行辩护,即"受过教育的人"学识渊博、通观、持非工具性态度等。在晚期作品中,基于对人类整体处境的关切和对美好社会的特殊愿景,彼得斯进一步提出"受过教育的人"必须保持理性至上才能保障民主生活的基本原则,这体现了他对理性发展与美好社会之间关系的看法。

不过,彼得斯关于"受过教育的人"的标准的表述仍然存在一些问题。例如他在首次提及某些术语时均无清晰解释,这些术语包括:"认知角度"（cognitive perspective）、"思想和意识的形式"（forms of thought and awareness）、"形式的内在标准"（standards immanent in forms）、"思想和意识的模式"（mode of thought and awareness）、"敬业精神"（commitment）、"形式内部"（to be inside a form）、"心境"（state of mind）、"转变观念"（outlook is transformed）、"生活形式"（form of life）、"全面发展"（all-round development）等。读者除非有着深厚的社会理论和心理学的知识背景,否则往往无从得知彼得斯所指究竟为何,或者如何对其进行评估。

尽管彼得斯的一些表述存在不足,但是他在更广泛的社会背景下所作的分析依旧令人称道。诚然,从普通语言学角度来说,根据彼得斯的分析所提供的标准来区分"受过教育的人"和未受过教育的人并不十分必要,但在彼得斯的所有作品中,都有一个关于人类本质是什么以及应该努力成为什么样的人的保守的教育观点。彼得斯特殊的教育理念（与"受过教育的人"的理想密切相关）与其说是在概念上的新探索,不如说是反映了他对人性和自我实现的独特见解。因此,彼得斯的著作不仅仅是关于概念的分析,他的研究促使人们反思教育的规范性问题。

第二节 "受过教育的人"是有博雅知识观的人

对彼得斯来说,教育好比更广泛意义上的一种启蒙,能使人进入一种

"思想和意识形态"。① 这种"思想和意识形态"意味着受过教育的人必须具有知识的广度、深度以及对知识的非工具性态度。彼得斯的这种知识观是具有博雅精神的知识观。

一、全人教育

彼得斯提出全人教育（education of the whole man）的观点以强调"受过教育的人"必须具有知识的广度。他说："当教育学家提出全人教育的主张时，他们在阐明一个概念性的真理……"②他们看到了"全人教育"和"广泛的认知观点"（即知识的广度）在概念上的联系。对彼得斯来说，"受过教育的人"能将自己的学识"渗透到世界观之中"而不是与之"脱离"；③换言之，他在生活的各个方面都有着对学识和智慧的感知。彼得斯写道：

> 全人教育是一个概念真理，因为成为受过教育的人与认识只得到部分发展的人是格格不入的：例如，后者把汽车仅仅当作一件机器，而看不到美学价值、背后的历史或是影响人类善恶的潜质。④

"全人教育"意味着要摒弃狭隘的专业主义的认知观点，因为专业主义排斥系统学习任何虽相关却不同的学科或领域的知识。狭隘的专业主义意指仅仅获得某一狭隘的活动领域的相关技能，亦称为训练。需要指出的是，彼得斯并非主张"受过教育的人"不应当接受训练，而是不能仅限于受过训练。有的人之所以会对自己所从事的活动认识有限，是因为这些活动与他生活中的其他活动相脱节。例如，当科研人员还没有看到自己的科研工作与其他活动是否有联系就贸然着手研究时，他对自己工作所持的概念将是有限的，因为他看不到自己所从事的科研工作与生活的其他方面是否有关

---

① R. S. Peters. What is an Educational Process? [M]// R. S. Peters, ed.. The Concept of Education. London: Routledge and Kegan Paul, 1967: 8.
②③ R. S. Peters. Aims of Education: A Conceptual Inquiry[M]// R. S. Peters, ed.. The Philosophy of Education. London: Oxford University Press, 1973: 19.
④ R. S. Peters. Moral Development and Moral Education[M]. London: George Allen and Unwin Ltd., 1981: 74.

联。按照彼得斯的观点,受过教育并不意味着仅仅掌握了某种技术或技巧,即便在烹饪或芭蕾这种具有活动价值的领域亦莫不如此。虽然理解的深度对于"受过教育的人"而言是必要的,但不是充分的。科学家可能对事物的原因有深度了解,但如果他知道的仅仅是科学的某一专业分支,他仍然可能算不上是"受过教育的人"。[1] 在彼得斯看来,"受过教育的人"不仅了解一种甚至多种特定学科的知识,而且还能在更广泛而系统的思想框架内"观察事物"。一个人的行动、反应和活动只有在相互关联、相互影响、始终如一时,才会拥有协调连贯的生活模式。

诚然,彼得斯提出"全人教育"这一概念是值得称赞的,但他关于全面发展的细节描述在某些方面尚不完整,"全人教育"的概念还存在一些不足之处,主要体现在拥有"广泛的认知视角"与"全人"之间并没有逻辑上的必然联系。一个人即便拥有了彼得斯所设想的"广泛的认知视角",他也不一定可以成为全面发展的人。一个人仅仅通过学习一些学科就一定能够"全面发展"吗?全面发展是否仅仅意味着掌握多门学科知识?毫无疑问,学习多门学科知识是必要条件,但不是充分条件。即便是一位在文学、哲学、艺术、宗教和科学等重要领域都游刃有余的历史学家,他在情感上可能不稳定,在社交方面可能很孤僻。因此,尽管他知识渊博,但称之为"全人"却是十分牵强的。人的全面发展应该包括其他方面的个性特征,如情感、道德、社交技能,等等,即应该包括精神方面的发展。

二、知识的广度与深度

彼得斯在《教育的证成》(1973)[2]中进一步阐述了自己对"受过教育的人"的观点。他明确指出"受过教育的人"应当具有的三个特征:学问渊博、能融会贯通、对选择从事的活动持非工具性态度。[3] 虽然彼得斯没有直接

---

[1] R. S. Peters. Moral Development and Moral Education[M]. London: George Allen and Unwin Ltd., 1981: 74.
[2] R. S. Peters. The Justification of Education[M]// R. S. Peters, ed.. The Philosophy of Education. London: Oxford University Press, 1973: 239-269.
[3] R. S. Peters. The Justification of Education[M]// R. S. Peters, ed.. The Philosophy of Education. London: Oxford University Press, 1973: 240-241.

回答"为什么应当选择他的教育观"的问题,但他再一次为"受过教育的人"的价值进行了辩护。

(一)知识的广度

彼得斯一直强调"受过教育的人"必须具有知识的广度(breadth of knowledge),亦即拥有大量知识和理解。他指出,从"博雅教育"的角度来看,某些形式的知识比其他形式的知识更有价值,即那些对概念架构和理解形式有着深远影响的知识。那么,人们为什么要获取大量知识呢?彼得斯的回答是:"学习知识、掌握技能和提高认识符合社会和个人的利益,因为可以促进其他方面的满意度,还可以减轻恶。"① 例如,技能或"专门知识"(knowing how)可以为一个人提供生计,满足食物、住所等一系列消费,而且知识有助于促进沟通和维持社会关系。正如彼得斯所言:

> 一般来说,知识对维系文明社会至关重要。在文明社会中,交流过程必不可少。因为"知识"至少意味着:(1)所说或所想是真实的;(2)所说或所想是有根据的。②

彼得斯认为有广度的知识应包含多种知识形式(forms of knowledge)。在他看来,知识的形式可以给人打开多种可能性的大门,因此,任何人如果被任意剥夺接触知识的形式的权利,都是不合理的。他还强调,任何关心教育的人都必须接受赫斯特所描述的知识的形式。根据赫斯特的观点,知识可分为七种形式,即数学(mathematics)、自然科学(physical sciences)、人文科学(human sciences)、历史(history)、宗教(religion)、文学和美术(literature and fine arts)以及哲学(philosophy)。它们之所以更重要,是因为它们主要包含在对生活各个方面的解释、评估和启迪之中。因此,它们可以不知不觉地改变一个人对世界的看法。一个系统追求这些目标的人可以制订概念方案和评估形式,从而改变所从事的一切工作。

---

①② R. S. Peters. The Justification of Education[M]// R. S. Peters, ed.. The Philosophy of Education. London: Oxford University Press, 1973: 243.

每一种知识形式都有其独特的概念、逻辑结构、真理标准和探索经验的特殊技巧。这些知识形式不仅是信息的聚合体,而且是人类所创造的独特体验。在彼得斯看来,每种形式的知识都代表着一种独特的经验形式,"这种经验的各个方面围绕着被接受的已经获得公共意义的公共符号组织起来"。① 彼得斯后来把这些知识形式称为"经验模式"。②

另外,与知道事物是如何的(how)相对,知识的形式能够使人理解事物的原因(why)。通过学习展现事物原因的不同形式的知识,人们可以把学到的知识和思维方式应用到生活的其他领域中去。彼得斯写道:

> 接受教育可以形成和系统化概念体系,并改变人的世界观。接受教育也使人倾向于追问事情的原因……知识的形式包括科学、哲学、文学、历史等,它们涵盖的认知内容包罗万象。这一特征使其有别于"知道如何"的知识以及那种使人成为行业能手或熟练掌握实用技能的知识。③

诚然,彼得斯提出的有关"知识广度"的概念固然具有重要意义,不过这一概念的指向性并不明晰具体。他没有指出知识的广度到底该达到什么程度。如果一个人未来打算成为工程师,那么他还必须学习历史、文学、哲学、艺术和宗教吗?或者,对于立志成为历史学家的人,应该学习科学、数学、文学、哲学、艺术和宗教到什么程度呢?彼得斯对此并没有提出任何明确的必要条件,他只是"反对狭隘的专业主义"。④

(二)知识的深度

彼得斯认为教育要使人深入有价值之物的内部,要使人具备知识(knowledge)和理解(understanding)。"受过教育的人"不是单纯具备专业

---

① P. H. Hirst. Liberal Education and the Nature of Knowledge [M]// P. H. Hirst, ed.. Knowledge and the Curriculum. London: Routledge and Kegan Paul, 1974: 30-46.
② R. S. Peters. Philosophy of Education [G]// P. H. Hirst, ed.. Educational Theory and its Foundation Disciplines. London: Routledge and Kegan Paul, 1983: 38.
③ R. S. Peters. The Justification of Education [M]// R. S. Peters, ed.. The Philosophy of Education. London: Oxford University Press, 1973: 256-257.
④ R. S. Peters. Aims of Education: A Conceptual Inquiry [M]// R. S. Peters, ed.. The Philosophy of Education. London: Oxford University Press, 1973: 19.

技能的人,他可能拥有专门知识,但他也拥有大量的一般知识与理解,有发达的理性能力,能证明自己的信仰和行为有道理。"受过教育的人"知道事情的原因以及事实,获得的认识能改变自己看待事物的方式。知识使他的生活水准大不一样,因为他的信仰和行为有了后盾,他能组织系统、概念、计划方面的经验。① 换言之,"受过教育的人"所获得的并非狭隘的专门化知识,他对知识能够融会贯通:

> 不仅有广泛的认识,而且能够以不同的方式解读他的经验,从而获得某种认知视角。②

这一认知视角有两种表现方式。首先,"受过教育的人"可以自由地调整对际遇的反应,而不仅限于做出反应而已。例如,他可以将汽车如何工作的知识与汽车美学、发展历史以及对人类善恶的潜在影响相结合;他不仅能看到汽车的迷人之处,也能看到它给城市规划带来的问题。③ 其次,"受过教育的人"愿意在对事物所形成的不同认识中寻找它们之间的联系。对此,彼得斯指出:

> 任何道德判断都以对人的行为的信念为前提;道德判断都涉及对行为后果的评估。因此,受过教育的人在做出道德判断时,不会对他人行为进行粗糙而简单的解释,不会忽视社会科学对数据进行初步统计后可能产生的后果所做的概括……不会忘记科学活动的道德预设和理论的美学特征,也不会漠视调查结果与更广泛意义上的信仰和行动问题的相关性。④

由此可知,"受过教育的人"的观点受到自己所学、所认知的影响和改变。他能超越肤浅认识,并形成整体的概念。这种深度认识能够增强个体在生活

---

①②③④ R. S. Peters. The Justification of Education[M]// R. S. Peters, ed.. The Philosophy of Education. London: Oxford University Press, 1973: 240.

模式中的辨别能力。

总之,理解力提高的人可以用一般原则、理论和模式来解释事件。理解可以提升预测的可靠性,并扩大可预测的范围,反过来又使"受过教育的人"能更好地应对自己的处境。技能背后的认识对于瞬息万变的工业化社会尤为重要,因为它有助于工人适应新的环境。社会认识也是有用的,因为它使人能够与他人合作并适应社会的变化。

三、对知识的非工具性态度

虽然全人教育理论要求人具备广博的知识,但它并不主张把知识作为工具,因为求知是为了追求知识、理解和真理本身。为此,彼得斯提出"受过教育的人"对知识要保持非工具性的态度。

（一）什么是非工具性态度

一般而言,人们做事可能大多出于某种外在的原因,比如追求利润、获得奖励、寻求认可或逃避惩罚等。但持非工具性态度的人会出于活动本身的原因做一些事情。彼得斯认为,非工具性态度"以决心寻找合理性为前提",[①]他这样写道:

> 如果有人扪心自问:"为什么要这样做,而不那样做呢?"说明他已经到了一定阶段,认识到必须在活动过程中停止进行工具性证成。[②]

人们通常认为专门知识具有工具性,但"受过教育的人"的所作所为在某种程度上却是出于事情本身的价值。那么,一个人为什么会持非工具性态度呢?彼得斯这样解释:

> "受过教育的人"对所做之事乐此不疲,而不会总问"这会给我带来

[①②] R. S. Peters. The Justification of Education[M]// R. S. Peters, ed.. The Philosophy of Education. London: Oxford University Press, 1973: 262.

什么"？从事烹饪是这样,从事化学工作也是如此。他享受朋友的陪伴,也享受音乐会带来的愉悦。他工作不仅仅是为了赚钱。他很清楚手头所做之事对过去和未来有何意义,也明白他在过去和未来之间所做的工作。他的生活有延续性,反映了他的关切。他关心是因为他在乎。①

持非工具性态度的人出于事物的本身价值而做事,相比那些由于外在奖励而受到激励之人,更能给顾客提供较好的服务。例如,如果泥瓦匠或医生以非工具性态度对待自己的工作,不把心思放在赚取薪金或寻求他人满意度之上,就可能为公众提供更好的服务。值得注意的是,这是从外部来看待非工具性的态度,而没有考虑活动的内在特征。在某些情况下,受到利益驱使,这种非工具性态度可能遭到滥用,成为当权者从外部进行操纵的"隐形之手",②而实践参与者可能被视为促进公共利益的工具。因此,在彼得斯看来,如果这种外部观点占主导地位,可能会导致某种类型的腐败。

(二)"受过教育的人"的非工具性态度

"受过教育的人"对选择从事的活动持非工具性态度,其关注的核心在于活动的内在价值。彼得斯这样写道:

> 它(非工具性的态度)的关键在于关心、尊重或热爱活动的内在特性。③

这反映出彼得斯对教育的假设:教育过程是人们认识和理解的过程,是通过一段时间的学习来实现隐含在证成中的价值和程序。彼得斯认为,教育,从某种意义上说,就是为了实现苏格拉底所说的"浑浑噩噩的生活不值得过

---

① R. S. Peters. The Justification of Education[M]// R. S. Peters, ed.. The Philosophy of Education. London: Oxford University Press, 1973: 241.
② R. S. Peters. The Justification of Education[M]// R. S. Peters, ed.. The Philosophy of Education. London: Oxford University Press, 1973: 246.
③ R. S. Peters. The Justification of Education[M]// R. S. Peters, ed.. The Philosophy of Education. London: Oxford University Press, 1973: 245.

下去"中隐含的理想。① 这是正确理解教育的途径,因此,重视知识和理解是非工具性态度的一个组成部分。在彼得斯看来,一个重视知识和理解的人应该是这样的:

> 并不满足于一种浑浑噩噩的生活。他想知道自己的欲望是否真正值得,抑或是自己真正所欲。他想知道欲望之间的相关性。②

由此可见,彼得斯认为教育与对人生的理性审视密切相关,这种审视是以对真理的关注为前提的,而真理的关注反过来又以"受过教育的人"的非工具性态度为前提。换言之,"受过教育的人"必须具有非工具性态度。不仅如此,受过教育的人还"对知识和理解有着持久关注"。③

值得注意的是,彼得斯没有说明为何非工具性态度必须凌驾于其他态度之上。例如,追求物质成功的物质主义生活方式代表了一种工具性态度,人们在这种生活方式下仍然可以过自己的生活,只不过这种生活的目的是为了促进个人利益、改善自己的命运。对许多人来说,基于这种生活方式的教育观也是可以接受的。因此,彼得斯的讨论还有模糊之处,他并没有清楚说明为什么非工具性价值要优先于物质主义。

四、彼得斯的博雅教育观

彼得斯强调知识的广度、深度和对知识的非工具性态度,与"博雅"(liberal)教育的倡导者们有共同之处。在讨论"博雅"教育时,彼得斯指出,就像"教育"一样,"博雅教育"中的"博雅"可能会遭到各种解读。例如,有的人可能会"博雅化"职业学习,把职业学习当作职业教育而不是职业培训看待。对此,彼得斯特意把自己的博雅教育理想与职业培训加以区分,认为真正的教育都是博雅教育。有的教育可能是博雅和职业目的相结合,这种职

---

①③ R. S. Peters. The Justification of Education[M]// R. S. Peters, ed.. The Philosophy of Education. London: Oxford University Press, 1973: 262.
② R. S. Peters. The Justification of Education[M]// R. S. Peters, ed.. The Philosophy of Education. London: Oxford University Press, 1973: 263.

业教育与职业培训的区别正是在于其"博雅"的一面。

对于人们常说的职业培训应该"博雅化",彼得斯认为包含三个层面的意思。首先,它意味着在学习烹饪、木工或家政等职业技能的过程中,自始至终强调这些活动的内在标准,而不仅仅是终端产品的消费价值。其次,它意味着现实利益可以当作兴趣出发点,激励人们在与之相关的更广阔的知识领域培养起新的兴趣。第三,它还意味着出于职业目的的知识能以非教条的方式传授给学生,学生可以批判地对待所学知识,而职业培训可以增加其教育价值。①

由此可知,彼得斯眼中的"博雅"一词与认知的观点相联系,亦即博雅教育之所以博雅,是因为个体能被引导进入各种有价值的教育内容之中,并能潜心学习这些内容。真正的博雅教育包括种类繁多的学科,以防止个体只掌握某一科的专业知识。个体在接受博雅教育之后,能培养并维持自己的"认知视角",能将知识融会贯通,转化为其他领域的知识。

彼得斯还指出,若要识别具有教育价值的特定知识,首先需要确定有价值的生活方式,然后再探讨如何通过教育促进这些有价值的活动,明确哪些知识和理解是有用的、哪些是必须获得的。他写道:

> 我们首先要明确社会的价值观,然后说明需要强调的这些价值观的具体方面。或者,我们可以不认同某些被普遍接受的价值观,把纠正这些价值观作为教育目标。②

换言之,人们只需在特定的社会中为特定的知识和理解进行辩护。不过,一般意义上的知识和理解的合理性也需要关照。要证明知识和理解有价值,就必须证明在特定社会中这些知识和理解的组成要素有价值。

任何教育都是帮助人类通过学习精进自我,这是彼得斯关于博雅教育的经典论断。教育能让人变得更好,能认识到善的重要性;教育能够

---

① R. S. Peters. Ethics and Education[M]. London: George Allen and Unwin Ltd., 1966: 45.
② R. S. Peters. Democratic Values and Educational Aims[J]. Teachers College Record, 1979, 80(5): 468.

传播宝贵的知识,与人类进步发展息息相关。不过,彼得斯并不主张通过教育来彻底改变社会,他的教育观在本质上是保守的。在他看来,自主的个体并不质疑社会的制度和价值观,尽管他们观点各异,但他们的目的并非要对现有社会进行彻底改革。因此,从某种意义上说,彼得斯并非革命斗士,他不主张把教育作为颠覆政权、解放受压迫者的工具。他的着眼点在于教育给个体带去的好处,不论这种好处是否会给个体带来一份工作。

小 结

本节探讨了彼得斯倡导的博雅教育范畴内"受过教育的人"所应该具备的知识观。

彼得斯强调,"受过教育的人"所获得的并非狭隘的专门化知识,他有着大量的知识和理解,而且具有赫斯特式的知识形式。除了具备知识的广度,他还具备知识的深度,能够形成通透的观点,有着认知的视角。他所掌握的知识不是惰性的知识,而是能使受教育者形成推理能力,帮助他重组经验,进而改变他的思维方式和行动力。换言之,有知识的人如果不能使知识产生活力并改变自己的信仰和生活方式,那就不能算作"受过教育的人"。

除此之外,"受过教育的人"对知识持非工具性态度,他是为了知识的内在价值而求知,而不是出于其他外在的工具性目的。他不是把专业知识看作谋生的手段,而是为了求知而求知,其行为不具有工具性。彼得斯认为获取知识和提高认识是正当的,因为知识和理解可以促进达成有价值的目标,有助于促进人际沟通和维持社会关系。而且,"受过教育的人"对工作持非工具性态度,是为了工作而工作,这有助于他对工作乐此不疲,有助于使他为他人提供更好的服务。

不过,彼得斯的知识观也有不尽周全之处。例如,结果有价值并不一定能证明事物本身有价值,因为这种结果可能有好有坏。也就是说,知识和理解也可能被用来制造罪恶。另外,彼得斯对非工具性态度的论证是建立在经验主义的主张之上。"受过教育的人"固然有可能提供更好的服务,但他也可能会因为觉得服务行业的工作缺乏吸引力而丧失激情。因此,彼得斯关于知识的广度、深度及非工具性态度的观点还需更明确的论证。

第三节 "受过教育的人"是有理性道德的人

理性道德人格在道德发展和道德教育目标中具有重要意义,是现代道德哲学和道德教育研究的重要内容。道德教育的目标就是要培养在道德上受过教育的人。就彼得斯而言,他不仅关注"受过教育的人"在知识方面的能力,也注重培养"在道德上受过教育的人"。那么在道德上受过教育的人具有什么品质呢?以下从理性道德的内涵、组成要素及发展等方面来探讨彼得斯的道德观。

一、理性道德的内涵

在道德立场上,人们常常面临两种选择:要么遵循某种传统准则的规定,例如像大多数人一样循规蹈矩;要么采取某种主观主义的立场,例如像存在主义者一样,以自己"良心"为指导,摒弃社会道德规范。彼得斯认为还存在第三种选择,他说:

> 在传统和反叛之间还有一条中间道路可走,它与理性紧密相联,使人能对公认之物持批判态度,能根据其功德选择接受或拒绝。①

彼得斯对道德观念的形式与内涵进行了区分,以便凸显道德领域的理性含义。例如,人们反对赌博,原因可能是受到父母的教导,也可能是这种行为曾经招致痛苦。这种情况与信仰类似,同样的信仰内容可以不同的方

---

① R. S. Peters. Moral Development and Moral Education[M]. London: George Allen and Unwin Ltd., 1981: 142.

式来坚持,从而构成信仰的不同形式。例如,就"地球是圆的"一说而言,人们之所以深信不疑,有可能是由于某教材介绍过,也可能是由于某位权威科学家宣布过。理性地坚持信仰就是为信仰采取某种合适的形式。彼得斯所关注的正是道德的理性形式,即理性道德,认为理性道德可以使人们对传统采取批判的立场,而不是主观反叛的立场。若要使理性发挥效用,首先必须具备一贯性、秩序性、清晰性和相关性等理性情感;当运用于人际关系领域时,个体还必须具有可逆思维能力,亦即能够从他人角度看待规则与习俗;此外,具有理性能力的人,不仅关注自己的利益,还关心他人的利益,这类似于休谟所主张的"人性关怀"。[1] 虽然上述原则运用于人际关系时并非必不可少,但是彼得斯把上述原则视为理性道德的先决条件。

在彼得斯看来,"受过教育的人"是具有"理性道德的人":他对道德原则的内容、原因和内在价值有充分的理性认识,对道德准则怀着理性热情,并能自觉地将理性认识运用到日常行为中。[2] 这种理性道德也是自主道德,因此,具有理性道德的人同时又是具有自主道德的人。彼得斯关注自主性人格的发展。有自主性人格的人以理性的方式服从规则,并且具有自己的品格。他们服从某些高阶原则(higher-order principles),使自己能够根据环境差异巧妙地运用这些规则,并且根据环境变化及规则应用的经验知识修正这些规则。[3] 在彼得斯眼里,重要的高阶规则有助于做出理性判断,这些高阶规则包括"不偏袒、讲真话、自由、利益考量、尊重他人"[4]等。

二、理性道德的要素

在道德哲学和道德教育研究领域,知、情、意、行等通常被认为是道德体系的重要组成因素。不同的道德哲学家可能在这些要素上有不同的侧重

---

[1] R. S. Peters. Moral Development and Moral Education[M]. London: George Allen and Unwin Ltd., 1981: 143-144.
[2] 邬冬星. 彼得斯的道德教育哲学[D]. 杭州师范大学硕士学位论文,1997: 4.
[3] R. S. Peters. Moral Development and Moral Education[M]. London: George Allen and Unwin Ltd., 1981: 33.
[4] R. S. Peters. The Justification of Education[M]// R. S. Peters, ed.. The Philosophy of Education. London: Oxford University Press, 1973: 252.

点,但在彼得斯看来,知、情、意、行诸因素均很重要,它们构成彼得斯理性道德观的基本内容。下面拟从认知、情感、意志和行为习惯等方面逐一探讨。

（一）道德认知

道德认知是理性道德发展中的先决性组成部分。与教育相类似,道德教育也追求道德认知的深度和广度。

道德认知要有广度。如果个体不了解历史,不了解社会科学中有关人类行为的那些意外事件,他就无法对某种社会习俗或政策提出明智的批评意见。如果不理解事实,他也无法在适当的时候做出切合实际的选择。正如彼得斯所指出的:

> 人生是一个复杂体,包含着各种角色、活动、动机、人际规则等,还包含了对这些代代相传的广泛内容持批判态度的倾向。①

具有理性道德的人理解基本道德原则及其与社会规范的关系,他对道德实践的具体情况有良好的判断能力,并善于将这些基本原则应用于生活场景之中。对于基本原则与具体情况的区别,彼得斯认为,原则能使考虑之事变得有意义(relevant)。例如,当一个人在考虑赌博行为是否错误之时,他考虑到了赌徒给家庭带去的不幸,表明他接受了考虑他人利益的原则。②

道德认知的深度也很重要。道德认知的深度部分来自经验模式内的原则。与科学知识的深度不同,道德认知的深度在于想象力的发展,从而使自己对这些原则的内容更敏锐。③ 也就是说,在道德的人际关系方面,虽然存在着每位个体都应当掌握的基本规则,例如不伤害他人、保护财产、遵守合同等,但仅仅了解和知道这些规则远远不够,还必须拓展认知的深度,亦即通过尊重他人,打开想象力的翅膀,深刻理解这些规则。

---

① R. S. Peters. The Justification of Education[M]// R. S. Peters, ed.. The Philosophy of Education. London: Oxford University Press, 1973: 80.
② R. S. Peters. Moral Development and Moral Education[M]. London: George Allen and Unwin Ltd., 1981: 66.
③ R. S. Peters. Moral Development and Moral Education[M]. London: George Allen and Unwin Ltd., 1981: 79.

关于道德认知的培养,彼得斯对当时英国学校里的一些做法提出了批评。他指出,虽然学校鼓励培养儿童的批判意识和自主意识,但却不重视鼓励儿童认清事实;若不以事实为基础,则人们一般难以做出恰当的批评和选择。虽然英国学校里以主题为中心的各类课程旨在引导儿童对社会问题保持敏感并培养其道德行为,但对儿童进行教导却被认为是不应该的。对道德问题只进行讨论而不加以指导,其结果往往只是证实了现有的偏见,而无法作为事实铺垫使儿童进行有根据的判断。①

总之,认知是个体实施道德行为的基础。只有建立在广泛认知和深度理解的基础上,个体才能发展理性自主和道德实践能力。

(二)道德情感

情感是具有认知核心的精神状态。对情感的信念不同,情感也会有区别,彼得斯指出:

> 情感可以被认为是对情况进行评估的一种感觉反应……不同的评估带来不同的情感,也就是说,情感是认知的基本形式。②

由此可知,"情感"的发生涉及对自己处境的某种评估,这是情感产生的必要条件。对某一特定情况的评估可以唤起与该情况相适切的情感。例如,如果评估结果是感到危险,就会引起恐惧的情感;如果是令人懊恼,则会产生愤怒;如果认为有益,则会带来快乐。

情感与动机一样,都深刻影响着人类的举止和行为,但两者本质上是不同的。彼得斯指出,情感把评估与发生的事情相联系,而动机则将评估与行动联系起来。③ 也就是说,虽然情感和动机都是对特定情况进行评估的结果,但情感在本质上是消极被动的,而动机能直接导致人的行为。

---

① R. S. Peters. Moral Development and Moral Education[M]. London: George Allen and Unwin Ltd., 1981: 81.
② R. S. Peters. The Education of the Emotions[M]// R. S. Peters. Psychology and Ethical Development. London: George Allen and Unwin Ltd., 1974: 175.
③ R. S. Peters. The Education of the Emotions[M]// R. S. Peters. Psychology and Ethical Development. London: George Allen and Unwin Ltd., 1974: 178.

人类情感可以用理性或非理性的方式来表达,情感本身也可能是非理性的。为了控制情感,必须实施情感教育。情感作为一种认知形式,也为情感教育提供了运作空间。情感教育涉及对情感评估的理性把握,正如彼得斯所言:

> 由于教育涉及有价值的活动,事关知识和理解的发展,那么教育必须通过认知因素使消极状态处于理性真理的控制之下。①

显然,这种理性控制非常重要;如果失控,情感就可能会扰乱人的理性生活,使人在某些处境下做出慌乱反应。

情感与道德相关,因为情感可以被视为美德或恶行。例如,仁慈和怜悯常常被看作是美德,而妒忌和忌恨往往被视为恶行。情感要么与"关心真理""尊重他人""考虑他人利益"等基本道德原则一致,要么与之相冲突。因此,在彼得斯看来,情感教育是不可避免的道德问题。

彼得斯对情感教育的看法与他提出的"教育即启蒙"的观点一脉相承。在他看来,情感教育有两方面的任务:

> 做出适当评估,并且控制和疏导消极状态。②

也就是说,情感教育要致力于教育儿童做出适当评估并引发适切的信念,两者是同一过程相互关联的两个方面。做出评估和引发信念在很大程度上是一种认知努力,因此,改变情感必然会带来认知上的改变。例如,为了使小孩减轻对飞蛾的恐惧,可以让他知道飞蛾无害,甚至是有吸引力。这种对情感的理解是由于了解知识的形式之后引发的。因此,进行适当的评估可引导学生走出误区,最重要的是走向对真理的关注。这也是彼得斯认为那些关心情感教育的人必须从道德的角度来看待情感教育的原因。

---

①② R. S. Peters. The Education of the Emotions[M]// R. S. Peters. Psychology and Ethical Development. London: George Allen and Unwin Ltd., 1974: 182.

进行理性评估必须确保学生的情感是对情境的真实反映,而不是基于"错误或不相关的信念"。① 当人们对情况的评估是基于偏见、迷信或对事实的误解等信念时,那么所涉情感就被认为是基于错误的信念。通常情况下,人们会以一种草率的方式来评估境遇。例如,某甲和某乙都打算参加游泳比赛,尽管客观上两人都有几乎相等的机会赢得比赛,但某甲却暗地嫉妒某乙,认为某乙比他更优秀。虽然最终某甲取得胜利,但是他对当时情况的评估是基于一种错误的信念,亦即某乙的参赛或将威胁到他获胜的概率;这种错误信念会导致错误情感,从而影响到他们的关系以及参与比赛的乐趣。

由此可知,错误信念会增加个人情感的不稳定性或失调的可能性,妨碍个人的成长,并影响人际关系。因此,情感教育必须消除错误和不相关的信念。

（三）意志

从认知道德原则到根据这些原则做评价,再到发出稳定的理性道德行为,这一过程中除了存在情感和动机因素,还离不开意志(the will)的力量。

彼得斯认为,理性的重要性也体现在意志之上。意志即目的,意志即手段。和"意志"相关的美德,例如勇气、正直和毅力等,与理性、一贯性相关。其独特之处在于,尽管形式不一,但理性都是在反倾向(counter-inclinations)的情境下出现。② 反倾向是指人在某些特定情况下会做出违背理性的举动。以意志薄弱之人为例,他们虽然了解道德原则,知道对错、能判断对错,当面临困境时内心也很想做正确之事,但是由于情感不稳定,他会出于恐惧、嫉妒等原因而犹豫不决,不能坚持按照所认定的道德原则正确行事。因此,意志薄弱之人不能算是有理性道德的人。

意志力与自主能力密切相关。自主性、创造性、智慧等美德是理性能力的发展。③ 理性自主的人,也是有着坚强意志的人,是具有勇敢、正直、果断、坚持不懈等自主美德之人。有理性道德之人不仅有良好的判断力和行动力,还具有良好的自制力,能够抵御欲望及外部压力,能够将思维和情感转

---

① R. S. Peters. The Education of the Emotions[M]// R. S. Peters. Psychology and Ethical Development. London: George Allen and Unwin Ltd., 1974: 184.
②③ R. S. Peters. Reason and Compassion[M]. London: Routledge and Kegan Paul, 1972: 28.

化为日常行为。① 这种自制力就是意志的力量。意志力相当于心理学家所说的"自我力量"(ego-strength),它遵循持久而慎重的处事原则,能够延缓即刻满足。有理性道德的人是有坚强意志的人,在面临不利处境时也能坚持自己的原则而不动摇。彼得斯指出:

> 对意志保持理性热情是一种重要的积极动机。事实上,它对理性者的信仰和行为产生的影响无处不在。②

因此,对于那些有意遵守朴素道德规范之人而言,拥有意志力是可能的。有意志力的人会不假思索地遵守原则,遵从"人应该时刻服从命令""军官必须照顾手下"等规则或律条。对于拥有更为复杂的道德原则的人来说,如果他们真正在乎包含在这些道德原则中的要素,那么拥有意志力也是可能的。理性之人在致力于公平、自由和追求真理、真正尊重他人、强烈关切他人疾苦时,能做到抵制诱惑、坚定立场、承受社会压力。

由于意志力的作用尤其体现在反倾向中,彼得斯特别强调要在不利于坚持理性原则的情境下锻炼意志品格。他写道:

> 由于这些美德与英国公立学校的传统道德观念相联,最近它们没有得到足够的重视。关于它们是如何发展的经验研究非常少。习惯训练在儿童成长过程中并非不重要……除非在面对恐惧或焦虑时接受过行为训练,否则,以后在独立行事时遇到恐惧或焦虑的话,他很可能会不知所措。③

因此,为了培养个体的意志力,学校要注重意志力的积极运用,创建一些反

---

① B. M. Tobin. Richard Peters' Theory of Moral Development[J]. Journal of Philosophy of Education, 1989, 23(1): 16.
② R. S. Peters. Moral Development and Moral Education[M]. London: George Allen and Unwin Ltd., 1981: 78.
③ R. S. Peters. Moral Development and Moral Education[M]. London: George Allen and Unwin Ltd., 1981: 155.

倾向情境，进行必要的行为训练，锻炼儿童的意志力。

（四）行为习惯

要知善且行善，离不开理性情感和坚定意志的保障。彼得斯在探讨"行"的问题时，关注点不是人的具体行为，而是人在行为方面具有的理性习惯。为了探讨"习惯"在道德方面的作用，彼得斯区分了"习惯"概念的三种用法。

第一种是习惯（habit）的描述性用法。当人们把"习惯"当作描述性术语时，通常暗指一个人以前已经做过并且以后还可能再做之事，是某种稳定倾向造成的重复。这种"习惯"是个体几乎可以自动发出的动作，是不用经过思考、不必经过计划和安排或下决心就可以发出的动作。① 也就是说，描述性用法的"习惯"具有两个特征：重复与自动。

虽然这种意义上的"习惯"对于道德发展有帮助作用，但它不能引导道德生活，原因有三：一是习惯与不同种类的美德关系不同。虽然守时、整洁、诚实等较低层次的美德可以被称为习惯行为，但是其他如同情、正义、忍耐、公正、勇敢、正直、坚持不懈等更高层次的美德与习惯是不匹配的；二是即便对于那些如节俭、守时等可以被称为习惯的美德而言，习惯在道德生活中的作用也是不充分的，因为这些行为的理由并不是内在于这些美德，亦即这些美德不是动机，仅是品格特征；三是当人们处于非常规的处境时，这些习惯往往不能被贯彻到底。对此，彼得斯指出：

> 理性是习惯的补充物，而不是习惯的替代品。②

第二种是习惯的解释性用法，即"出于习惯"（out of habit），意思是"由于习惯的力量"而做出某种行动。这种用法其实更带有"自动"的意味在内。彼得斯认为，虽然在日常生活中出于习惯的行为很重要，但是在道德生活

---

① R. S. Peters. Moral Development and Moral Education[M]. London: George Allen and Unwin Ltd., 1981: 97.
② R. S. Peters. Moral Development and Moral Education[M]. London: George Allen and Unwin Ltd., 1981: 100.

中,"出于习惯"与理性无关。当某人是出于习惯称呼他人"先生"时,表明这一过程中没有发生任何与理性有关的事情;如果被问到为何这样称呼,此人也许事后可以给出理由,但他之前的行为并没有考虑到目的。

第三种用法是"习惯化"(habituation),即:

> (习惯化)是广泛的学习过程,在这些过程中,人们的学习是通过重复让自己熟悉并习惯于这些事物。[1]

在彼得斯看来,存在两种习惯化的过程:一是根据规律联系法(laws of association)或是模仿法(imitation)偶然习得,例如通过观察字母组合的规律习得拼写能力;二是包含了理性与智力因素在内的习惯养成法,例如通过设定不同情境进行角色扮演,让儿童对不同的行为和表现进行批判。彼得斯认为根据情况变化而改变行为,是形成习惯的最佳方法之一。这种习惯化过程可以防止形成过于刻板的动作模式,并在适应性习惯的发展过程中培养与理性相关的高阶道德良知(higher-order scruples),包括考虑当下行为是否正确,注意、审视和思考反对意见等。这些道德良知主要通过对行为和表现的批评活动习得。通过角色扮演的过程,学习者渐渐成为自己行为表现的批评者。[2]

彼得斯利用概念分析法厘清了对习惯的不同用法。在这一概念的厘清过程中,彼得斯论述了习惯与理性、习惯化机制与理性道德发展间的关系,表现出重视实践和行动的道德发展观。在某种程度上,彼得斯遵循了亚里士多德的道德思想,肯定了习惯在道德教育中起到的重要作用。正如亚里士多德所言:

> 正是由于在具体情境中以这种或那种方式行动,有人变得节制而

---

[1] R. S. Peters. Moral Development and Moral Education[M]. London: George Allen and Unwin Ltd., 1981: 102-103.
[2] R. S. Peters. Moral Development and Moral Education[M]. London: George Allen and Unwin Ltd., 1981: 103-104.

温和,有人变得放纵而愠怒。简言之,一个人的实现活动怎样,他的品质也就怎样。所以,我们应当重视实现活动的性质,因为我们是怎样的就取决于我们的实现活动的性质。从小养成这样的习惯还是那样的习惯绝不是小事。正相反,它非常重要,或宁可说,它最重要。①

三、理性道德的发展

彼得斯"明确地把认知、情感和意志规定为各阶段特定的发展内容和发展任务"。② 在《道德发展与道德教育》一书中,他博采众家之长,对理性道德发展的论述一定程度上是弗洛伊德、皮亚杰、柯尔伯格等学者观点的综合体。弗洛伊德关于幼年生活经验和教育对于儿童心理发展和人格发展影响的思想、皮亚杰关于自律阶段达成之前须经历不理性阶段(即自我中心阶段和他律道德阶段)的主张,以及柯尔伯格道德认知发展理论中关于儿童履行自己选择的道德准则、内化社会规范(即"后习俗水平"阶段)的设想等都在彼得斯的观点中有所体现。彼得斯把理性道德发展过程分为三个阶段:自我中心、遵守规则、实现自主。

(一)自我中心

此阶段的儿童对规则的理解是以自我为中心(ego-centric)。在这一阶段,儿童不再像婴儿被各种形式的非理性欲望或厌恶所困扰,而是已经具备基本的认知和情感能力,可以看到手段—目的的联系,为了避免遭到惩罚或是为了得到奖赏而按照规则行事。彼得斯认为,人的反应得到加强并逐渐地强化,并非意味着人看不到自己所做之事与造成的事态之间的联系,不论是苦是乐。③ 这种同世界和其他人发生关系的形式是痛苦或满足的来源,其先决条件是形成一种原始类型的范畴。也就是说,如果儿童想要以某种手段达到目的,他就必须在一定程度上理解事物的因果属性,并且能够区分所获能动性带来的后果与独立于其意愿产生的后果之间的不同。他有着

---

① 亚里士多德. 尼各马可伦理学[M]. 廖申白,译注.北京:商务印书馆,2003:37.
② Helen Weinreich. Haste[J]. Harvard Edcuational Review,1983,53(4):466.
③ R. S. Peters. Moral Development and Moral Education[M]. London:George Allen and Unwin Ltd.,1981:147.

初级形式的"事物"和"因果"的属性概念,有将自己与他人区分开来的某种时空框架。这些范畴概念即弗洛伊德提出的自我和现实思维的发展。①

那么,根据儿童在这一阶段的心理发展特点,什么样的经验和体验有助于培养儿童的知情意行呢?彼得斯认为应当为儿童提供处理事务的机会,给他们提供大量具体经验,让他们进行仿效或练习。儿童所学原则能够统一和整合众多原本毫无关联的经验,在受到适当激励时将逐渐理解和掌握理性思考所必需的概念结构。彼得斯认为,如果老师想让学生掌握某原则,他所能做的就是让学生注意到案例的共同特征;一旦孩子掌握了这一原则,就会认识到属于原则范围内的情况的数量是没有限制的。②因此,学生输出的东西将比老师输入的多得多。

如果要培养儿童构想有序世界的基本机制,牢固建立诸如"事物""因果关系"之类的概念,就必须向他们提供关于这些概念对象和过程经验的大量例证。一般而言,对孩子采取温暖的接纳态度的家庭,往往能培养出知情达理的理性之人;对待儿童的态度前后不一致的家庭,易导致儿童即刻满足或是做出莽撞的选择。正如彼得斯所言:

> 一个可预测的社会环境可以提供通过反思其后果来指导行为所必需的经验类型,从而在某种程度上建立一种对未来的信念,而这种信念在某种程度上是由自身决策塑造的。③

(二)遵守规则

当个体经历了"自我中心"阶段,就进入"遵守规则"(rule-following)的阶段。"规则遵从"是重要的道德发展阶段。

根据皮亚杰和柯尔伯格的观点,在儿童实现自主之前,每个人都要经历这一柯尔伯格所称的"好孩子"道德阶段。此时,个体的认知机制已经了解到复杂的规则体系,能够判断行为对错,但是其判断依据来自他人或社会既

---

①②③ R. S. Peters. Moral Development and Moral Education[M]. London: George Allen and Unwin Ltd., 1981: 148.

定的规则,尚不能自觉地依据自己理解和认定的规则来进行评价。他对家庭、学校、社会或同龄人认可的思想传统和习俗道德准则不加批判地表示接受。虽然个体有趋向自主的行为,但是一般情况下还是循规蹈矩。在这一发展阶段,孩子们开始享受遵守规则的乐趣,并陶醉于遵守规则给他们带来的掌控感。他们还没有规则有效性的概念,认为规则就是存在着,为同龄人和权威人士所认可。在这一时期,模仿和认同在学习过程中极为重要。例如,马卡连柯(Makarenko)在苏联时期依靠开展集体活动、培养对集体意志的认同,在改造少年犯方面取得很大成功。[1]

在"遵守规则"的阶段,个体融合于集体,并按集体的标准和规则行事;同时尽量克服自己的不理性倾向,遵从社会习俗所既定的规则。根据彼得斯的观点,历史上能越过这一阶段进入第三阶段——自主阶段——的现象并不多,大多数人都是处于道德发展水平的第二阶段。他指出:

> 一系列调查……表明社会影响的重要性,不仅展示了个人是如何过渡到第二阶段,而且也展示了他们是如何被极力阻止超越第二阶段。塞内加尔的沃洛夫文化不鼓励个人发展独立性,"为自己"探索世界。集体或权威人物说的话就是真理。[2]

(三) 实现自主

自主是道德发展的理想结果。实现自主(achievement of autonomy)是理性的理想境界,意味着个体能够根据道德的基本原则评判习俗现象,并且克服不理性的倾向,成为自主的理性实践者。这一阶段的个体掌握了"人""尊重他人"等抽象概念,建构起自己的一整套道德原则,并且能够对照这些原则修正自己的行为。

在《教育的逻辑》一书中,彼得斯和赫斯特就主张自主是"个人发展的普

---

[1] R. S. Peters. Moral Development and Moral Education[M]. London: George Allen and Unwin Ltd., 1981: 151.
[2] R. S. Peters. Moral Development and Moral Education[M]. London: George Allen and Unwin Ltd., 1981: 151-152.

遍理想之一",①认为只有达到一定认知发展水平的人才能实现这一理想。对他们来说,"自主"意味着"遵循自己所接受的规则",②亦即个人可以自由地选择自己接受的规则,不受他人支配。然而,彼得斯和赫斯特在书中没有充分澄清关于自主的问题,所得结论有些仓促,受到诸多批评。批评者认为自主只是美好生活的充分条件。如果个体选择并遵循了自己接受的规则就是自主,那么罪犯也可以是一个自主的人,比如他决定每周都要进行一次偷窃,就体现了自主性;但问题是,"他真是自主的吗"?

后来在《自由和自由的人的发展》一文中,彼得斯对自主的概念做了进一步分析和澄清,把关注重点放在"自主性和本真性(authenticity)之上"。③考虑到他是在自由人的语境中讨论自主性的问题,笔者将在第四节对此做详细说明。

四、理性道德的培养

培养有理性道德的人离不开道德教育。为了培养"在道德上受过教育的人",彼得斯就道德教育的相关问题做了探索,对道德教育的形式、内容、方法都等做了阐述。

（一）形式与内容

作为一位道德教育哲学家,彼得斯既重视道德的形式,也重视道德的内容。与柯尔伯格的主张类似,彼得斯针对道德和道德判断提出所谓"立法功能"（legislative function）、"司法功能"（judicial function）和"行政功能"（executive function）④的观点,认为道德教育应该培养受教育者对基本原则的自主认识、判断、选择和应用理性道德的能力。不过,对于柯尔伯格反对传递具体规则的观点,彼得斯并不赞同,认为单纯强调形式上的理性发展而

---

① P. H. Hirst, R. S. Peters. The Logic of Education[M]. London: Routledge and Kegan Paul, 1970: 53.
② P. H. Hirst, R. S. Peters. The Logic of Education[M]. London: Routledge and Kegan Paul, 1970: 32.
③ R. S. Peters. Ambiguities in Liberal Education and the Problem of its Content[M]// R. S. Peters. Education and the Education of Teachers. London: Routledge and Kegan Paul, 1977: 63.
④ R. S. Peters. Moral Development and Moral Education[M]. London: George Allen and Unwin Ltd., 1981: 34-43.

忽视道德内容的德育方法是空洞而不切实际的,因为当个体未达到理性道德的水准时,常常缺乏对道德的考虑。他指出:

> 在我看来,如果我们不比柯尔伯格更注重内容学习,就不能充分理解理性道德的发展。①

对于尚不具备理性认知能力的儿童而言,内容学习十分重要,能为其以后发展理性理解力奠定基础。因此,彼得斯主张要对道德内容进行学习,向儿童传授一套基本的社会规则,当规则内化后,儿童就能在没有监督的情况下自觉地调节自己的行为。② 基本的社会规则对任何生活在社会中的人都很重要,因为社会就是一群因共同承认某些规则而集合在一起的个体总和。③ 然而,社会规则在文化或语境上具有局限性,因此,彼得斯更为注重道德教育中对普遍规则的传递。

基本道德原则(moral principles)就是普遍规则,是裁决道德问题的一般标准,为特定规则的存在提供存在理由和行动指南。虽然道德原则不能准确地界定人们应该做些什么,但至少排除了某些行为过程,使人们对与道德相关的环境特征保持敏感。因此,基本道德原则更多地起着路标而非手册的作用。④ 个体必须服从这些基本道德原则,包括"公正""利益考虑""自由""尊重他人""诚实"等,⑤使自己能够明智地应用规则以应对环境的变化,并根据不断变化的环境和经验知识对规则进行修正,从而成为具有理性道德的人。

---

① R. S. Peters. Moral Development and Moral Education[M]. London: George Allen and Unwin Ltd., 1981: 147.
② R. S. Peters. Moral Development and Moral Education[M]. London: George Allen and Unwin Ltd., 1981: 156-157.
③ R. S. Peters. Moral Development and Moral Education[M]. London: George Allen and Unwin Ltd., 1981: 49.
④ R. S. Peters. Moral Development and Moral Education[M]. London: George Allen and Unwin Ltd., 1981: 65.
⑤ R. S. Peters. Democratic Values and Educational Aims[M]// R. S. Peters. Essays on Educators. London: George Allen and Unwin Ltd., 1981: 42-43.

(二) 对传统和进步主义道德教育的折中

一定程度上,关于道德教育的方法存在两派观点:传统派与进步主义派。传统派强调儿童应该遵守既定的道德规范,而进步主义派认为道德是一种个人主义信仰,儿童有能力做出自己的决定。彼得斯认为这两种道德教育的观点各有得失,因此试图对其进行调和。

传统教育强调教学的目标与内容,但忽略了合理的教学方法。传统教育常采取"灌输"法,通过操纵或权威替代理性思考。彼得斯反对这种"灌输"法,认为这种教学方法迫使孩子接受既定的规则体系,以致孩子无法以批判的态度来看待这些规则体系。[①] 彼得斯认为合理的教学方法应当是自由教育的方法,尊重个体的认知水平,使个体在理性基础上自主选择。一个人的行动必须是由自己发出,而不是抄袭他人或者假扮成某种角色。

与之相反,进步主义派注重合理的方法,却忽略了教学的目标和内容。彼得斯指出,如果道德教育只重形式而不重内容,在逻辑上将是荒谬的。他写道:

> 很难理解一个人怎么能在不知道应该遵守什么规则的情况下自愿遵守规则……内容对原则在社会和个人生活中的应用有很大的影响……没有具体的内容,原则就不能发挥作用。[②]

按照彼得斯的观点,在儿童充实道德内容之前,要求他们实现自律是不切实际的。由此,彼得斯重视道德原则和基本规则的传递,认为道德教育要传递有价值的内容,以便培养儿童理性的道德认知和道德判断能力。因此,必须通过适当的道德教育培养儿童的批判意识,使他们获得对道德内容的直接认知、判断和选择,并据以指导和规范自己的行为。

---

① R. S. Peters. Authority, Responsibility and Education[M]. London: George Allen and Unwin Ltd., 1959: 155.
② R. S. Peters. Education and the Education of Teachers[M]. London: Routledge and Kegan Paul, 1977: 48.

另外,彼得斯认为传统和进步主义教育有一个共同缺点,即忽略了师生彼此同属于共享的公共世界。这个公共世界包含两部分:一是人类文明发展出的有价值的知识内涵,二是这些知识所赖以修正和发展的批判程序与思考模式。彼得斯提出"教育即启蒙"的主张,①力图调和传统教育和进步主义教育的矛盾。在彼得斯看来,教育是一种启发个人、使其进入各种有价值活动和思考模式的历程。这种对教育内涵的人际与公共特质的强调,能够调和传统和进步主义思想,并提供另一种新的教养模式。②

小 结

本节主要分析和阐述了彼得斯对"道德上受过教育的人"的看法。在"道德上受过教育的人"是有理性道德之人,他对道德原则的内容、原因和内在价值有着充分的理解,怀有理性的热情,并能够自觉地把它们运用于日常行为。

理性道德包括四个要素:道德认知、道德情感、意志和行为习惯。道德认知具有广度和深度。个体不仅要了解道德基本原则,还要促进想象力的发展,尊重他人,使自己对道德原则的内容更敏锐。道德情感是具有认知核心的精神状态,人们在认知的基础上进行评估,并唤起相应的情感。情感教育必须消除错误信念,否则会使人的情感不稳定甚至失调。意志是一种自我控制能力;有理性道德的人是意志坚定之人,在面临反倾向时也能坚持原则,在行为方面具有理性的习惯。

理性道德的发展有个三阶段,即"自我中心""遵守规则"和"实现自主"。第一阶段的儿童具备基本认知和情感能力,有因果属性的概念,对规则的理解是以自我为中心。第二阶段的人虽然已经了解规则体系,能够判断对错,但是判断依据是来自他人或社会既定规则。第三阶段是自主阶段,个体建构起自己的一整套道德原则,并且能够对照这些原则修正自己的行为,是自主的理性实践者。

---

① 这一点将在下一章详述。
② James Bowen, Peter R. Hobson. Theories of Education: Studies of Significant Innovation In Western Educational Thought[M]. New York: John Wiley and Sons, 1987: 353.

就理性道德的培养而言,彼得斯对道德的形式与内容都非常重视,主张要对道德内容进行学习,传递"公正""自由""尊重他人""诚实"等道德原则。在道德教育方法方面,他反对传统的"灌输"法,认为应当强调教育内涵中的人际与公共特质,启发个人进入各种有价值的活动和思考模式。

从彼得斯的理性道德观点中虽然可以看到其他如柯尔伯格、皮亚杰等学者的理论的影子,但是他的理论并非大杂烩,而是糅合了各家的长处。彼得斯试图纠正传统理性道德思想注重理性而忽略情感、习惯等因素在道德发展过程中的作用。按照彼得斯的观点,知、情、意、行之间的关系紧密相联、互相照应。道德认知是基础,情感借助评价建立起与基本原则的联系。对原则的认识与评价如果要转变为稳定的理性行为,就离不开情感和意志的保证。理性的情感和坚定的意志使得道德认知在理性行为中得以实现。因此,完整意义上的具有理性道德的人,是在知、情、意、行等方面均获得理性发展的人。

彼得斯的理性道德理论也受到了一些批评。例如,沃诺克(Mary Warnock)虽然认同彼得斯关于消除错误信念的观点,但她认为,消除错误信念并非一直有效,因为改变信仰并不总是或一定会改变一种情感。[①]诚然,虽然个体有时知晓非理性情感的原因和性质,但之后面临同样境遇时,可能仍然会产生同样的情感。此外,沃诺克指出,如果人们对某些东西格外感到"恐惧"或"毛骨悚然",就很难用理性来消除这种情感。[②]尽管如此,上述事例并不影响情感教育的实施,情感教育还是应当消除虚假和不相关的信念。人们可以使情感更合理,因为理性对理解情感颇有助益。

另外,彼得斯的道德发展阶段理论未对每个阶段的年龄进行划分,也没有详细说明不同阶段之间的过渡依据。对此,彼得斯也自认不足,不过他指出:

[①②] Mary Warnock. The Edcuation of the Emotions[G]// D. E. Cooper, ed.. Education, Values And Mind: Essays for R. S. Peters. London: Routledge and Kegan Paul, 1986: 180.

哲学家不应该就如何让孩子进入更理性的生活方式、或对如何最好地唤醒和发展将基本原则个人化的理性热情发表意见。这些事情是心理学家的工作；哲学家的角色仅仅是指出必须做的工作。①

第四节 "受过教育的人"是理性自主的"自由人"

"受过教育的人"不仅知识广博，也是自主的"自由人"。彼得斯对自由的分析最早出现在《伦理学与和教育》一书之中，后来在《自由与自由人的发展》中，他对"自由"作了进一步分析，解释教育情境下"自由"的概念，并探讨"自由"作为一种教育理想如何在学校制度环境下进行培养。本节目的不是要对"自由"的概念进行全面的考量，而是探讨彼得斯的自由观念，以便更清楚地了解彼得斯关于"受过教育的人"的相关观点，以及他对如何促进个体自由之发展的看法。

一、自由是一种社会原则

自由是正当的，能促进人们的利益获得，使人们做有价值之事的机会最大化。彼得斯对自由的定义是：

> 粗略地讲，自由意味着做自己想做之事时不受到阻碍或限制。②

彼得斯认为，自由的概念分为两方面，一是人的愿望和抉择，二是解除加在愿望和抉择之上的限制。③ 基于公平正义原则，人们常常出于为他人利益考虑而善意干涉个体自由。例如，在儿童长大能指导自己生活之后，父

---

① R. S. Peters. Moral Development and Moral Education[M]. London: George Allen and Unwin Ltd., 1981: 79.
② R. S. Peters. Ethics and Education[M]. London: George Allen and Unwin Ltd., 1966: 183.
③ R. S. Peters. Ethics and Education[M]. London: George Allen and Unwin Ltd., 1966: 193.

母可能依然干涉其自由。在学校中也有类似情况,例如教师常常陷入两难境地:是让孩子自由做决定(尽管这些决定会违背其利益)?还是干涉孩子的决定让他去做合乎利益的事情?彼得斯指出,需要为这种情况确立一种道德假设,给出限制人们行使欲望的理由。换言之,自由原则的立场与平等原则的立场相似:必须给出干涉他人的理由,就像必须给出区别对待他人的理由一样。①

(一)自由的含义与语境有关

一个人不自由,常常是因为存在某种阻碍或约束妨碍他去做自己想做之事,亦即要么有某人要么有某物在阻止着他。② 要一探究竟,就必须指明他意欲如何,以及指明存在什么样的限制或障碍,否则所表达的信息是空洞无物的。因此,"自由"的确切含义仅与其使用的语境有关;对个体所施加的约束也通常隐含在语境之中。

语境能清楚表明自由的含义。例如,"某某人病了"的说法传达的信息是明确的;但是"某某人是自由的"却没有传达任何明确的信息,需要考虑这一说法的语境以及令他自由或不自由的约束条件。如果此人是受到绑架,那么他的行动自由显然受到限制,其选择余地自然也相当有限。所以,"自由"一词与使用的语境相关。也就是说,"个人自由的限制发生在特定的环境中"。③

自由概念的应用各不相同。彼得斯认为,"不同的人有不同的需求,会有多种方式限制人的选择"。④ 比如,某甲属于激进政党,若要参加其他政党的政治会议,可能遭到同事阻拦;某乙想发表文章批评政府政策,但由于受到新闻审查,可能无法如愿以偿;某丙渴望在选举中成为政党候选人,但如果他没有获得任何政党提名就不能参选。这里,甲、乙和丙的共同点是不能自由地随心所欲,但他们的需求不同,阻止其如愿的原因也各不相同,都

---

① R. S. Peters. Ethics and Education[M]. London: George Allen and Unwin Ltd., 1966: 180.
② R. S. Peters. Freedom and the Development of the Free Man[M]// R. S. Peters. Psychology and Ethical Development. London: George Allen and Unwin Ltd., 1974: 337.
③ Janet R.Richards. The Sceptical Feminist: A Philosophical Enquiry[M]. Middlesex: Penguin Books Ltd., 1982: 91.
④ R. S. Peters. Ethics and Education[M]. London: George Allen and Unwin Ltd., 1966: 183.

面临着不同的约束条件。因此,当存在某种约束时,就会出现自由的问题。确切而言,当个体意识到约束的存在或者觉得约束不合理之时,自由问题就随之出现了。这就是为什么"在那些很难干涉他人或人情淡漠的社会里谈论自由的人少之又少"。①

(二) 自由的悖论

当自由作为一种社会原则存在时,就会出现波普尔(Popper)所称的自由的悖论。波普尔对自由悖论的观点是:无限制的自由将导致不自由。"无限制"意味着可以自由地恃强凌弱,妨碍他人自由。这就是为什么人们要求国家在一定程度上限制个体自由,使每个人的自由受到法律的保护。任何人都不应受他人的支配,但所有人都应享有受国家保护的权利。②

在彼得斯看来,接受某种形式的约束以避免其他形式的约束是一种常识。如果每个人都遵守约定俗成的规章制度,就会避免给他人带去干扰,因此一定程度上人人都是自由的。③ 例如,由于某甲给某乙造成严重的伤害,所以某甲将受到法律严惩。正是由于存在普遍的法律体系,某甲才会锒铛入狱。如果没有法律约束,某甲的无限自由将妨害某乙的自由生活。彼得斯指出:

> ……过度自由将导致不自由。……如果允许人们为所欲为,结果往往是强者会对弱者任意施加限制。在这些地方,只有在受到法律或公众舆论或两者兼而有之的保护下,个人才能避免遭受任意干涉,才能自由言说或从事自己喜欢之事。只有通过约束才能解除约束,这就是历史的教训,尽管令人难以接受。④

法律的制定不是针对那些有道德约束力的人,而是针对那些不遵守这种行为准则的人。彼得斯认为,虽然制定一套法律是必要的保障,但法律不

---

① R. S. Peters. Ethics and Education[M]. London: George Allen and Unwin Ltd., 1966: 183 - 184.
② K. Popper. Open Society and its Enemies[M], Vol.2. Princeton: Princeton University Press, 1966: 124.
③ R. S. Peters. Ethics and Education[M]. London: George Allen and Unwin Ltd., 1966: 187.
④ R. S. Peters. Ethics and Education[M]. London: George Allen and Unwin Ltd., 1966: 186.

一定能阻止个体限制他人的自由,因此道德约束也是重要因素。如前所述,某甲明知道伤害某乙、侵犯某乙自由必将受到法律惩罚,但他并没有停止犯罪。假如某甲能深刻意识到伤害他人在道德上是错误的,也许他就会收手。这并不是说规则不会起到威慑作用,毕竟法网恢恢疏而不漏,但在某些情况下,这还不是充分的保障,道德约束可能是一个必要的附加因素。

不给他人带来伤害的自由往往都会得到支持,这在学校情境下也适用。与教育相关的自由概念既适用于教育领域,也同样适用于社会领域。彼得斯在为自由原则做论证的时候提出了一些关于自由思想的限定性条件,他认为真正的自由必然会受到一些限制,因为不负责任的自由只会导致混乱和无序。彼得斯认为不管在课堂上还是社会中,自由都需要一些合理的约束:

> 如果没有起码的秩序,课堂将沦为通天塔(Tower of Babel),一些人享受的自由是以牺牲他人的自由为代价。……从自由的角度来看,与其冒着可能遭受随心所欲的压迫或是无情的群体压力的风险,个体不如接受一种均衡的约束机制,既限制自己的行动自由,也限制他人干涉自己的行动自由。[1]

彼得斯认为课堂是与社会类似的。为了在课堂上获得真正的自由,必须在权威和顺从之间走一条中间路线。如果允许存在没有任何约束的自由,那么将导致为所欲为,强者常常会制定不利于弱者的规则。不可否认,如果课堂上缺乏纪律、秩序混乱,不仅会损害儿童的自由,也不利于儿童学习。如果没有纪律约束,恃强凌弱和咄咄逼人的孩子可能会妨碍身体虚弱或性格内向的儿童的自由。

二、作为选择者的自由人

为了把作为社会原则的自由与培养自由人的教育理想联系起来,彼得斯引入了"作为选择者的人"的概念以为两者的连接纽带。他把"作为选择

---

[1] R. S. Peters. Ethics and Education[M]. London: George Allen and Unwin Ltd., 1966: 193, 195.

者的人"定义为：

> 一种处于我所称为实践理性中的理性生物。①

"作为选择者"的前提假设是能够做出理性选择。彼得斯认为"作为选择者"是"自由"作为一种社会原则的先决条件，因为"不自由"的人在做选择时往往会遭到这样那样的封堵。

（一）选择者的特征

"作为选择者的人"有什么具体特征呢？彼得斯对此在《自由与自由人的教育》中进行了相应描述。

首先，选择者具有理性，他能够如以下所说：

> 权衡选择的利弊，并据此采取行动，这意味着个体能够以"运用手段达到目的"的方式进行思考。②

换言之，选择者在一定程度上懂得事物的因果属性，并且能够把自己行为所产生的后果与不以意志为转移的后果区分开来。在彼得斯眼里，选择者具有"物性"（thinghood）、"因果性"（causality）、"手段—目的"（means to an end)等范畴概念。由于心存这些概念，选择者得以"现实地"思考，而这种能力是幼儿或偏执狂所没有的。幼儿的心智尚未成熟，而偏执狂的意识里充斥着厌恶感，为各种不可能实现的愿望所支配。

其次，选择者能决定自己的命运。他气质沉稳，能周全地考虑当下和未来。与精神病患不同，未来对选择者而言是真实的。在彼得斯看来，选择者的世界观是有序的系统，他对自己的能力和力量充满信心，对未来充满期

---

① R. S. Peters. Freedom and the Development of the Free Man[M]// R. S. Peters. Psychology and Ethical Development[M]. London: George Allen and Unwin Ltd., 1974: 342.
② R. S. Peters. Freedom and the Development of the Free Man[M]// R. S. Peters. Psychology and Ethical Development[M]. London: George Allen and Unwin Ltd., 1974: 344.

待。这一点非常重要,尤其当他的选择不能马上得到满足之时。① 因此,选择者眼里的世界是一个有序的宇宙,在这样的有序世界中保持理性行为会得到回报。他有着良好的抽象、概括和自控能力,可以预先做出规划。

最后,选择者有着身份认同感,有着自身身份和他人身份的观念。对此,彼得斯指出,心理学家莱恩(R. D. Laing)所提到的"本体性安全"(ontological security)是决定理性的选择者所必不可少的范畴机制。② 莱恩指出,在遭遇生活中各种危机时,有着本体性安全的人会带着坚定的关于自己和他人的现实感和身份感,他对完整的自我和个人身份一清二楚,也知道事物的永恒性、自然过程的可靠性和他人的实体性,因此,他不会让自己置身于依照其经验完全缺乏确定性的环境之中。③ 由于精神分裂症患者缺乏这种机制,所以在自我认同方面,他的信仰结构是错乱的。与之相反,选择者是有理性的个体,他心怀自信、目光长远、深思熟虑,有着健全的自我认同意识。

(二)选择的主客观条件

在对自由作为一种社会原则进行分析时,彼得斯预设了个体具有选择能力。如果个体作为选择者拥有自由,那么必须满足选择的主客观条件。④ 选择的客观条件是指人在受到规则施压、制裁或威胁之时可以作出接受或不接受的选择;选择的主观条件是指人具有与情境相关的理性能力,也就是实践理性(practical reason)。当某人出于实践理性自问"为什么这样做而不是那样做"时,就可以大致列出损害主观条件的那些情形。⑤

选择的主观条件,例如能够权衡选择的利与弊并采取相应行动,预设了个体可以思考并采取手段达到目的,因为采取某种手段达到目的必然需要

---

① R. S. Peters. Freedom and the Development of the Free Man[M]// R. S. Peters. Psychology and Ethical Development. London: George Allen and Unwin Ltd., 1974: 344.
② R. S. Peters. Freedom and the Development of the Free Man[M]// R. S. Peters. Psychology and Ethical Development. London: George Allen and Unwin Ltd., 1974: 345.
③ R. D. Laing. The Divided Self: An Existential Study in Sanity and Madness[M]. London: Penguin Books, 1965: 39.
④ R. S. Peters. Freedom and the Development of the Free Man[M]// R. S. Peters. Psychology and Ethical Development. London: George Allen and Unwin Ltd., 1974: 338-339.
⑤ R. S. Peters. Freedom and the Development of the Free Man[M]// R. S. Peters. Psychology and Ethical Development. London: George Allen and Unwin Ltd., 1974: 339-340.

通过选择。要想得到好的结局,就必须事先考虑后果。与情境相关的主观条件包括:能够感知不同的选择,对选择权衡利弊,并适时改变或修正自己的信念,把决策转化为适当行动。彼得斯认为瘾君子、醉汉或偏执狂都无法满足这些条件。

关于客观条件,在人们不能自由地为所欲为的领域,权威和选择之间有着千丝万缕的联系。彼得斯认为遵守规则并不一定等于服从命令。例如,若某甲自愿加入一家俱乐部,那么他就必须遵守该俱乐部的规章制度。只要他是俱乐部的一员,行使俱乐部规章制度执行权的管理者就构成他必须服从的权威。但是,他也可以自由选择离开俱乐部。这意味着他可以选择成为俱乐部的一员并遵守其规则,或者离开俱乐部来摆脱权威束缚。以某乙打篮球为例,虽然他打篮球的自由受到篮球规则以及裁判员的限制,但他依然可以选择不打篮球。在学校情境下,学生大多数时候不能任性妄为,但是学生仍然可以在有限范围内做出选择。例如,某丙虽然事先知道违反纪律将面临惩罚,但他还是选择做了违纪之事。在上述事例中,甲和乙能够自由选择是否接受规则;虽然丙的选择范围有限,但他还是可以做出选择。他们做出选择的能力取决于是否能够同时符合选择的主客观条件。

不过,假如某丁是个瘾君子,在某黑势力帮派头目的压力下不得不干些小偷小摸的勾当,他就不能被称为选择者,因为他吸毒成瘾,在心理上很脆弱,且无法摆脱帮派头目的威胁。换言之,某丁之所以不能被称为"选择者",是因为选择的主客观条件均未得到满足。他缺乏选择的主观条件——理性能力,也缺乏选择的客观条件——抵抗权威的能力。

三、理性自主的自由人

人的自由受到道德的制约,需要落在道德的范围之内。正如康德所言:

> 人在道德上是自主的,人的行为虽然受客观因果的限制,但是人之所以成为人,就在于人有道德上的自由能力,能超越因果,有能力为自

己的行为负责。①

成为一名选择者只是对任何人的一般期待,因为选择者只是与理性和心理健康密切相关,尚不能上升为教育的理想。要真正成为理性自由的人,还必须实现自主,也就是成为理性自主的自由之人。

(一) 理性自主的条件

自主的概念本身是非常复杂的,隐含着渐次条件。彼得斯认为理性自主包含"本真性"(authenticity)、"理性反思"(reflection of rules)、"意志力"(strength of will)等三方面的条件。这三点对于理性自主的发展十分重要。

1. 本真性

本真性也称为真实性(genuineness),是指自主者在独立认识行为和规则的内在价值基础上,自己接受或制定规则,是对行为和规则的直接认定。也就是说,他是规则和行为的制定者和选择者。对主体来说,这种认定的活动和对象是可靠的,具有直接性的特征。彼得斯认为:

> 在道德领域,本真性与亲身体验同情或关心他人的能力密切相关。②

成人固然具备同情和关心他人的能力。对于儿童而言,他们的同情及信赖他人的能力很大程度上取决于他早期的社会关系。③

自主在认知上的本真性可从积极和消极两个不同角度来理解。从积极方面讲,对内在价值的认定和选择是自主自觉的,而不是听信他人或受其他外部认知因素影响之后做出的。从消极意义上看,本真性和直接性表明人

---

① 张易山编著. 年轻人不可不知的100位世界名人[M]. 北京:中国华侨出版社,2009:81.
② R. S. Peters. Moral Development and Moral Education[M]. London: George Allen and Unwin Ltd., 1981: 153.
③ R. S. Peters. Moral Development and Moral Education[M]. London: George Allen and Unwin Ltd., 1981: 154.

们接受规则并非受到同龄人或权威人士的赞同或反对的驱使。①

彼得斯亦就"随心所欲"(doing one's own thing)这一流行概念对本真性的问题进行了补充。本真的人有着自己的生活方式,不同之处在于所遵循的规则并非传统或权威规定的,②而自主的人只有在事先对传统或权威所制定的规则进行评估之后才会接受这些规则。换言之,自主的人不是简单地随大流。显然,在彼得斯看来,自主不仅仅意味着本真:自主的人也是本真的人,但本真的人不一定是自主的人。

2. 理性反思

对规则的理性反思是自主的第二个必要条件。理性反思是对规则进行思考,并且根据正确性和恰当性来评价规则的能力。理性反思包括两层含义:一是自主性必须与评价和批判相联系,亦即个体能根据原则对规则进行批判和反思,并逐渐形成自己的行为准则。但这并不意味着个体在实施行为之前总是一定要反思、总要仔细考虑他正在运用的规则的正确性,因为习惯化或内化的作用将使主体反复且自动地在相似情境中运用规则。二是能够按照基本原则反思和批判已被自己接受的规则。也就是说,一旦发现情况发生变化,个体愿意根据基本原则对规则进行相应的调整和修改。③

理性批评是自主的核心。个体在理性基础上接受或拒绝规则,对于行为准则必须根据公正和对人的尊重等原则进行严格审查,这也是康德的自主性概念。④ 教育与自主性密不可分,儿童进入既定的学科进行学习将使儿童具备理性思考和批评的能力;自主的人会根据证据规则以及在不同学科研究中被教授的相关知识来做出判断。

儿童在早期就能指出行为的理由,能够回应环境中的认知刺激,并对规

---

① R. S. Peters. Moral Development and Moral Education[M]. London: George Allen and Unwin Ltd., 1981: 152.
② R. S. Peters. Freedom and the Development of the Free Man[M]// R. S. Peters. Psychology and Ethical Development. London: George Allen and Unwin Ltd., 1974: 340.
③ R. S. Peters. Moral Development and Moral Education[M]. London: George Allen and Unwin Ltd., 1981: 121-122.
④ R. S. Peters. Freedom and the Development of the Free Man[M]// R. S. Peters. Psychology and Ethical Development. London: George Allen and Unwin Ltd., 1974: 341.

则进行思考。促进儿童道德发展和理性反思能力发展的最好方法是"归纳法"(induction)。彼得斯指出:

> 这一假设得到了心理学证据的证实,因为在这一领域最确凿的研究成果就是关于道德发展与"归纳"法之间的关系。这种方法包括解释、指出行为后果,等等。也有证据表明,这些方法在学龄前是无效的。语言……近似于一种"精心编写的代码",在这一发展过程中起到重要的辅助作用。①

3. 意志力

自主不仅意味着对规则的反思,还意味着遵从作为这种反思结果的规则。要做到这一点,离不开"自我的力量",也就是意志力。作为自主发展的第三个条件,意志力是对个体从选择者转变为执行者的理性要求。

意志力在于有勇气和决心去选择一种生活方式,并在遭遇挫折——比如面对说服、嘲笑、惩罚或贿赂时保持意志坚定。② 害怕受到惩罚、遭到反对或是受到排斥都是一些相反倾向,往往在理性道德发展的第二阶段促使人循规蹈矩;而意志力能帮助人们坚持自己的判断和行为方式。自主的人不仅能设想出自己的准则,而且在面临相反倾向时,也能坚持自己的准则。这不仅表现在拒绝采纳间接的信条或规则,而且体现在行为上坚持反对相反倾向,尽管这种相反倾向使个体不能自主地坚持自己的观点。③

也就是说,有强大意志力的人,能够抵制本能的喜好、自我中心等相反倾向,能够坚定不移地把自己的基本道德原则转变为永恒持久的行动。意志力包括勇敢、正直、果断等美德。就发展意志力的方法而言,进行习惯训练很重要,这样在碰到类似情境时才可以从容应对。

---

① R. S. Peters. Moral Development and Moral Education[M]. London: George Allen and Unwin Ltd., 1981: 154.
② R. S. Peters. Freedom and the Development of the Free Man[M]// R. S. Peters. Psychology and Ethical Development. London: George Allen and Unwin Ltd., 1974: 341-342.
③ R. S. Peters. Moral Development and Moral Education[M]. London: George Allen and Unwin Ltd., 1981: 121-122.

(二) 自由人不一定是自主之人

如果一个人在作为选择者的意义上是自由的,那么选择的主客观条件都必须得到满足。因此,个体应该对想要成为什么样人做出选择。① 在教育的情境中,人们通常不仅关心维护人的选择能力,还关心个体成为自主的人的理想。这是"作为选择者的人"的概念的发展。

彼得斯对个人自由选择的概念与他对自主性的看法是一致的,但这并不一定意味着一个自由的人必然是自主的。有所选择是自主的一个关键因素。如前所述,选择的客观条件和主观条件都与自主性和本真性有关。如果是本真的,那就意味着个体能够"选择自己的生活方式,而不是由他人决定",能够根据情况做出的理性反应来选择。因此,能够自由选择的人是一个自主的人。要拥有自己的生活方式,就必须经过理性的思考,因为"拥有"意味着是经过了认可和理性选择之后的结果。值得注意的是,彼得斯认为本真性和理性反思是自主概念中隐含的不同层级的条件。把本真性和理性反思分开,意味着理性反思不一定存在于本真性的概念中。

另外,自由与自主之间存在着概念上的差异。称一个人具有自主性时,自由并非充分条件。比如,瘾君子是自由的,但不是自主的,因为他缺乏自我指导和理性选择的能力,缺乏判断是否接受规则或制裁的能力。再如,被囚禁了很长一段时间的囚犯,在获释之后也可能缺乏做出相关选择的能力。因此,自由是自主的必要条件,但不是自主的充分条件。要成为完全自主的人,他不仅必须是自由的,而且还必须能够选择和拥有一种有自己鲜明特色的生活方式,不受他人支配。

四、自由人的培养

使受教育者成为理性自主的自由人是彼得斯的教育理想。人要成为自由的人,首先要成为选择者,并且还要培养自主性,包括本真性、理性反思和意志力等,如此才能成为理性自主之人。彼得斯以心理学研究相关成果为

---

① R. S. Peters. Ambiguities in Liberal Education and the Problem of its Content[M]// R. S. Peters. Education and the Education of Teachers. London: Routledge and Kegan Paul, 1977: 62.

依据,分别就理性选择者和理性自主之人的培养作了阐述,以下分而述之。

（一）理性选择者的培养

柯尔伯格的"认知刺激"(cognitive stimulation)理论对于自由人的培养十分重要。[①] 彼得斯十分关注社会影响在这种认知刺激中的作用,认为某些类型的社会化是个体相关选择机制发展成败的决定性因素之一。[②] 例如,一个精神病患者之所以不能做出相应的选择,是因为他缺乏理性,缺乏对现实的清晰认识,习惯于寻求即刻满足。精神病态的情况可能与儿童早期的创伤性排斥有关。

彼得斯利用育儿实践的相关研究来表明如何培养选择者应具备的主观条件。他认为,具有理性选择能力的儿童,其父母通常接纳自己的子女,体恤他人感受,对遵守行为准则的态度一以贯之。如果父母对待儿童的态度前后不一,将会促使儿童偏向固执而不是做出选择,促使他沉迷于即刻满足;对儿童的排斥态度则会阻碍其建立自信,而自信对于选择者而言必不可少。[③] 毫无疑问,接纳而不是拒绝的态度会增强儿童对他人和自己的信心;社会环境的一贯性和可预测性也有利于儿童做出理性选择。

此外,与非理性(irrational)的人不同,彼得斯认为不讲道理(unreasonable)的人具备有限的能力成为选择者。他说:

> 在教育者眼里,同样有趣的是那些被称为"不讲道理"的而不是"没有理性"的人。其生活方式表明,他们要成为选择者的能力发展是有限的,这似乎是某种类型的社会化的产物。[④]

非理性的人不讲道理是有原因的,尽管这些原因有时缺乏说服力。一个人

---

① R. S. Peters. Freedom and the Development of the Free Man[M]// R. S. Peters. Psychology and Ethical Development. London: George Allen and Unwin Ltd., 1974: 344-345.
② R. S. Peters. Freedom and the Development of the Free Man[M]// R. S. Peters. Psychology and Ethical Development. London: George Allen and Unwin Ltd., 1974: 344.
③ R. S. Peters. Freedom and the Development of the Free Man[M]// R. S. Peters. Psychology and Ethical Development. London: George Allen and Unwin Ltd., 1974: 347.
④ R. S. Peters. Freedom and the Development of the Free Man[M]// R. S. Peters. Psychology and Ethical Development. London: George Allen and Unwin Ltd., 1974: 346.

的行为不合逻辑,在某种意义上表明他偏离了正确的行为标准。不讲道理暗含了非理性所没有的社会维度。

另外,某些意识工具也会对人的选择能力造成损伤,令其发育不良。这些能力可能会受到结合了洗脑(brain washing)意识工具的压制,包括个体的范畴机制、时空感和自我认同感等都会因此受损,造成个体接受他人支配而几乎成为一个亦步亦趋的人。① 在这种情况下,个体被动接受强加的各种信念,行为或多或少会受到限制,从而无法成为一名选择者。

(二)理性自主之人的培养

彼得斯在皮亚杰和柯尔伯格的道德发展阶段论基础上,对理性自主之人的培养表达了自己的观点,认为自主性的发展具有阶段性特征,并且离不开学习过程。

1. 自主性的阶段特征与影响因素

彼得斯根据皮亚杰和柯尔伯格的道德发展阶段理论论证了自主性的培养。皮亚杰提出道德发展三阶段论:无律、他律与自律。在此基础上,柯尔伯格进一步提出"三水平六阶段"的框架,包括前习俗阶段(惩罚与服从的定向阶段和工具性的相对主义的定向阶段)、习俗水平(人际关系的定向阶段和维护权威或秩序的道德定向阶段)、后习俗水平(社会契约的定向阶段和普遍的道德原则的定向阶段)。起初,儿童遵守规则主要是为了逃避惩罚或获得奖励;接着进入由集体的意志促成的接受规则的阶段;最后,儿童自主地意识到可以批判、甚至基于某些原因而拒绝规则。

与皮亚杰和柯尔伯格类似,彼得斯也主张儿童的道德发展过程是有阶段性的,通过不同的阶段逐步掌握规则的内容。首先,儿童做出选择来接受或拒绝规则的能力,离不开儿童所处的发展阶段,儿童只有在道德发展的最后阶段才会出现对规则的理性思考。② 其次,即便已经到了可以做出选择的相关阶段,儿童所接触到的社会影响仍然可能会促进或阻碍他进入自主阶段。

---

① R. S. Peters. Freedom and the Development of the Free Man[M]// R. S. Peters. Psychology and Ethical Development. London: George Allen and Unwin Ltd., 1974: 346-347.
② R. S. Peters. Freedom and the Development of the Free Man[M]// R. S. Peters. Psychology and Ethical Development. London: George Allen and Unwin Ltd., 1974: 349-350.

第二章 "受过教育的人"之思想要义

自主性离不开理性思考与本真性。就理性思考而言,是否接受或拒绝规则,这种能力必须与孩子所达到的道德发展阶段相结合。儿童首先必须理解外部规则的重要性,并在道德发展的第二个阶段意识到遵守这些规则的重要性。只有在这时,是接受还是拒绝规则才会对孩子有意义。也就是说,除非儿童提前学会了遵守规则,接受规则还是拒绝规则才不会发生冲突。品格的形成只会在冲突的情况下产生。这就是为什么彼得斯批评进步教育工作者没有考虑到第二层次的发展,因为他们希望儿童在这种能力还没有完全发育成熟的时候就做出选择。在彼得斯看来,公立学校教育似乎很好地迎合了自主的发展阶段。公立学校鼓励所有学生在遵守规则的基础上培养团队精神,同时为高年级学生提供条件行使一定程度的自主。①

自主性的另一个方面是本真性,指向支配个体生活的某些理性方式。彼得斯认为:

> 当个体遵守规则时,他在按照一定的原则行事。在按照一定原则行事时,个体坚守做事的理由。②

举例而言,为了帮助饥荒灾民,某甲决定慷慨解囊给救灾基金捐款。他之所以决定施以援手,是出于对他人痛苦的敏感,不忍对他人之痛苦无动于衷。在这个例子中,某甲遵循自身行为准则决定帮助灾民,是某种理性推理的结果,因为他意识到帮助灾民比袖手旁观更合适。对他人之痛苦敏感的原则支持着这种理性行为。

当然,幼儿可能无法理解本真原则背后的行事原因。但营造讨论和批评的气氛是有益的,它能在环境中创造某种认知刺激。因此,在儿童能够理解行为背后的理由之前,规则可以一种非专制的方式呈现出来。这意味着

---

① R. S. Peters. Freedom and the Development of the Free Man[M]// R. S. Peters. Psychology and Ethical Development. London: George Allen and Unwin Ltd., 1974: 349.
② R. S. Peters. Freedom and the Development of the Free Man[M]// R. S. Peters. Psychology and Ethical Development. London: George Allen and Unwin Ltd., 1974: 350.

家长和教师不应当放弃某些行为方式,即便儿童尚无法欣然接受。①

彼得斯考查了影响自主性发展的社会因素。社会因素与认知刺激程度有关,会鼓励或阻碍自主性的发展。他引用布鲁纳(Bruner)的调查结论指出:

> 在传统社会中通常强调严格遵守群体规范,不鼓励孩子发展自主性。②

这意味着传统社会中的儿童可能无法达到道德发展的最高层次。例如,相比工薪阶层家庭的孩子,来自中产阶级家庭的孩子能接触到更多的认知刺激,这使他们在理性反思基础上接受行为规则,因而更有可能达到自主阶段。因此,某些类型的育儿方式和社会化方式可能会促进或阻碍个人自主的发展。

此外,儿童对规则所持态度不一定是不明(vague)社会压力的产物,而是受到灌输(indoctrination)等意识工具的影响。"不明"一词与育儿方法相关;灌输则是严格施加的社会压力,包括传递固定信仰,鼓励人们接受这些信仰。

2. 自主的发展离不开学习

人是经过学习成为选择者,再成为自主之人。③ 因此,自主的发展离不开学习的过程。通过学习成为自主之人要求把自由和自主当作明确的教育理想。

彼得斯笔下的"学习"一词有特定意义,指过去的经验造成态度和行为的改变。这与大多数心理学家所使用的"学习"一词大不相同:

> 心理学家眼中的"学习"是用来指代行为变化的一般概念,而这种

---

① R. S. Peters. Freedom and the Development of the Free Man[M]// R. S. Peters. Psychology and Ethical Development. London: George Allen and Unwin Ltd., 1974: 351.
② R. S. Peters. Freedom and the Development of the Free Man[M]// R. S. Peters. Psychology and Ethical Development. London: George Allen and Unwin Ltd., 1974: 348.
③ R. S. Peters. Freedom and the Development of the Free Man[M]// R. S. Peters. Psychology and Ethical Development. London: George Allen and Unwin Ltd., 1974: 343.

变化并不纯粹是成熟的产物。①

在彼得斯看来,学习的核心是学习者理解内容并将其同化。在多大程度上将其同化,取决于个体在特定阶段的心理发展。这不仅关系到学习内容,而且关系到内容的学习方式。

与皮亚杰和柯尔伯格一样,彼得斯认为精神发展和道德发展均分阶段进行,个体逐步成为选择者和实现自主发展。对事物(thinghood)、手段目的(means-to-an-end)和因果关系(causality)等范畴概念的理解,标志着个体心智发展的各个阶段。范畴概念蕴含了以前的经验。例如,根据事物特征,儿童能掌握事物的概念,学会识别各类事物,如蝙蝠、球、瓶子等。能在某事物中看到"目的—手段"的方法,就是看到了做某事与取得预期结果之间的联系。②

因果关系的概念是理性思考和选择所必需的要素。理解因果关系,能使人看到相关事件或现象之间的联系,但这种概念理解会限制人们在某阶段学习某事物的程度。这种概念理解不能通过教学来传授,因为它是在思维的互动中产生的。它拥有组织和选择现象的潜力,可以选择某种环境,等待不同特征被发掘。因此,为了提供认知刺激,必须给儿童提供多样化的环境,并鼓励他们学习。正如彼得斯所主张的,对自主之人的教育发展至关重要的是学习知识的形式,这对理性思考和选择必不可少。

小 结

"受过教育的人"不仅知识广博、有理性道德,也是理性自主的"自由人"。本节主要探讨了彼得斯的自由观及其对教育情境下的理性自由人的看法。

自由是一种社会原则,其确切含义与使用的语境有关。个体自由与否,与他受到的限制或障碍密不可分。当存在某种约束时,才会出现自由的问

---

①② R. S. Peters. Freedom and the Development of the Free Man[M]// R. S. Peters. Psychology and Ethical Development. London: George Allen and Unwin Ltd., 1974: 343.

题。彼得斯提出了"自由的悖论"问题,指出过度自由将导致不自由,因此自由需要得到法律和道德的保障。他认为课堂与社会类似,需要在权威与顺从之间走中间路线,采取合理的纪律约束机制,以保障课堂秩序。在彼得斯看来,"形式自由"与"实质自由"存在差异,前者意味着个体虽然没有受到外部限制,却不能行使这种自由;后者则是不受外部约束,是可以利用的自由。彼得斯还提到世俗意义上的自由,即人的行为自由。这种自由属于"消极"自由的范畴,即主体不受他人干涉,可以做力所能及之事,成为愿意成为的人。

彼得斯把"选择者"的概念作为连接自由与自由人的教育的纽带。选择者是具有理性的人,他能决定自己的命运,有着自我认同意识。自由意味着个体有着选择能力。如果个体作为选择者要拥有自由,那么其必须满足选择的主客观条件。客观条件是指人在受到规则施压、制裁或威胁之时可以做出接受或不接受的选择;主观条件是指人具有与情境相关的理性能力,也就是实践理性。

虽然选择者是一种自由人,但那只是一般人的理想。在选择者的基础上,实现了理性自主的"自由人"才是彼得斯的教育理想。要成为理性自主的"自由人",需要符合三个条件,即本真性、理性反思和意志力。本真性表明个体是规则和行为的制定者和选择者;理性反思是能够对规则进行思考,并且根据正确性和恰当性来评价规则的能力;意志力是对个体从选择者转变为执行者的理性要求。

彼得斯认为柯尔伯格的"认知刺激"理论对于作为选择者的自由人的培养十分重要。他强调与认知刺激相关的社会影响的作用,并且指出"洗脑"等意识工具也会对人的选择能力造成损害。另外,彼得斯指出,在把儿童培养为理性自主之人的过程中,容易受到家庭背景、灌输等意识工具及其他社会因素的影响。儿童的自主性发展过程是有阶段性的,而且自主之人的发展离不开学习过程,人是经过学习成为选择者和自主之人,最终成为理性的自由人的。

第三章
彼得斯论"受过教育的人"之教育

实现"受过教育的人"的理想自然离不开教育。但人为什么要接受教育呢？接受教育的价值在哪里？教育的依据是什么？理想的教育是什么样子？如果理想与现实有偏差，那应该如何改进？另外，学校教育的过程应该是怎样的呢？彼得斯对上述问题一一做了解答，他的论点囊括在"教育的证成""心智发展""教育即启蒙""学校教育过程"等主题之中。在"教育的证成"中，彼得斯对为什么要接受教育展开论证，阐述了教育的价值依据问题；他对"心智发展"的论述表明了教育的心理学依据；在"教育即启蒙"中，彼得斯认为教育应当是启蒙个体进入公共世界，说明的是教育的应然问题；而"学校教育过程"主要表明彼得斯对学校教育的看法，说明的是教育的具体实施问题。

综合说来，彼得斯关于"受过教育的人"之教育的理论核心体现在四个要素之中：心智、心智的发展、教育、客观的公共世界。这四个要素在彼得斯的理论叙述中相互交织和关联，贯穿于他对怎样培养"受过教育的人"的讨论之中。它们之间的关系见图2：

如图2所示，心智位于核心位置，因为它事关人的本质问题；教育必须遵循心智发展的规律进行；而教育的最终目的是启蒙和引导个体进入客观

图2 "受过教育的人"之教育理论要素关系示意图

的公共世界。需要指出的是,上述要素并不能概括彼得斯教育思想的全部;但这四要素是彼得斯关于如何培养"受过教育的人"的理论的逻辑核心。这些要素体现的假设和主张对于理解彼得斯的教育思想是必不可少的,可以更好地理解彼得斯所构想的"受过教育的人"之教育的主题范围和逻辑结构。

首先,彼得斯了摈弃心理学中霍布斯的机械主义及斯金纳、赫尔的激进行为主义理论,认为人类行为不是机械定律的产物,而是依赖于知识以及由知识引起的意图。这是彼得斯的心智观,属于心理学范畴。其次,彼得斯认为人的思想并非与生俱来,它本质上是学习主流社会规则的产物。这是彼得斯关于心智发展的论题,属于学习理论的范畴。彼得斯把两者结合,使得"心理"语言有可能融入学习理论。第三,"教育"一词蕴含着教育过程的标准与何为"受过教育的人"的标准,后者涉及知识与理解的广度和深度及非工具性态度,意味着要引领受教育者接触有内在价值的东西;而且,这些知识在受教育者的头脑中不是呆滞的知识。教育过程的标准属于教学理论的范畴,而"受过教育的人"的标准属于受教育的原因和学习内容两个范畴。最后,受教育者学习各种社会规则和客观标准,包括如法律制度、礼仪规则以及社会普遍接受的道德原则等,然后逐渐进入客观的公共世界,并成为其中一分子。学习这些内容的目的是出于教育的目的,也就是成为一个"受过教育的人"。

另外,本章也讨论了教育的实然问题,即彼得斯对学校教育的看法。学校作为有组织的教育机构,其作用取决于它的特点,包括教师风格、课程安排、促进学习的方法、评价学习的方法等。彼得斯显然对当时公立学校的许多关键特征是认可的。虽然他没有忽视实用学科,但启蒙学生进入传统既定学科仍然反映出他对博雅教育的重视。他对考试的看法揭示了社会成员之间的竞争状况;他对教育主体的看法表现出对专业教师骨干的信念。

总体上,彼得斯只是意在激发人们对学校的功能进行再思考,并不提倡对现行学校制度进行激进的改革。他的相关著述只是根据学校特点提出了一些改进建议,包括重新定位学校教育目标、明确教师职责、制订合理的课程体系以及改进评估办法等。

第三章 彼得斯论"受过教育的人"之教育

第一节 对教育工具性和非工具性的证成

彼得斯对一般意义上的教育概念并不重视,认为其在价值意义方面没有什么重要性可言;他更为看重自己在早期著作中提到的狭义的教育概念,即关于"受过教育的人"的概念。① 在《教育的证成》中,他一开始就指出,他的写作目的是讨论与"受过教育的人"相关的特定的价值观念,并且为这些价值观念进行辩护。他写道:

> 在本文中我只是关注这些有限的问题,而不会像在《伦理学与教育》中一样就价值的广泛问题进行讨论,或者跟以前一样在某些地方把这些问题与其他问题混淆起来——原因可能是当时在对"教育"的概念进行分析时还存在某些不足之处。②

为了弥补这些不足之处,彼得斯就为什么要接受教育的问题,亦即教育的证成问题,从工具论(instrumental)和非工具论(non-instrumental)两个角度对受教育的合理性进行了论证。

一、对教育之必要性的证成

人为什么要接受教育呢?对此问题的答案,人们莫衷一是,引发的争论颇多。要证明教育的正当性并非易事,因为教育热情"不是被动产生而是自然引发的"。③ 一旦身处教育过程之中,人们往往就可以获得这种热情,会懂得教育的内在价值,亦会意识到对教育持非工具性态度的必要性。要向大众解释教育的证成亦并非易事,因为不关心教育问题的大有人在,而他们

---

① R. S. Peters. The Justification of Education[M]// R. S. Peters, ed.. The Philosophy of Education. London: Oxford University Press, 1973: 240.
② R. S. Peters. The Justification of Education[M]// R. S. Peters, ed.. The Philosophy of Education. London: Oxford University Press, 1973: 239.
③ R. S. Peters. Ethics and Education[M]. London: George Allen and Unwin Ltd., 1966: 145.

可能永远不会成为"受过教育的人"。① 一般说来,以消费为目的的人群在判断事物价值时,标准通常是能否及时行乐、能否有助于满足消费需求,类似科学或艺术这样的活动对他们没有直接吸引力。因为当问及"这跟我有什么关系"或者"这会给我带来什么"之时,科学、艺术等活动带来的只有汗水和挣扎,而不是即时喜悦,而且很难有助于满足其他欲望。

在《伦理学与教育》一书的《关于证成的经典理论》一章里,彼得斯对教育证成的问题进行了较为深入的探讨,认为经典理论主要涉及伦理学流派,包括情绪论、直觉论等,并非真正意义上的教育证成;因为这些理论仅仅强调个人持有的预设,而忽视了公共领域中预设的普遍原则。如果从个人偏好出发把自己的预设强加于其他人身上,就有可能得出谬论。个人论点往往因人而异、具有偶然性,对于形成一般道德理论没有什么帮助。相反,应当引起重视的论点往往指向公共话语语境下的那些预设。②

彼得斯认为教育的证成与理解人类处境有关,只有透过信仰、意图等概念才能理解人类处境。与人类生活独特性相关的精神概念,例如做出"选择",往往和真理及正当性相关联,而仅仅具有"渴望"并非如此。在询问"为什么要这样做而不那样做"或者"我该怎么办"之类的问题时,往往意味着需要一种普遍的理论来认定上述话语所假定的道德原则。因此,具有理性能力的人如果正在追寻教育的正当性问题,就意味着他们已经致力于追求真理和理解人类处境。彼得斯把对教育证成的需要与人类的精神概念相结合,试图证明这种证成适用于一般的人类生活,而不仅仅局限于"为什么要这样做而不那样做?"之类的问题。对正当理由的需求是制约人类生活的不可避免的因素,因此,"受过教育的人"的理想也同样暗含在这些制约因素之中。

在学校等教育机构中,人们事先必须对课程进行规划。因此,教育的证成还涉及回答以下问题:"为什么某些活动被认为是有价值的?"也就是说,为什么应当悉心学习诸如科学、艺术、文学和历史等学科,而不是去选择学

---

① R. S. Peters. Ethics and Education[M]. London: George Allen and Unwin Ltd., 1966: 145.
② R. S. Peters. Ethics and Education[M]. London: George Allen and Unwin Ltd., 1966: 114 - 115.

习打高尔夫、玩桥牌或宾戈游戏(bingo)①? 这些问题的答案其实取决于这些活动本身的性质：哪些活动有助于提高个人认知并完善相关领域的理论或客观标准？哪些活动又做不到这些？

尽管从认知的角度考察教育的证成很重要，但它在本质上还是属于工具性的范畴。彼得斯进而从非工具性的角度来回答何为有价值的活动。对教育的非工具性证成回答的是"为什么要这样做而不是那样做"的问题。彼得斯认为，任何想要问这个问题的人，都已经上升到严肃的调查和追求真理的层面，已经对教育的证成持非工具性态度。所以，探求教育的证成其实已经预先假定了证成的价值，寻求正当理由本身就是正当的理由。

二、对教育的工具性证成

关于教育的工具性论证，彼得斯认为通过发展增进和获得知识，人们得以维持生计。从一定程度上讲，接受教育对公众的生存明显有好处，由此证明教育具有工具性价值。此外，获取知识、提高认识对于公众的生存来说也是必要的。知识的传播和认识的提高在一定程度上为文明社会的维持和发展提供了助力，也起到了调节作用；获得知识也可以使人们能够灵活应对工业化社会发展带来的各种新情况和新问题。再者，拥有广泛的知识可以帮助人们成为更有效率的员工、更好的沟通者，并帮助"自己的单位变得更文明、更人性化。"②

诚然，彼得斯眼中"受过教育的人"对知识秉持着非工具性的态度，但对教育的工具性论证与对知识的非工具性态度并不矛盾。需要注意的是，非工具性的态度和参与活动时所拥有的情感性质有关："关键在于对活动的内在特征所表现出的关心、尊重或热爱"。③如果人们持非工具性态度，那么他们的工作可能会更加富有成效。从这个角度来看，非工具性的态度确实有助于使社会变得更美好。如果某些类型的知识和技能对社会有益，那人们

---

① 一种赌博或有奖游戏，玩者均持有一张数字牌，如果牌上的数字和庄家叫的号码对应，玩者便胜出。
②③ R. S. Peters. The Justification of Education[M]// R. S. Peters, ed.. The Philosophy of Education. London: Oxford University Press, 1973: 245.

可能就会想要获得这些知识和技能——因为他必须谋生,为顺应社会需求而掌握一些技能和知识,给自己带来回报。所以,从社会效益的角度可以看清教育的工具性。①

通过教育证成来重申"受过教育的人"理想的价值及其教育的合理性,这种做法是值得赞赏的。但是,彼得斯的工具性论点尚有不完善之处。他自己也承认这是因为有个问题没有得到回答:"到底什么对社会有利?"②如果认为诸如生产、获利和消费等实践活动并不具备那些有价值生活的组成要素所拥有的内在价值,那这纯粹是根据实际结果从外部所做的评价,完全没有考虑到其内部参与者的情况。另外,如果这种看法占据主导地位,还会暗中滋生一种腐败,把实践的参与者看作是"促进公共利益的工具"③。由此,彼得斯没有考虑到知识和理解可能导致的不良后果,他的论证也似乎是建立在未经证实的经验论断之上。

其次,为教育正当性所作的工具性论证亦缺乏理性价值的一面,有悖于彼得斯的基本哲学假设。彼得斯关于人性的基本观点强调理性位于人类生活的中心,理性不仅仅是满足欲望的工具,而且是人存在的本质。也就是说,单单从工具性角度来考察教育的理由无法成立,因为它太过狭隘而不全面。因此,彼得斯后来转向非工具性论证来说明教育的正当性问题,试图从更高层次的理性层面来证明"受过教育的人"之教育所包含的价值。彼得斯眼中的"受过教育的人"关心真理,凡事都会问为什么,并认为混沌的人生不值得度过。这些倾向可能都是值得的,原因在于它们本身就是善,而不仅是因为它们具有工具价值。而且,这种工具价值也只取决于"受过教育的人"所在社会的性质,相比内在价值,工具性价值其实是次要的。

此外,工具性价值与彼得斯教育理念的相关性也存在疑问。彼得斯将推销商品、减轻罪恶、民主社会、员工的高效表现和提供更好的服务视为值得称道的目标,这使得教育看上去具有工具性价值。然而,类似的目标也可

---

①③ R. S. Peters. The Justification of Education[M]// R. S. Peters, ed.. The Philosophy of Education. London: Oxford University Press, 1973: 246.
② R. S. Peters. The Justification of Education[M]// R. S. Peters, ed.. The Philosophy of Education. London: Oxford University Press, 1973: 251.

能通过其他途径达成,例如消遣活动或获得某些特定技能等亦有助于达成某种满足、减轻某些罪恶或改善某类服务。彼得斯没有确切说明为什么他所提到的那些特定目标可以作为通过教育促进的理想目的,而其他目标却不行。

固然彼得斯的论证存在一些不足之处,但这并不能否定彼得斯赋予"受过教育的人"特征的价值,只是他所提及的工具性价值与"受过教育的人"之概念的相关性存在一定疑问。可以说,彼得斯的工具性论点是基于"受过教育的人"的特征与其功能的偶然性关系之上,而不是基于两者的概念性或逻辑性关系。

三、对教育的非工具性证成

由于工具性论点不够完善,彼得斯试图通过诉诸非工具性的教育证成来弥补其不足。非工具性论证可以从教育标准与证成概念之间的关系入手。彼得斯问道:

> 因此,问题是知识和理解是否可以作为构成有价值的生活的要素呢?其依据是什么呢?[①]

对此,彼得斯的观点是:人应当为了教育而接受教育,追求知识本身就是一种乐趣。知识和理解是构成有价值生活的"要素"之一,彼得斯为此提出两种依据:一是它们与愉悦和满足联系在一起,二是它们与实现终极价值(即对真理的关注)有关。前者在彼得斯的非工具性快乐论的论点框架下进行讨论,而后者对应彼得斯的非工具性非快乐论,强调理智的价值。

(一)快乐论

与从事简单活动相比,从事复杂活动(complex activities)更能锻炼人的技能、培养人的敏感性和理解能力,让平淡的生活不那么无聊。但从事复杂

---

① R. S. Peters. The Justification of Education[M]// R. S. Peters, ed.. The Philosophy of Education. London: Oxford University Press, 1973: 247.

的文明活动需要相当多的知识和理解能力,所以,人们有理由拥有知识。知识可以使活动变得复杂并改变人们对活动的认知。①

"受过教育的人"具备大量的知识和理解能力,可以选择从事多种复杂活动来锻炼技能和提高鉴赏力,并体验精通技能或发号施令带来的满足感。彼得斯提到"受过教育的人"可能选择的两种活动:规划(planning)和求知(pursuit of knowledge)。② 在一个人参与多个活动时,知识对于活动的协调和规划是宝贵的,因为规划时运用理性,有助于在多个活动发生冲突时进行协调。同时,在生活中寻求秩序和实现秩序本身就是一种无尽的满足。另外,求知能提供"无尽的兴趣和满足"。③对知识的追求也可以成为快乐和满足的永久源泉。学习知识本身就是一系列与个体发展有关的活动,这些活动本身就是求知目的。此外,对知识的追求为锻炼技能和提高鉴赏力提供了无限机会,只要坚持学习不同形式的知识,"受过教育的人"就会不断被各种有趣的活动所占据。兴趣的广度将大大"减少无聊的可能性"。④

虽然做规划与求知等复杂活动是令人愉悦的,但它们并不是受过教育的人选择的唯一乐事。彼得斯自己也承认,有些稍纵即逝、简单野蛮的活动也是令人愉快的。此外,个体对活动的选择也会受到愉悦或熟悉程度的影响,毕竟选择专门技能从业、追求真理的生活可能令人筋疲力尽。不过,彼得斯对"人性保守的一面,如对例行公事的享受,以及在熟悉而老套的事物中找到安全感"⑤等方面的论述着墨不多。

(二) 理智的价值

工具论和非工具性快乐论没有明确一个人应该追求的目标,也没有全面考量教育的有价值的目标,因而还是不充分的。彼得斯试图用第三种观点来弥补这一缺陷,因此他提出非工具性非快乐论的观点,把接受教育与本

---

① R. S. Peters. The Justification of Education[M]// R. S. Peters, ed.. The Philosophy of Education. London: Oxford University Press, 1973: 248.
②③ R. S. Peters. The Justification of Education[M]// R. S. Peters, ed.. The Philosophy of Education. London: Oxford University Press, 1973: 249-250.
④⑤ R. S. Peters. The Justification of Education[M]// R. S. Peters, ed.. The Philosophy of Education. London: Oxford University Press, 1973: 250.

质上有价值的生活方式联系在一起,这种有价值的生活方式就是对真理的关注(concern for truth),强调的是理智的价值。关注真理的人能为自己的言行举止提供理由,不会虚张声势。彼得斯指出:

> 我所主张的是,在关心真理的问题上要避免空想、偏见、幻觉和犯错,并愿意在此方面审视自己的信念和态度。①

彼得斯对此提出三个条件:首先,没有什么必须达到的最终状态,因为总是有更多的东西需要学习。其次,对真理的关注并不是实证主义的,真理并不局限于经验性和分析性的陈述,而是被广泛用于道德和理解他人等领域,在这些领域存在某种客观性,允许给出理由来支持或反对某一判断。第三,对真理的关注与许多理性美德联系在一起,包括"讲真话、真诚、思想自由、清晰、不武断、公正、中肯、稳定、尊重证据以及尊重证据来源"。②

彼得斯认为,关注真理是有价值的,因为它不会被利益(benefit)左右。事实上,当个体决意找寻真理,对事物存在方式又没有产生错觉或误解,那么他的心智状态就可以被视为"一种终极价值(ultimate value),这其实也是获益的标准之一"。③

彼得斯的上述主张需要进一步解释。虽然彼得斯讨论了关注真理、利益(benefit)和价值(value)之间的联系,但从中还不清楚这些联系的性质。他提出对真理的关注是获益的一个标准,然而真理既不是获益的必要标准,也不是其充分标准。因此,彼得斯对关心真理和获益之间关系的主张尚不明确。另外,彼得斯对关注真理的讨论说明了这种关注的性质,但没有说明为什么对真理的关注是一种"终极价值"。他也没有表明在考虑教育的性质或接受教育的原因时,对真理的关注应该优先于其他价值。事

---

① R. S. Peters. Education and Justification: A Reply to R. K. Elliott[J]. Proceedings of the Philosophy of Education Society of Great Britain, 1977(11): 36.
② R. S. Peters. The Justification of Education[M]// R. S. Peters, ed.. The Philosophy of Education. London: Oxford University Press, 1973: 251-252.
③ R. S. Peters. The Justification of Education[M]// R. S. Peters, ed.. The Philosophy of Education. London: Oxford University Press, 1973: 252.

实上，其他事物也具有价值，例如宁静、感官享受等。而诸如在物质上获得成功，也可能具有终极价值。总之，虽然对真理的关注具有重要价值，但彼得斯并没有表明这种关注是否是唯一的终极价值，也没有证明它应该是教育的基础。

小　结

本节主要探讨了彼得斯关于教育的价值问题的论述，即他的教育证成理论，包括工具论和非工具论等。

论证教育的正当性是必要的，因为不懂得教育内在价值的人难以成为"受过教育的人"。寻找受教育的理由就是在追求真理和理解。教育的证成与人类处境有关，不能忽视公共领域中预设的抽象原则，如果仅从个人偏好出发将会得出谬论。

彼得斯首先从工具性角度对教育价值进行了论证。他的观点是，拥有知识和理解能力具有工具性价值，有助于使人发展技能以利生存；拥有广泛的知识则有助于使人更有效率、成为更好的沟通者等；"受过教育的人"对知识持工具性态度也具有工具性价值，有助于使人更加热爱活动本身，工作可能更加富有成效，从而使社会更美好。彼得斯指出，对教育的工具性证成意味着理性能促进消费和控制，而这有违他的基本哲学假设，亦即理性不仅仅是满足欲望的工具，它是人存在的本质。所以，彼得斯自认工具性论点是不完备的，由此转向教育的非工具性论证。

对于教育价值的非工具性论证，彼得斯的观点是人应当为了教育而接受教育；知识和理解是构成有价值的生活的要素。彼得斯分别从快乐论和非快乐论两个角度进行非工具性论证。他认为，相比简单活动，做规划等复杂活动更能锻炼技能和培养理解能力，使人体验到精通带来的满足感；追求知识则是快乐和满足的永久源泉，兴趣的广泛度大大减少了无聊的可能性。另一方面，接受教育是有价值的生活方式，与实现终极价值（即关注真理）有关。对真理的关注与许多理性美德相关联，如讲真话、公正、尊重他人、不武断等。

彼得斯关于教育证成的讨论为我们提供了重要的见解。首先，他向我们详细解释了"受过教育的人"之教育的价值,并从工具论、非工具性快乐论和非工具性非快乐论的角度论证了教育的合理性问题。其次,他表明教育的合理性比某些学者所认为的要复杂得多,以前别的学者在关于教育的讨论中仅强调工具性的论据。第三,他还提出了一套旨在证明接受教育是合理的评判标准,按照这些标准,可以判断前人提出的工具性论据是否全面,而不是简单地将其视为"错误的"教育理念。

不过,彼得斯的相关论证还有不完善之处,其观点多建立在经验主义的主张之上。例如,彼得斯指出,"受过教育的人"是更有效率的雇员,能够提供更好的服务;他认为复杂的活动通常比简单的活动更令人愉快。然而,这些说法都是在没有实证支持的情况下提出的。彼得斯的非工具性非快乐论的论点解释了他眼中"受过教育的人"所具有的特征,但他在提及这些特征有价值时,只是断言这些特征是有价值的,或者只是指出应该确保获得这些特征,并没有说明为什么应该重视这些特征,也没有说明为什么应该培养他所描述的特定类型的"受过教育的人"。

总之,彼得斯的相关论证尚不完善,因此还须证明它们确实与教育的合理性有关。这就回到彼得斯在《教育的证成》中提到的第一个问题,即"受教育的具体价值是什么"?显然,这一问题尚未得到充分的解答。若能更全面地探讨各类论点与教育合理性的关系问题,无疑有助于消除对彼得斯的批评。

第二节 教育应符合人的心智发展特点

既然"受过教育的人"所接受的教育是有价值的,那么具体而言,如何培养这样的"受过教育的人"呢?毫无疑问,教育应当符合人的心智发展规律,首先需要认识心智(mind)的发展特点和实质。

一、论心智的本质

在心智的本质问题上,彼得斯认为心智并非机械的行为,而是依赖于知识以及由知识引起的意图,是人的社会性发展的产物。他把霍布斯(Thomas Hobbes,1588—1679)、赫尔(Clark L. Hull,1884—1952)和斯金纳(B. F. Skinner,1904—1990)的理论归为一类予以驳斥,明确表示反对霍布斯的机械主义以及赫尔和斯金纳的激进行为主义。

在《权威、责任和教育》一书中,彼得斯毫不讳言地指出人们对教育和学习理论之间的关系的理解不仅错误,而且错得离谱。他这样写道:

> 在我的印象中,这种时髦观点……早在 17 世纪就有了。当时霍布斯提出,人的行为可以解释为运动中的身体发出的行为。……那么,霍布斯、赫尔、斯金纳的理论有何荒诞之处呢?这其实等于是在问:人是理性动物的概念有何价值呢?①

事实上,教育工作者并不能从学习理论中学到很多东西,关于学习的心理学其实可以从教育实践研究中获益良多。

(一) 人的行为与社会规则

18 世纪英国政治家和哲学家霍布斯建立了完整的机械唯物主义体系,认为宇宙是所有机械运动物体的总和,所有物体都按照必然的因果规律运动。跟笛卡尔(Rene Descartes,1596—1650)一样,霍布斯也主张身心二元论,认为人具有不同的能力,如认知力、想象力和概念力等,而这些能力都是由外部刺激产生的。他指出,从本源上看,所有的观念都来自外物自身的运动,正因为存在这些运动,才引发感觉、观念的产生。②

霍布斯认为所有经验都来自感觉。不管人们观察到什么现象,"所有这一切的源泉都是被我们称之为感觉的东西"。③ 而感觉来自感官对外界事物的反应,这种反应机制表现为一种心理或生理反应。他还认为人类的感

---

① R. S. Peters. Authority, Responsibility and Education[M]. London: George Allen and Unwin Ltd., 1959: 121.
② Thomas Hobbes. The Elements of Law Natural and Politic[M]. Cambridge: Cambridge University Press, 1928: 3.
③ Sir William Molesworth, ed.. The English Works of Thomas Hobbes: Volume 3[M]. London: John Bohn, Henrietta Street, Covent Garden, 1841: 1.

觉是有限的,任何所思所想都首先会或多或少被感知到。在没有感知的情况下,一个人"不可能拥有想法,或者表达任何东西"。① 霍布斯站在机械唯物论的基础上,将感觉还原为一种心理或生理活动。举例而言,假设某位双目失明的人听说过他人讨论生火取暖,当他被带到类似环境下取暖时,就很容易联想并臆测周围有着被称为火的东西,并推断出感到热是火造成的。然而他想象不出火的具体模样,脑海中也不会有关于火的形态,因为他从未亲眼见过。

行为主义是现代心理学的主要流派之一,创始人是华生(John Broadus Watson,1878—1958)。这一学派主要是从生理学角度来研究动物与人的行为机制问题,他们所采用的典型公式是"刺激—反应",认为"刺激""反应"可以预测或控制行为的发生及变化。从20世纪30年代起,自称在理论上有别于华生的"新行为主义者"开始在美国流行,其代表人物有赫尔、斯金纳等。

赫尔是少数几位掌握数学和形式逻辑的心理学家之一。他将数学语言运用到心理学理论中,认为万物都存在于一定的量中;用科学方法发现的关系都必须用数学方法表达。他运用一系列高等数学公式、术语和逻辑符号来标记所要研究的行为机制。在他看来,人的行为是有机体与环境相互作用的结果。在这种相互作用中,环境提供刺激,有机体做出反应。刺激和反应一般都可以被观察到,但有时不完全可以被观察到,原因在于有机体对环境的适应。赫尔认为有机体在"需要"和"内驱力"的压力下会产生适应性行为。"内驱力"是一切基本动机的公分母,不管动机作用是因食物或水的缺乏,或是因最宜温度的偏差,还是因组织受伤或性腺激素的作用,抑或是由其他原因引起的,②在有机体赖以生存的适宜条件发生偏差时就会产生"需要"。当"需要"出现时,有机体就会行动,而这种行动反过来会减少"需要"。因此,个体的任何行为都以目标为导向,而目标就是减少"需要",以便促进

---

① Sir William Molesworth, ed.. The English Works of Thomas Hobbes: Volume 3[M]. London: John Bohn, Henrietta Street, Covent Garden, 1841: 17.
② 转引自华尔曼,希尔加特,谢循初. 赫尔的新行为主义[J]. 现代外国哲学社会科学文摘,1962(03): 17-22.

适宜条件的实现。

斯金纳与赫尔同为现代美国新行为主义心理学代表人物,但他们的理论不尽相同。赫尔代表心理学研究的演绎法,斯金纳代表培根、穆勒等发展的归纳法。赫尔主要致力于先验地确立公设,并用经验材料来检验从公设所推论的定理;斯金纳则从经验材料开始,逐渐走向暂时的概括,任务是预测和控制个别有机体的行为。斯金纳坚持只研究能观察到的行为,认为行为是外界(环境)变量的函数,它为因果分析或函数分析提供基础:"行为是我们的'因变量'——行为的因——是作为其函数的行为的外在条件"。[①]在斯金纳看来,人的行为完全由外部环境决定,行为与环境之间存在一定的函数关系,可以表达为:$R=f(S)$,其中 R 表示反应,S 为外部条件变量。虽然斯金纳承认人类存在内部心理过程,但他认为这些心理过程只不过是类似于人类显性行为的行为,是由环境造成的行为的副产品,并不能用来解释行为。斯金纳提出"环境决定论",用行为代替心理,他把内部心理过程和外显行为视作有着相同的物理度量,并据此把人的意识当成副产品,否认意识对行动的指导作用。[②] 至于思维,斯金纳不同意把思维看成是有许多思索或钻研的过程及结构,认为"人类思维就是人类行为",[③]把人类行为视作机械生理规律的产物,试图将关于"心"的语言和理论简化成"行为"的语言和理论。

与机械主义和行为主义不同,彼得斯指出"意识"(consciousness)是"心智的标志"(hallmark of the mind)。[④] 在某种意义上,思维的状态和运作是个体能够意识到的,而且这种意识不可能是妄想。想起一个人、想起一件事、想出一个问题、感到一阵痛苦、听到一声哭泣等,这些都是个体能够意识到之事。

针对霍布斯的机械主义心智观,彼得斯认为不能用"与物理世界中的万

[①] 转引自华尔曼,谢循初. 斯金纳的新行为主义[J]. 现代外国哲学社会科学文摘,1962(03):22-26.

[②] 乐国安. 论新行为主义者斯金纳关于人的行为原因的研究[J]. 心理学报,1982(03):335-341.

[③] B. F. Skinner. Verbal Behavior[M]. Englewood Cliffs: Prentice-Hall, 1957:452.

[④] R. S. Peters. Ethics and Education[M]. London: George Allen and Unwin Ltd., 1966:47.

有引力定律类似的机械联想定律"①来解释人类行为。人类的行为不是台球,不会以简单或可预测的模式碰撞、移动、停止,因此不能用物理学的经典理论来诠释。值得注意的是,彼得斯反对的并不是机械定律本身,他只是反对认为人类行为仅仅是机械定律的产物的观点。对于激进行为主义的观点,彼得斯指出:

> ……美国的实用主义和行为主义的倾向……把思想与行为混为一谈,视思想为"行为代理"。②

在他看来,这些简化行为有可能使学习技能变得比学习观念更重要。因此,他反对这种简化行为,反对把这些简化的理论应用到教育之中,并为此提出他对"受过教育的人"的见解:

> ……受过教育的人之所以与众不同,与其说是凭他的行为,不如说是凭他的"眼界"或"领悟力"。如果他在所受教育的领域表现非常好,那么他就一定会对相关领域有全面而正确的观点。……因为接受教育不仅意味着"知道其然",也意味着"知道其所以然"。③

在彼得斯看来,人类行为不是按照机械过程发生的;相反,行为依赖于知识以及由知识引起的意图。他在心智理论中把知识和行动的概念置于中心位置,认为人是有目的的、遵守规则的动物;但人不会像动物或机器一样,只按照规则行事;他做出行为是因为他知道自己的行为,能形成自己的意图。讨论人类行为本身,离不开探讨行为背后蕴含的目的,以及追寻这一目的时所遵循的计划和规则。彼得斯从主张人类是遵循规则的动物,到断言

---

① R. S. Peters. Authority, Responsibility and Education[M]. London: George Allen and Unwin Ltd., 1959: 120.
② R. S. Peters. Education as Initiation[G]// R. D. Archambault, ed.. Philosophical Analysis in Education. London: Routledge and Kegan Paul, 1965: 100.
③ R. S. Peters. Education as Initiation[G]// R. D. Archambault, ed.. Philosophical Analysis in Education. London: Routledge and Kegan Paul, 1965: 100 - 101.

什么是"受过教育的人"？——彼得斯教育思想研究

人类的目的通常需要参照社会标准，似乎有一种逻辑上的跳跃；但彼得斯强调社会（人际）规则的客观性，"社会"其实就意味着"人际"。

彼得斯认为人是遵循规则的动物，这意味着存在人际评价规则，而人际评价本身也意味着存在某种标准。在日常使用中，"社会标准"一词指的是"社会可接受的标准"，包括社会群体的风尚或偏见。事实上，如果"没有参照社会标准，那对于大多数人类目的即便是要进行描述都是不可能的"。[①] 依据人类是遵循规则的动物的观点，彼得斯以一套复杂的主张和比喻来描述人类思维中的理性发展，指出：

> 就其重要性而言，我所提出的心智的模式不仅仅是一个模式。柏拉图曾经说过，哲学就是灵魂与自身的对话。同样，对于一位已经发展了立法功能的人，如我所称，他将规则的评估纳入自己的思想，加入到了苏格拉底的理性传统中。这就是为什么把教育工作者视为将原材料制作成终端产品的艺术家，或是照料生长的园丁都是不合适的。[②]

彼得斯提出的心智模式很大程度上是一种对心智的描述。他所说的"不仅仅是一个模式"含有多重意思。一方面，这种模式的逻辑结构是"由内而外"自然发生，是源自他所关心的问题，包括理性的传统、将规则评估纳入心智范畴等。另一方面，彼得斯提出的模式不仅仅是对教育与心智概念的类比。他并不认为艺术家对材料的加工、园丁对作物的培育等与老师对学生思想的影响之间存在相似之处，因为艺术、园艺与教育缺乏自然逻辑联系。另外，彼得斯没有把心智发展问题局限于理性思维（rational mind）的发展。[③] 在后来的著述中他还提到了其他能力的发展问题，例如与智力发

---

① R. S. Peters. Authority, Responsibility and Education[M]. London: George Allen and Unwin Ltd., 1959: 121-122.
② R. S. Peters. Authority, Responsibility and Education[M]. London: George Allen and Unwin Ltd., 1959: 56.
③ P. H. Hirst. Knowledge and the Curriculum[M]. London: Routledge and Kegan Paul, 1965: 30-46.

展有关的情感、态度和欲望等问题。①

（二）心智是社会性发展的产物

心智是人的社会性发展的产物，彼得斯在早期著作中就表达了如是观点。他这样写道：

>……我认为应当把个体的心智发展视为与之相关的社会规则和功能的焦点。②

人是遵循规则的动物，人的"品格（character）"与遵循规则紧密相关。③个体的品格代表其照章办事的独特风格。它"代表了从'公共池塘（public pool）'中提取出来的一种个性化的模式"④。个体的品格特征是内化的社会规则的反映，这些社会规则包括诚实、守时、坦率等。一个人的品格代表着自己的成就，反映了对自己喜好施加规制的方式，这些规则是他作为社会个体存在一开始就被赋予了的。

在《伦理学与教育》中，彼得斯就心智的社会维度作了颇为令人信服的阐述。人是社会性的存在，这是一种必然，因为自出生伊始，他被教授的所有东西都已经包含在他所处的文化或种族的"池塘"中。这个池塘是有限的，但它允许存在与众不同的生活方式，因为人类可以任意将泳池中的元素组合在一起，这种组合在数量上无穷无尽。在池中存在着以前流传下来的所有合乎规则的各种模式。一方面，有些模式可能与其他模式不兼容，有些可能与其他模式相糅合；另一方面，虽然一个人可能只被教授业已存在的东西，但是人们最终学到的可能与以前的规则或模式不一致，因为人可以创造出新事物。

---

① R. S. Peters. Democratic Values and Educational Aims［M］// R. S. Peters. Essays on Educators. London: George Allen and Unwin Publishers, 1981: 33.
② R. S. Peters. Authority, Responsibility and Education［M］. London: George Allen and Unwin Ltd., 1959: 37.
③ R. S. Peters. Moral Education and the Psychology of Character［J］. Philosophy, 1962, 37(139): 40.
④ R. S. Peters. Ethics and Education［M］. London: George Allen and Unwin Ltd., 1966: 57.

由此可见，人并非天生就有思想，心智是一种社会（人际）现象，心智的发展离不开对公共传统的承袭。在学习了科学、数学、历史、文学、宗教、美学等合乎道德的专门的思想和行动之后，这种心理结构得到进一步分化，发展成为更具体的认识模式。根据彼得斯的说法，"受过教育的人"经历过具有充分深度和广度的启蒙，养成了构成心智发展的美德，而且知识面和理解的深度和广度是经过分化的"心智发展的核心"。[1]

二、论心智的发展

"意识"是"心智的标志"，心智的发展就是个体的思维、记忆、感受和意志方式的发展；心智发展的本质是引导个体进入公共对象和传统组成的公共世界。儿童学习社会规则时要做到真正理解，需要"认知—情感"连接。因此，教育应当与这些构成精神生活的心理素质的发展相关。

（一）意识是心智的标志

彼得斯认为人并非天生就有思想；心智的发展标志着一系列个体或种群的成就。[2] 在他看来，婴儿刚出生时，其意识尚未分化成信念、目的或者感受；事实上，他在出生数月之后才意识到母亲是与自己完全不同的独立个体。起初，儿童的思想被形形色色、奇怪无形的愿望所支配，缺乏特定对象；他还不能辨识物体，没有永久性或连续性的概念，也没有对因果关系或"手段—目的"关系的概念，他的意识处于尚未分化的状态。后来随着语言能力的习得，他才得以逐步对周围环境中的物体特征进行识别。孩子提问的顺序通常是："这是什么""在哪里""什么时候发生的""为什么会发生这种事"等。这些问题标志着范畴概念的发展，说明儿童已形成一种包含范畴和概念在内的心理结构。而意识形态的分化"随着这一心理结构的发展而发生变化，并与公共世界中的物体类型和关系有关"[3]。

由于儿童相对缺乏知识和经验，他们的身份对彼得斯而言有着特殊的

---

[1] R. S. Peters. Ethics and Education[M]. London: George Allen and Unwin Ltd., 1966: 46-51.
[2] R. S. Peters. Education as Initiation[G]// R. D. Archambault, ed.. Philosophical Analysis in Education. London: Routledge and Kegan Paul, 1965: 102.
[3] R. S. Peters. Ethics and Education[M]. London: George Allen and Unwin Ltd., 1966: 49.

地位：

> 儿童处于人类与动物王国之间的一个朦胧世界，其思想和成年人的思维方式有很大不同，而且他们是一步一步形成成人形式的经验。①

彼得斯眼中的"成人"不仅意味着生理上的成熟，也表明其满足了社会化发展的某些标准，是具备了"成人形式的经验"的人。而掌握"成人形式的经验"事关引导和训练的问题，与教育密不可分。因此，彼得斯有关心智发展的观点是为了强调这样一个认识，即个体最终理解、感受、思考和渴望的全部内容都是习得而来的。

彼得斯主张"人并非天生就有思想"，这似乎在逻辑上把婴儿归为低等动物。当然这只是一个比喻。人类是经历了社会进化的动物种群。如果说人类的进化进程相当于一把量尺，那新生儿相当于处于从动物进化到人的量尺底层。但是，人类和动物在思维方面不仅仅是在程度上有差别，在种类上也不尽相同，所以这把关于"动物—人"的量尺的运用可能并不恰当。正如乔纳森·贝内特（Jonathan Bennett, 1930— ）在《理性》一书中所言，在量尺一端测量的东西，可能与另一端测量的东西不一样，因为它们是两个不同的尺度②。因此，彼得斯的假设也许只是一种夸张的比喻，用以说明儿童幼稚的天性。诚然，纵使婴儿没有显示出很多发育的迹象，但他依然具有思维，否则这里探讨的应该是思维的创造，而不是思维的发展。另一方面，如果彼得斯所言的"思维"是指"成年人的思维"，那么人们成熟头脑中的大多数"内容"显然都是后天习得的。事实也确实如此。

（二）语言促进心智发展

意识常常被认为是个人产物，尤其"强调个人经验"③。但彼得斯坚持认为，社会事件的影响也是构成意识的重要组成部分。尽管一个孩子可能

---

① P. H. Hirst, R. S. Peters. The Logic of Education[M]. London: Routledge and Kegan Paul, 1970: 30.
② Jonathan Bennett. Rationality: An Essay Towards an Analysis[M]. London: Routledge and Kegan Paul, 1964: 56.
③ R. S. Peters. Ethics and Education[M]. London: George Allen and Unwin Ltd., 1966: 49.

什么是"受过教育的人"？——彼得斯教育思想研究

生来就有初步意识，但这个阶段的意识还没有受到各种社会事件的影响，而这些社会事件的影响是意识构成的重要组成部分。彼得斯写道：

> ……个体意识中的想法和期待是在被传授公共传统（public traditions）之后的产物。公共传统蕴含在语言、观念、信仰、和社会规则之中……意识的对象首先是公共世界中的事物，这些事物正是由个体学习的公共语言标示并区别开来的。①

因此，心智的发展本质上就是个体被引导进入公共对象和传统组成的公共世界。不能接触某种特定语言意味着心智发展会遭遇某种局限。以野人为例，由于他没有接触过人际交往的世界，无法使用公共语言，因而他也无法形成任何系统的概念，从而无法形成人类的心智结构。从这个意义上讲，语言对人的心智发展至关重要。

在彼得斯眼里，生命体验或"令人愉悦"，或"苦难重重"。② 在个体意识的发展过程中，无论个体是否接受教育，都是一种持续的经历，他们要么享受，要么忍受。但这一经历不像人们想象的那样短暂、私密。个体的体验以及对此体验的诠释常常以语言形式体现。其他个体可能会遵循这些体验和诠释规则，以类似于前辈的方式来体验和诠释自己的经历。所以教育的目的就是促使新的个体学习和整合这些规则。彼得斯认为：

> 意识模式的分化与思维体系的发展是同步进行的，它们都与公共世界中的对象和关系有关。最重要的是，意识的对象是在公共世界中被个体习得的公共语言所标记并加以区分的那些对象。③

因此，在某种意义上，个体的体验是由他人准备的，是作为一种社会启

---

① R. S. Peters. Ethics and Education[M]. London: George Allen and Unwin Ltd., 1966: 49-50.
② R. S. Peters. Authority, Responsibility and Education[M]. London: George Allen and Unwin Ltd., 1959: 93.
③ R. S. Peters. Ethics and Education[M]. London: George Allen and Unwin Ltd., 1966: 49.

蒙展现在个体面前。彼得斯认为语言很大程度上就是这种启蒙的载体,因为儿童做的首要之事就包括学习一门语言。在学会说话的同时,他们也学会了挑选事物,并将它们分类,而这是人类祖先花了千万年才学会的。如果没有社会化的训练,儿童可能学不会走路,更不用提学会说话。

人类祖先的丰富经验被纳入人生早期阶段"学习语言的过程之中"[①]。一方面,儿童早期的成长过程无疑是复杂的。在儿童学习说话时,大部分时间需要在社会交际中进行训练,但同样的道理是否也适用于学习走路值得商榷。儿童可以通过模仿、反复试验来学会走路,可能只是在保持平衡时需要外界帮助。然而,这不是严格意义上的"训练":儿童学习走路,并不是通过"操练"或"指导",而是通过"示范"和"辅助"习得。另一方面,语言的形成并非轻而易举,它经历了犯错、纠正、替换等漫长过程,在历经数世纪的反复试验之后,化繁为简,"传统、历史和文化得以发展壮大"。[②]

(三)学科启蒙的作用

教育是一种审慎的活动,它必须关注接受教育之人的心智发展,并且促进其心智发展。在教育活动中,不同的学科反映了人类经验的公共性一面,因此在很大程度上,它们也是思维发展的关联要素。从这一层面看,心智的发展似乎本质上是智性的。

教育过程离不开教育内容,了解传统的学科内容可以促进语言或概念的日益分化,使学习者进一步认识世界。同时,学习者要带着批评的态度接触这些内容,而对传统学科进行谨慎的、批判性的思考离不开形式标准。而要真正理解这些标准的价值,并把这些标准付诸实践,就必须融入这些传统的学科内容。彼得斯指出:

> 缺乏批判对象的批判性思维是空洞无物的。有多少门学科,就有多少种"批判性思维"。对于像科学、历史、哲学等不同的思维模式,若

---

① R. S. Peters. Authority, Responsibility and Education[M]. London: George Allen and Unwin Ltd., 1959: 98.
② R. S. Peters. Authority, Responsibility and Education[M]. London: George Allen and Unwin Ltd., 1959: 97.

要把握问题的特殊性,就必须先掌握这些学科的内容。①

显然,按照彼得斯的观点,"批判性思维"并非抽象的一般技能,而是可以应用于各种学科领域。而且,就批判性思维而言,缺乏批评的内容是盲目的,而没有内容的批评是空洞的。

另外,彼得斯认为学科启蒙要先于心智发展,因为前者"暗示了心智发展规律"②。这一论断似乎表明学科启蒙是促进心智发展的唯一途径,这是有问题的,因为它排除了心智发展可能存在其他促进因素的可能性。事实上,学科启蒙并不是促进心智发展的唯一途径。对此,艾略特(R. K. Elliott)指出,心智发展是心智能力的发展,它在没有任何系统学科学习的情况下也可能发生。③ 斯克利文(M.Scriven)则认为心智的基本品质属于一般技能,这些技能使儿童能对问题进行评估,能真正有效地与人沟通。斯克利文指出,"为了在社会中生存下去",人们需要了解"不同学科的共同部分,而不是注重所学学科的数量"。④

(四)认知-情感连接

在个体所学习的语言和传统中,通常所说的思想(知识和理解的认知方面)和情绪(情感方面)之间有着一种不可分割的逻辑联系。彼得斯认为,由于这种认知-情感关系属于一种逻辑关系,因此把"发展"(development)分为"智力"发展、"社会"发展和"情感"发展的观点是站不住脚的。⑤ 学习一门语言,学会理解其中的含义,学会对它进行诠释,坚定自己的立场,这些都是"真正理解"事物的不可或缺的一部分。因此,儿童的学习既包含了"认知"(cognitive)的一面,也包含着"情感"(affective)的一面,亦即"感受"

---

①② R. S. Peters. Ethics and Education[M]. London: George Allen and Unwin Ltd., 1966: 53-54.
③ R. K. Elliott. Education and Human Being[G]// S. C. Brown, ed.. Philosophers Discuss Education. London: Macmillan Press Ltd., 1975: 50.
④ M.Scriven. Education for Survival[G]// M. Belanger, D. Purpel, eds.. Curriculum and the Cultural Revolution. Berkeley: McCutchan Publishing Corporation, 1972: 172.
⑤ P. H. Hirst, R. S. Peters. The Logic Of Education[M]. London: Routledge and Kegan Paul, 1970: 49-51.

(feeling)的一面。① "真正理解"意味着谨遵规则和标准,体现了人的情感发展。因此,"真正理解"需要认知-情感连接。正如彼得斯所言:

> ……苏格拉底的观点充分表明,如果一个人不追求善,或者对善不觉得有吸引力,那么他对善并没有真正理解。②

也就是说,人们一旦掌握了某一特定观念或者成为某种生活方式的参与者,那些内置的标准、程序和态度就将取而代之,人们也将不仅仅是嘴上谈论该观念或是生活方式,而是身体力行,将其付诸实践。

但是,这并不意味着"受过教育的人"会永远恪守自己学过的规则。这是因为学习的内容既包括知识和理解,也包含着认同;然而认同会发生变化,甚至是根本改变,但这并不会影响到个体受过教育的事实。在学习语言和思考的过程中,学习者会忠于这些语言和思维的模式,并且坚守这些模式中包含的伦理规范,无论这些规范体现的传统是批判性思维、种族偏见还是其他。在使用语言进行口头表达和思考时,学习者针对不同环境产生不同反应,而且基于这些反应的内容以及对这些反应的理解,会体验到不同的情感,并对已有的认同进行修正。这一点我们可以从德雷(W. H. Dray)与彼得斯就使徒保罗(Saint Paul)③的一次学术对话④中探知。

德雷指出,使徒保罗在从耶路撒冷去往大马士革的路上皈依了基督教,那颠覆自己的背景、放弃自己的文化传统之人是否可以被认为是"丢掉了"教育?彼得斯的回答是:"受过教育的人"必须坚守某些标准,但他不一定会

---

① R. S. Peters. Ethics and Education[M]. London: George Allen and Unwin Ltd., 1966: 146-147.
② R. S. Peters. Ethics and Education[M]. London: George Allen and Unwin Ltd., 1966: 146.
③ 使徒保罗(Saint Paul)本来是犹太教徒,为了维护犹太教的信仰而四处追捕刚刚兴起的基督徒。在一次前往大马士革追捕基督徒的行动中,保罗遇见了神迹,被复活的耶稣感动而皈依基督教成为基督徒,并且成为向非犹太人传扬福音的宣教士。
④ 指德雷针对彼得斯的《教育的目标:概念探究》撰写的驳论以及彼得斯的回应,两文收录在彼得斯编著《教育哲学》(1973)中。参见: R. S. Peters. Aims of Education: A Conceptual Inquiry[M]// R. S. Peters, ed.. The Philosophy of Education. London: Oxford University Press, 1973.

什么是"受过教育的人"?——彼得斯教育思想研究

永恒不变地遵守他所学的每一条规则。他所学的知识有时会排斥异己,甚至可能在不"丢掉教育的情况下对自己的文化倒戈相向"①。

彼得斯认为,使徒保罗面对炫目的宗教光芒、听到光芒背后的召唤之声时,已经背弃了自己对传统的一些认同,但同时又拾起另一些令他无法拒绝的认同。这些不能拒绝的认同包括他"用眼睛看到"或"用耳朵听到"的事实,这表明某些人所声称的"宗教经验"对他产生了强烈的情感上的影响,而且他们在"描述宗教经验"时所使用的语言与保罗描述自己面对炫目的光芒和声音时所用的语言相仿。面对闻其声不见其人的情景,他肯定也有过疑虑。但是,念及自己的所见所闻以及之前的认同,他无法不相信那些宗教主张:所以他最终"皈依"了新的宗教,并且严守这种宗教的思维方式。使徒保罗仍旧是"受过教育的人",因为他仍然能够正常生活,只是有一部分认同以及先前认为重要的东西被改变了些许罢了,而且他可以给出发生改变的理由。为了现在的信仰他对已有规则进行修正,与其说他放弃了一些原则,倒不如说他是在用更符合实际经验的规则来替代原有规则。

德雷进一步提出疑问:犹太人会不会质疑使徒保罗是"受过教育的人"呢?彼得斯答道:

> ……我也不确定。这取决于犹太人对灌输(indoctrination)的信奉程度,是否对灌输有着坚定不移的信念。②

彼得斯的观点是,如果使徒保罗在皈依之前表明自己受过教育,那么皈依与否并不会影响到他所受教育的状态;而且,如果犹太人对灌输深信不疑,那么他们对使徒保罗在皈依之后所受教育的质疑更加表明他们得到的是灌输而不是教育。③

---

① R. S. Peters. Aims of Education: A Conceptual Inquiry[M]// R. S. Peters, ed.. The Philosophy of Education. London: Oxford University Press, 1973: 22.
②③ R. S. Peters. Aims of Education: A Conceptual Inquiry[M]// R. S. Peters, ed.. The Philosophy of Education. London: Oxford University Press, 1973: 26.

第三章 彼得斯论"受过教育的人"之教育

"受过教育的人"必须遵守许多规则,并且能够根据这些规则检省自己的期望值,保持行为合乎规矩。通常情况下,这些规则是前后连贯的,不会让根据规则发出的行为在逻辑上自相矛盾。但是,根据当下的体验所发出的行为还是可能有违预期,比如使徒保罗的例子就是如此。保罗面对炫目的宗教光芒,要么放弃皈依新宗教的行为,要么放弃不允许他皈依新宗教的规则。在这一对抗的过程中,保罗遵从了后者,他通过调整旧规则维持了一种平衡。古德曼(Nelson Goodman)指出,如果规则引发了令人不愿接受的行为,它就会得到修正;如果行为违反了不愿被修改的规则,它就会被拒绝。① 因此,保持不变其实也是缺乏教育的一种状态。

小　结

教育需要遵循人的身心发展规律并且有目的、有计划、有组织地系统进行。本节主要讨论了彼得斯对人的行为、心智以及心智发展的看法,以便探讨彼得斯关于教育的心理学依据的观点。

在心智的本质问题上,彼得斯反对机械主义和激进行为主义的观点,认为人的行为不是简单的机械定律的产物,也不是纯粹外部环境刺激的产物,而是依赖于知识以及由知识引起的意图。人类行为与遵循社会规则密切相关;人的心智是人的社会性发展的产物。

彼得斯指出,"意识"是"心智的标志"。心智的发展就是个体的思维、记忆、感受和意志方式的发展,因此,教育应当与这些心理素质的发展相关。心智发展的本质是引导个体进入公共对象和传统组成的公共世界。首先,语言是心智发展的载体。如果个体没有接触过社会,不能使用公共语言,就无法形成概念系统,也就无法形成人类的心智结构。其次,儿童学习的内容对心智发展有很大的影响。学习要做到真正理解,而真正的理解需要"认知-情感"的连接。也就是说,如果个体理解掌握了某一特定观念,就会形成内置的标准和态度,不再是言语上说说,而是会身体力行、付诸实践。

---

① Nelson Goodman. Fact, Fiction, and Forecast[M]. New York: The Bobbs-Merrill Company Inc., 1965: 64.

在上述讨论中,彼得斯将一些心理学术语纳入其中,认为学习内容应当包括学科知识以及社会规则。然而,对于"社会规则"在学习中的地位和意义,彼得斯着墨不多,只是对"规则"本身的性质及其对学习者的作用略有所及。也许彼得斯的目的并不是要建构一整套学习理论,而是要区分影响心智发展的诸多因素。

第三节 教育即启蒙

彼得斯就任伦敦大学教育学院教育哲学讲座教授时,发表了题为《教育即启蒙》①的就职演说,阐述了他心目中理想教育的应然模样。"教育即启蒙"高度概括了彼得斯对教育的整体看法。

一、什么是启蒙

在彼得斯所处的时代,社会教育风气错误地强调为了实现自我的教育而忽略了通过道德尊重进行的教育。有鉴于此,彼得斯提出"教育即启蒙"来表达自己对教育的看法。

(一)启蒙的含义

英文"启蒙"(initiation)的字面意思是"开始"。正如索尔蒂斯(J. Soltis)所言,彼得斯所指的"启蒙",并非指教育方式,而是一种概念,它提供了在教育标准的框架内看待教育的一种方式。② 彼得斯承认,"启蒙"一词源自迈克尔·奥克肖特(Michael Oakeshott)的教育哲学。奥克肖特认为,学习是成为人类一员的必要条件,这种学习需要与文化传统"对话",以了解人类境遇。③ 对奥克肖特来说,教育就是启蒙个体参与这种对话的过程。

---

① 这篇就职演说一开始收录在 R. D. Archambault 主编的《教育哲学分析》(1965)一书中,后来被拆成两部分收录于《伦理学与教育》(1966)中,即该书的前两章;前后内容大体一致。
② J. Soltis. Education as Initiation by R. S. Peters[J]. Studies in Philosophy and Education, 1966-1967(5):189.
③ T. Fuller. Foreword and Introduction[M]// M. Oakeshott, ed.. The Voice of Liberal Learning. Indianapolis: Liberty Press, 2001.

在中小学校和大中院校进行的教育,必须启蒙年轻人参与到由人类认识(包括艺术)的语言组成的隐喻式的对话中去;这些语言与实用经验是严重脱节的。① 彼得斯对奥克肖特的自由教育哲学不乏批判之辞,批评其对职业知识过分强调;② 但彼得斯认为"启蒙"一词十分契合,它以积极、有意义的方式表达了教育概念背后的规范标准。

彼得斯把教育称为"启蒙",即启蒙个体进入有价值的活动、思维模式和行为。"教育"一词具有规范性含义。③ 当个体被引导进行一系列活动时,如果他积极参与其中,就相当于接受了教育。彼得斯还对广义和狭义的"教育即启蒙"的概念进行了区分。将教育比作一般意义上的启蒙,是把教育归于思想和意识形态的一部分;具体意义上的"教育"则意味着传递有价值的信息,而且还意味着知识和理解的拓展。当然,"启蒙"也有可能传递一般人认为没有价值之事,比如"魔鬼崇拜"。④

彼得斯非常谨慎地采用启蒙的类比作为其教育思想系统的核心部分,他这样写道:

> 儿童一开始像是门外的野蛮人。问题的关键在于如何引导他们进入文明的堡垒,这样在他们到达堡垒之时,就能理解和爱上他们所看到的一切。⑤

值得注意的是,彼得斯在此提供了一个类比,并未给教育下任何定义,也没有给出任何具有综合性质的描述,只是把教育描述为一种接受引导而进行有价值活动的过程。在这里,"引导"和"有价值"与社会现实有关,与体现在"语言、概念、信仰和社会规则中的公共传统"有关。因此,教育的价值在于

---

①② K. Williams. 'Vision and Elusiveness in Philosophy of Education: R. S. Peters on the Legacy of Michael Oakeshott'[J]. Journal of Philosophy of Education, 2009(43): 224.
③ R. S. Peters. Ethics and Education[M]. London: George Allen and Unwin Ltd., 1966: 25.
④ R. S. Peters. Ethics and Education[M]. London: George Allen and Unwin Ltd., 1966: 55.
⑤ R. S. Peters. Education as Initiation[G]// R. D. Archambault, ed.. Philosophical Analysis in Education. London: Routledge and Kegan Paul, 1965: 106-107.

使学生进入这些传统所体现的"思想和意识形态"①,并经受公众监督的考验。

在彼得斯看来,教育几乎等同于启蒙,两者的根本区别在于:教育意味着启蒙个体接触有内在价值的活动;②启蒙则基本上可以针对任何活动,无论是极为具体的活动,还是包含广泛认知内容的活动,抑或是纯粹的娱乐活动。奥克肖特则不同,认为启蒙必须与具有价值的人类认识进行对话。这些对话并不一定符合彼得斯所设想的那些具体的标准。③ 不过他们均认为教育的价值存在于隐含的标准、原则和价值之中,只是这些价值并不是教育所能提供的。接受教育就是要沿着这条艰难的道路前进,去关心和理解沿途的价值。正如彼得斯所说:

> 受教育不是为了到达目的地,而是为了带着不同的视角去旅行。④

教育作为启蒙,意味着个体一旦被引导进入各种知识形式,基于这些知识形式的内在价值,个体将会获得动力去追寻相关主题的更深层次理解。如果缺乏这种启蒙,个体就难以获取对相关主题的基本理解,遑论深刻理解。一般而言,如果个体在学校学习科学或历史,通常就有可能获得对科学或历史的深刻理解;不过,这并不意味着经过学校学习就一定可以获得科学或历史的深度知识。有的人尽管上过学,但仍然可能对历史或科学没有产生任何深刻理解。在这种情况下,启蒙是一种失败的尝试。

(二)"塑造""生长"不是"启蒙"

为了进一步澄清"启蒙"的含义,彼得斯把"启蒙"的概念与"塑造"(moulding)、"生长"(growth)的概念做了区分。

---

① R. S. Peters. Education as Initiation[G]// R. D. Archambault, ed.. Philosophical Analysis in Education. London: Routledge and Kegan Paul, 1965: 107.
② R. S. Peters. Ethics and Education[M]. London: George Allen and Unwin Ltd., 1966: 29.
③ K. Williams. Vision and Elusiveness in Philosophy of Education: R. S. Peters on the Legacy of Michael Oakeshott[J]. Journal of Philosophy of Education, 2009(43): 223-240.
④ 原文:"to be educated is not to have arrived at a destination; it is to travel with a different view". 参见 R. S. Peters. Education as Initiation[G]// R. D. Archambault, ed.. Philosophical Analysis in Education. London: Routledge and Kegan Paul, 1965: 110.

对于"塑造"这一教育范式,彼得斯是刻意回避的,他认为"塑造"一词掩盖了教育所涉及的内在观点的改变,与真正的教育过程不相一致。[①]"塑造"是经验主义或行为主义的观点,类似于洛克学派所谓的"白板(blank slate)"说,模糊了内在意识转变这一必要因素。如果没有内在意识的转变,"启蒙即教育"就不能恰如其分地存在。

彼得斯亦不认同以卢梭为代表的"生长"教育模式。"生长"的概念暗示了教育过程中的非外部因素:内在潜力的不断发展。这种以儿童为中心的教育模式把教育比作一种自动发生的心理过程;在此过程中,学习者朝着理想的方向自然成长。但是,这理想的方向本身就虚幻缥缈。彼得斯也批评这种模式下的儿童教育是基于软弱无力的心理学理论,缺乏客观标准来决定有价值的内容,亦缺乏对儿童的社会实践进行引导。

彼得斯之所以倾向于使用"启蒙"一词来描述教育的过程,原因在于这一术语不包含达成外在目的的含义,并能表明个体是被引导着进入社会实践,这是彼得斯所认为的与教育密不可分的过程。引导个体接触有价值的活动就是接触有内在价值的活动,这是因为这些活动的内容有价值,值得被传递下去。另一方面,彼得斯所认同的教育当然也会带来一些外在好处,他本人也不否认存在这些外在价值,但他认为外在好处经常是非工具性教育的副产品。换言之,当一个人为了教育而接受教育、并接触有价值的事物或认知内容时,这种外在价值会自动产生。

二、教育需在启蒙的意义上进行

彼得斯提出了教育活动必须遵循的标准,反对把"教育"降格为某种活动、成就或目标,认为把教育等同于"训练"或"指导"是不恰当的。另外,"启蒙"意义上的教育是艰难的,启蒙的前提是进行有价值的活动、关注人类的整体处境,目的是要引导个体进入公共世界。

[①] R. K. Elliott. Richard Peters: A Philosopher in the Older Style[G]// D. E. Cooper, ed.. Education, Values and Mind: Essays for R. S. Peters. London: Routledge and Kegan Paul, 1986: 19-26.

什么是"受过教育的人"?——彼得斯教育思想研究

(一)教育的标准

"教育"并非能泛指各种类型的活动或过程;相反,"教育"要为活动或过程制定必须遵循的标准。① 彼得斯在《教育即启蒙》中指出,现实生活中人们常常对真理、善的生活等概念产生误解,存在各种五花八门的解释;教育的概念同样面临类似问题。彼得斯认为"教育"是相当模糊的概念,很容易被误读。在《教育即启蒙》中,彼得斯就教育概念的本质问题指出:

> 人们所谈论的"教育目的",很大程度上是对"教育"概念的误解。……我的观点是,"教育"的概念并非要规定某种特定类型的过程如培训,也不是要规定某种活动如讲课;相反,它暗示了培训等活动必须遵守的标准,其中之一就是应该传递有价值的东西。②

从这一表述可以看到,教育的标准实际上蕴含了有价值的教育过程和活动必须遵循的客观标准。只有达到这些标准的教育活动才能给受教育的个体传递真正有价值的教育内容,才能真正培养出"受过教育的人"。具体而言,彼得斯认为教育涉及三个标准。

第一,内容标准。教育启蒙学习者学习有价值的东西,"必须传递有价值的内容"。③ 照此标准,是不是只要某种活动有价值,就可以成为教育所指的启蒙活动呢? 事实并非如此。彼得斯认为,学习者所学的内容必须真正有价值,也就是必须具有内在价值。虽然启蒙个体学习有价值的内容是教育的必要条件,但它并非充分条件,还有其他因素需要考虑。仅仅认为一项活动有价值并不意味着这项活动真的有价值。

第二,认知标准。学习者必须学习大量广泛的知识,而这些知识不局限于狭隘的专业领域。知识的深度固然重要,但是认知的广度同样不可或缺。

---

① R. S. Peters. Ethics and Education[M]. London: George Allen and Unwin Ltd., 1966: 25.
② R. S. Peters. Education as Initiation[G]// R. D. Archambault, ed.. Philosophical Analysis in Education. London: Routledge and Kegan Paul, 1965: 17.
③ R. K. Elliott. Richard Peters: A Philosopher in the Older Style[G]// D. E. Cooper, ed.. Education, Values and Mind: Essays for R. S. Peters. London: Routledge and Kegan Paul, 1986: 17.

第三章 彼得斯论"受过教育的人"之教育

彼得斯强调的是追求知识的形式和广度，不仅要使个体知道事物是什么样，也能够理解事物何以如此。通过学习知识和了解缘由，个体得以把这种思维方式和学到的知识运用到日常生活的其他领域中去。科学、数学、古典文学等学科知识具有内在价值，因为它们涉及人类处境的永恒真理问题。接受教育意味着个体不仅要关心有价值之物，而且必须拥有相关的知识和理解。这样的知识不能狭隘地专门化，而是要在广度和深度上有深刻认识。

第三，程序标准。在学习真正有价值的内容时，必须培养对所学知识的非工具性的态度。教育过程必须让学习者自愿参与其中，让他们真正关注和理解，排除在道德上尚存争议的程序，如"教条灌输""条件制约"[①]等。

教育概念的上述形式标准意味着教学和学习须包含实质性内容。诚然，标准设立了正确使用概念的边界或基本规则，但从中并不能获取该概念的具体内容。例如，在日常生活中何时、何地、为何需要应用这一概念呢？我们为何要按照这些标准来过一种受教育的生活呢？这就带来教育合理性的问题。如果从全面的角度看待这些标准，那么可以看到历史、科学或数学等所谓有价值活动的目的所在，也可以看到这些学科为何对学习者而言有价值。换言之，教育的概念不仅详细描述了任何教育活动所必须追求的标准，也开启了一种可能性，即在教育他人之时，自己能积极感受到所从事工作的本质。

教育的内容标准规定个体必须关注真知及真理，致力于追求有价值的事物。只有这样，个体才能对教育的内在本质持非工具性的态度。这种态度不仅贯穿于思想和品格的发展过程中，也贯穿于智力训练之中。另外，人们可能对哪些是有价值的教育活动持有异议，但对于真正的教育事业而言，任何教育活动都必须有"广泛"的认知内容，这就是认知标准。在彼得斯看来，这些教育活动恰好是各类传统和思想的形式，如历史、数学、哲学等。如果把教育当作形式上的教导，那就会是强调认知标准；如果教育以成长为中心，则是强调程序标准。[②] 对于任何一项教育活动，都可以根据这些标准进

---

① R. S. Peters. Ethics and Education[M]. London: George Allen and Unwin Ltd., 1966: 25.
② R. S. Peters. Ethics and Education[M]. London: George Allen and Unwin Ltd., 1966: 46.

行评判。

彼得斯将这些标准结合在一起称之为"教育即启蒙"。就教育过程的标准而言,学习内容领域的准则对教学理论和学习理论都有一定影响。显然,教师必须确保学生该学的要学,并且确保当下所学不会妨碍将来所学,还要确保各门学科的评价规则得到清晰诠释和贯彻执行。这意味着:

> 如果在知识传递过程中学习者缺乏主动性、自愿性,那么"教育"至少要把这部分知识传递排除在外。①

主动性和自愿性是知识传递过程是否具有教育意义的决定因素。如果儿童缺乏主动性,那么他得不到知识;如果缺乏自愿性,那他就成不了学习活动中的参与者。彼得斯认为教师必须遵循"公平、自由和尊重孩子的原则"②,否则他就称不上是教育工作者。彼得斯也反对把"灌输和制约"作为教育方法。反对制约,是因为它只能修正行为,不能"带来知识和理解"③。制约强调的是循规蹈矩,而非基于知识的明智行动。反对灌输,是因为它有悖于发展批判性思维。彼得斯指出,教育不但包含内容与目标,也包括方法与过程。这些方法和过程蕴涵着如何对待儿童的各种原则。在处理与儿童的关系时应重视诸如公平、自由、尊重他人等原则,拒绝灌输与技能训练。④ 因此,任何一位致力解决教育问题的教师,都须深入学习道德哲学与社会哲学的问题,研究关于"教育"及相关概念的分析问题,这有助于说明需要得到解答的道德问题。

(二)启蒙意义上的教育是艰难的

启蒙的过程绝非易事。教师面临的实际任务是激励学生参与到启蒙的

---

① R. S. Peters. Ethics and Education[M]. London: George Allen and Unwin Ltd., 1966: 45.
② P. H. Hirst, R. S. Peters. The Logic of Education[M]. London: Routledge and Kegan Paul, 1970: 15.
③ R. S. Peters. What is an Educational Process? [M]// R. S. Peters, ed.. The Concept of Education. London: Routledge and Kegan Paul, 1967: 12-14.
④ P. H. Hirst, R. S. Peters. The Logic of Education[M]. London: Routledge and Kegan Paul, 1970: 40-41.

过程(即艰苦的学习)中去。然而,教师不能强迫学生学习;学生必须自觉行动起来,这并非易事。彼得斯指出:

> 其实那些标记文明生活的各种思想行为模式和活动是很难被掌握的,要隐瞒此事实等于白费力气。这也是为何教育工作者所面临的任务如此艰巨。①

纵使启蒙学习者开展有价值的活动是一项艰巨的任务,教育者还是有许多工具可以支配。至于是否需要诉诸外在动机,比如通过奖励或惩罚来让学生积极参与,需要考虑到惩罚可能会破坏人际关系,而良好的人际关系对学习至关重要。另一方面,如果通过外在激励因素,例如利用教师的魅力来吸引学生,又容易使学生盲目地追随老师、变得依赖老师。

外在动机也许可以有效地让学生参与学习、按时出勤或完成任务。但是,处于这种情况下的学生可能从未真正进入到学习活动中,难以达到教育的标准。仅靠外在的学习动机很难使学生触及深刻理解教育活动的内在价值,可能仅会看到"知识和理解的工具性价值"②而已。

再者,类似对学习的渴望、对活动固有的善等内在动机也将难以实现。例如,在学习的初始阶段,如果学生不了解特定活动的内在价值,如何能激起他的学习兴趣、令他产生学习动机呢?毕竟,在接受启蒙之初,学习者很难对活动内在价值的吸引力产生共鸣。另外,如果过分强调学习和活动的吸引力,可能会导致"学生痴迷于学习成绩"③。

促进学习的具体做法并没有固定模式。无论教师使用何种手段,这些手段的应用都必须符合教育的标准,遇到具体情况也需要教师仔细判断,对学习经验进行及时的总结和概括。

---

① R. S. Peters. Education as Initiation[G]// R. D. Archambault, ed.. Philosophical Analysis in Education. London: Routledge and Kegan Paul, 1965: 107-108.
② R. S. Peters. Education as Initiation[G]// R. D. Archambault, ed.. Philosophical Analysis in Education. London: Routledge and Kegan Paul, 1965: 109.
③ R. S. Peters. Education as Initiation[G]// R. D. Archambault, ed.. Philosophical Analysis in Education. London: Routledge and Kegan Paul, 1965: 110.

(三) 启蒙关注公共世界

教育过程是受教育者学习社会规则(如法律制度、礼仪规则以及社会普遍接受的道德原则等)和客观标准(例如检验假设的客观规则)的一种过程。在此过程中,受教育者逐渐被启发和引导进入"客观的公共世界"(impersonal public world),并成为其中一分子。

1. 公共世界的性质

彼得斯认为教育是一种启蒙活动,目的是启发和引导个体进入公共世界。这个世界经过精挑细选、充满社交技巧,是根据语言和概念构筑起来的公共世界,并由支配意图和交流规则精心组织起来。公共传统铭刻在公共语言之中,客观的常规体现在公共传统和思维模式、公共形式的思想、意识和生活之中。

公共世界属于意识的范畴。在彼得斯看来,意识的对象是处于被公共语言标记并区分的公共世界中的对象。[①] 学习语言和发现公共世界中的意识对象这两种行为在时间和空间上同时进行。个体对这个公共世界发表特定而独有的观点,从特定角度看待这个世界,这就是他所感知的、与他成长密切相关的、刻着他个人风格和存在方式的公共世界。随着他的成长,他对公共世界的理解也随之增加。

人类的语言能够挑选和创建特有的公共世界。与拥有丰富广泛词汇量的人相比,仅拥有有限词汇量及符号结构的人实际上生活在一个截然不同的世界。[②] 由目的、标准、感受和信念构成的世界观浓缩在语言之中。探索世界与学习语言之间的关系就像做算术题一样,寻找数字之间的关系相当于在探索世界、学习一门新语言。人们在对话时,关键点在于创造一个共同的情境,这样大家都能带着自己独特的贡献参与到这一共享的体验中去。提供自己的私人经验给"公共池塘"(public pool),有助于达成更好的理解。由此,人们在人际交往过程中建立起一个共享的世界,这个世界的构成来自

---

① R. S. Peters. Ethics and Education[M]. London: George Allen and Unwin Ltd., 1966: 50.
② R. S. Peters. Ethics and Education[M]. London: George Allen and Unwin Ltd., 1966: 52-53.

他们的"共同经历、共同创造的知识储备以及相互交织的私人信息"①。

彼得斯眼中的"客观公共世界"并不等同于"现实世界"(real world)。现实世界是可感知的世界,是人脑之外的客观世界;事物及其相互联系都是存在于现实世界中。公共世界是一个关于人际评价和传统规则的世界;由于可以相互评价,它也是一个有目的、标准、情感、信仰、语言和概念的世界;学科知识和理解也是这个世界的一部分。随着人际评价能力的发展,公共世界也随之发展;它是个体的意识中心(即"头脑")所感知的世界。

彼得斯还谈到"私人世界"(private worlds)②以及由不同个体创造的"共同世界"(a common world)③。不同的个体身上都带有自己独特的历史痕迹,对世界的看法也迥然不同。个体"符号结构"的差异与词汇的差异密切相关。以工人阶级和白领为例,他们生活在不同的世界里,因为"拥有的语言和概念各不相同"④。个体都有一个私人的、属于自己的世界,它的边界在逻辑上受限于他拥有的语言的边界。私人世界里所有可以进行人际评价的事物结合在一起就构成了共同的世界(即多个私人世界的融合体)。透过独特的私人世界,每个个体都发现自己与共同世界有着特殊的关系,这种关系指向每个个体对世界的独特看法。

2. 教育与公共世界

在引导儿童进入公共世界的过程中,教育工作者起着非常重要的作用。代代相传的信息对于文明的延续至关重要。教育工作者的主要职责之一就是传递这一人类遗产的无价之宝。

教育工作者犹如生活方式的继承人。生活方式由一系列程序和原则规定,随着知识和经验的积累而改变。一方面,教育工作者必须完好无损地传递过去的智慧,同时也必须传递一种心态:"追求真理至上,允许制度顺应环

---

① ② P. H. Hirst, R. S. Peters. The Logic of Education[M]. London: Routledge and Kegan Paul, 1970: 94.

③ R. S. Peters. What is an Educational Process? [M]// R. S. Peters, ed.. The Concept of Education. London: Routledge and Kegan Paul, 1967: 21.

④ R. S. Peters. Ethics and Education[M]. London: George Allen and Unwin Ltd., 1966: 52-53.

境变化作出调整"。① 另一方面,教育工作者不仅传递静态的传统,还要传递经验主义传统。彼得斯认为传统习俗不应该被认为是理所当然的,它们必须受到经验的测评并被证明是正确的,否则有些错误和不公正现象可能世世代代被延续下去。因此,传统习俗在接受经验的批判和审查时,那些"非理性和自我延续的教条有如裹上了一层易碎的外壳"。②

就个体的学习领域而言,彼得斯对客观公共世界的限定描述了需要学习的内容,并提供了大量材料供教育工作者选择。例如,彼得斯对科学学科做了这样的描述:学习者必须学习概念,如"重力""力"等;也要学习必要的验证程序,如"做实验、观察"③等。这些内容对公共传统或话语体系中的人都是开放的。然而,在逐步掌握相关思维模式的过程中,个体学习者自己会发现一片新的公共世界,其程序和价值观具有认知内容,而且这些认知内容的价值具有独特性。人们必须从自己的角度(并与发展中的理性相适应)来理解学习活动的价值,如此才能"对公共世界作出独特贡献"。④

在教师和学生一起参与探索公共世界之时,教师比学生更熟悉它的轮廓,并能熟练运用各种工具揭示其中的奥秘、鉴别其中的细微差别。彼得斯认为,客观经验的形式和思想的相关素质是"千百年来通过复杂的语言结构、社会机构以及传统习俗的逐步细化而为人们所掌握的"⑤。换言之,人们接受这些形式和素质,完全是借助于理解和认识它们所扎根的复杂的非自然世界。教师帮助学生按照严格的原则探索并分享公共世界,其轮廓早已被前辈勾勒出来,是一种公共遗产。若要按照传统中暗含的原则接触独特形式的知识,那么就等于打开了通往"更广阔更多样遗产"⑥的大门。而且:

---

① R. S. Peters. Authority, Responsibility and Education[M]. London: George Allen and Unwin Ltd., 1959: 105.
② R. S. Peters. Authority, Responsibility and Education[M]. London: George Allen and Unwin Ltd., 1959: 104.
③ R. S. Peters. Education as Initiation[G]// R. D. Archambault, ed.. Philosophical Analysis in Education. London: Routledge and Kegan Paul, 1965: 103.
④ R. S. Peters. Ethics and Education[M]. London: George Allen and Unwin Ltd., 1966: 50.
⑤ P. H. Hirst, R. S. Peters. The Logic of Education[M]. London: Routledge and Kegan Paul, 1970: 77.
⑥ R. S. Peters. Education as Initiation[G]// R. D. Archambault, ed.. Philosophical Analysis in Education. London: Routledge and Kegan Paul, 1965: 103.

……对于那些深入这种思想的内部、精通其精华、并以此勾勒公共世界的人,从某种程度上说就是发生了根本转变。①

教育的重点就在于启蒙个体进入由特定语言和概念规定的公共世界,并且鼓励他们参与探索贴着更为差异化意识形式标签的领域。

三、教育的过程

教育即启蒙意味着受教育者是逐渐被启发和引导进入客观的公共世界,并成为其中一分子。那么,这种教育的应然状态是怎样的?它是如何进行的呢?

（一）教育是目的与手段的合一

教育没有特定的过程或教学法,但是它有教育过程必须遵循的框架。教育实践和教育政策不可能简单分解为"手段"和"目的";教育手段与教育目的紧密相连。任何教育活动的目的其实都是"内置"的,在一定程度上已经涵盖在"教育即启蒙"的思想里。

按照彼得斯"教育即启蒙"的观点,教育目的与手段是一体的。"教育目的"就是启蒙人们从事有价值的活动,使他们对世界有更深刻的反思。在这种用法上,"教育目的"的措辞似乎是多余的,因为它似乎说明的是"教育的标准"。尽管如此,在教育实践中,当教育机构偏离教育过程应该遵循的标准时,这种措辞还是能起作用的。彼得斯举例说,假设某位官员想把学校改造成技术或职业培训场所,那么"诉诸教育目的可以重塑教育与内在价值之间的联系,因为政策制定者在学校改革的热情中可能已经忘记这一点"②。

彼得斯运用概念分析方法对"目的"的概念进一步分析,认为教育目的往往会重视教育过程中的某一特定方面,原因可能是该方面受到了某种忽视。有时必须提及各个教育目的以"强调教育的不同方面"③。"目的"的这

---

① R. S. Peters. Ethics and Education[M]. London: George Allen and Unwin Ltd., 1966: 51.
② R. S. Peters. Aims of Education: A Conceptual Inquiry [M]// R. S. Peters, ed.. The Philosophy of Education. London: Oxford University Press, 1973: 21.
③ R. S. Peters. Aims of Education: A Conceptual Inquiry [M]// R. S. Peters, ed.. The Philosophy of Education. London: Oxford University Press, 1973: 20.

种用法是教育概念的衍生品,而不是要规定教育的表现形式。

尽管"教育即启蒙"的概念表明了目的与手段合一的标准,但没能解释为什么像教育这样的概念需要把手段和目的结合在一起。如果一个人想致富,他可以有许多致富的途径,例如买彩票、抢银行或者靠自己的努力白手起家等,但这些致富途径并非一定符合"富有"的规范标准;受教育亦是如此。所以,如何确保"受过教育的人"的标准与"受过教育的人"的形成过程的标准是相同的呢?

(二)"任务-成就"意义上的教育过程

对于教育过程,彼得斯在《什么是教育过程》一文中有着详细的阐述。在这篇文章中,他借用了吉尔伯特·赖尔(Ryle,1949)对任务性动词(task verb)和成就性动词(achievement verb)的分析。任务意义上的动词侧重动作的持续过程,成就意义上的动词则侧重动作的完成。这样,任务意义上的教学是对教学过程中正在发生之事的描述,并不意味着学生已经学到任何东西。例如,当走进乱糟糟的课堂,教师被问到发生了什么情况时,他可以回答"在教学",即便学生并未在学习。另一方面,成就意义上的教学则意味着已经成功完成目标。例如,教师可以说,尽管学生有捣蛋行为,但是已经教会他们如何做计算。彼得斯认为同样的道理也适用于"教育"。在教育人们的过程中,可以不假定他们将成功地接受教育;但如果说某人"受过教育"[①],那么一定程度上意味着已经成功达成目标。

教育的过程是与成就相关的各项任务。当重点放在教育标准的成就方面时,就成为"受过教育的人"的标准。彼得斯这样解释道:

> "受过教育的人"过着一种被有价值的活动所定义的生活;他了解所参与的这些有价值的活动背后的基本原则和内在价值;这种知识和了解影响他的世界观,并使他对这些活动的原则和标准产生关切。[②]

---

① R. S. Peters. What is an Educational Process? [M]// R. S. Peters, ed.. The Concept of Education. London: Routledge and Kegan Paul, 1967: 2.
② R. S. Peters. What is an Educational Process? [M]// R. S. Peters, ed.. The Concept of Education. London: Routledge and Kegan Paul, 1967: 9.

上述成就标准不能与手段分离,因为任务意义上的教育预先假定了成就意义上的标准,即必须启蒙个体接受有价值的内容,并逐渐培养其有价值的观点。换言之,人们不能通过大脑植入来诱导这种观点的产生,因为养成这种观点需要经过主动学习,而不是被迫接受。这种逻辑关系反映了教育手段和目的相融合的基本原理,因为不管是任务意义上还是成就意义上的教育,都必须回归教育的标准。以课堂管理中流行的"代币法"("token economy" approach)①为例。"代币法"在孩子完成任务时给予奖励,是促进学习的有效策略,然而,"代币法"并非学习的必要条件,因为完成教育任务并不需要迎合"代币法"。这种方法能促进教育过程的发生,但并非教育过程的组成部分。使用"代币法"的人倘若被问及正在做什么,没有人会说:"我正在教育学生"。因此,"代币法"不属于"任务-成就"框架下的教育过程。

另一方面,有些过程可能既与教育的任务方面有关,也与成就方面有关。从更广泛的意义上说,如果教育要强调理解事物的"原因",那么培训(training)就是恰当的例子。彼得斯认为培训是教育的重要组成部分。一方面,培训是"通过教学和榜样进行学习的复杂实践"②;另一方面,这些复杂实践离不开理论的获取和应用。培训与习得理论之间的联系意味着培训是在知识和理解的发展过程中进行的——受过培训也是"受过教育的人"的成就之一。当然,培训对教育来说是不够的,但在获取读写能力和计算能力方面,"培训是学习者的一项基本任务"③。

通过对"教育过程"的概念性分析,彼得斯阐明了教育过程的含义及其适用标准。对这些概念的澄清有助于释疑解惑,令人审视教育政策和实践中的一个关键问题:学校中实际进行的教育是否既是任务意义上的教育,也是成就意义上的教育?以"教育质量"及充满争议的政策领域为例,虽然

---

① 代币法是行为主义心理学派的一种行为疗法(behavior therapy)。它根据操作条件作用的原理,利用个体自发活动,配合外部强化控制,使个体循序渐进地以正当行为取代不当行为。代币法可通过奖励有一定价值的"标记"或"代币券"来强化所期望的行为,以矫正问题行为,也称为代币券疗法。
② R. S. Peters. What is an Educational Process? [M]// R. S. Peters, ed.. The Concept of Education. London: Routledge and Kegan Paul, 1967: 15.
③ R. S. Peters. What is an Educational Process? [M]// R. S. Peters, ed.. The Concept of Education. London: Routledge and Kegan Paul, 1967: 14 – 15.

什么是"受过教育的人"？——彼得斯教育思想研究

经济学家可以通过量化学校教育的成果来衡量学校教育质量，但是他们必须首先弄清楚到底什么是"可测量的结果"；"质量"高低与否，是指学校能否促进教育过程的内在价值，还是指它能否促进效率、社会凝聚力或就业等外在价值？就教育质量而言，存在多重标准，而这些标准是无法轻易被衡量和比较的。教育过程是与定义"受过教育的人"的形形色色的活动、思维和行为方式有关的。教育过程必须以道德上无可非议的方式进行，而且必须从学习者的角度来考虑这些过程，因为学习者的成就构成了"受过教育的人"的内容。因此，教育过程必须接近学习者的任务，逐渐向"相关成就的卓越标准"[①]发展。

小 结

本节主要探讨彼得斯有关"教育即启蒙"的理论，研究他对教育过程的整体看法，涵盖其关于教育方法和教育内容的主要观点。

彼得斯把教育称为"启蒙"，认为教育是引导个体进入有价值的活动、思想和行为。教育与启蒙的区别在于：教育意味着启蒙个体接触有价值的活动，而启蒙则基本上可以针对任何活动。彼得斯不认同"塑造"和"生长"的教育模式。他认为"塑造"一词掩盖了教育所涉及的内在观点的改变，与真正的教育过程不一致；而"生长"模式是基于一种脆弱的心理学理论，缺乏确定价值的客观标准，缺乏对儿童的引导。在彼得斯看来，教育需要在启蒙的意义上进行，因为"启蒙"的前提是进行有价值的活动和行为模式，足以涵盖各类不同的活动。而且，教育是目的与手段的合一，不能把教育实践与教育政策简单分解为手段与目的。彼得斯认为，启蒙学习者开展有价值的活动是一项艰巨的任务。教师不能强迫学生学习，而要让学生自己行动起来并非易事。虽然教育者有许多外在或内在的工具可以支配，但这些工具的应用必须符合教育的标准。

出于对人类处境的关注，彼得斯认为应当把启蒙学生进入不同学科作

---

① R. S. Peters. What is an Educational Process? [M]// R. S. Peters, ed.. The Concept of Education. London: Routledge and Kegan Paul, 1967: 9.

为主要的教育目标。人类处境包括自然、人际环境和社会政治环境三个领域,反映了知识和理解的形式。因此掌握各科知识十分重要,这样可以使人更好地了解和应对人类生活和处境。另外,彼得斯认为启蒙是使受教育者逐渐被启发和引导进入"客观的公共世界",并成为其中一分子。教育的过程就是受教育者学习社会规则(如法律制度、礼仪规则以及社会普遍接受的道德原则)和客观标准(例如检验假设的客观规则)的过程。

彼得斯关于"教育即启蒙"的理论有着积极意义。启蒙的概念以一种积极的方式规定了教育规范性标准的所及程度和表现方式。科特(Richard Cotter)认为"教育即启蒙"本质上与"社群""成员"的概念相关,个体和群体之间是相互依存的动态关系,在认知、道德和实用上有合理性。尽管彼得斯的分析是在不同的话语背景下进行的,其"启蒙"理论也并非无懈可击,但科特认为,在和主张社群是实现人类繁荣的必要条件的人们进行对话时,彼得斯的理论有着重要借鉴意义。[1]

"教育即启蒙"的观点也受到过一些批评。彼得斯提出未被启蒙之人是由业已接受过启蒙的人启蒙的。幼儿在学习语言、概念和社会规则之前,犹如处于蒙昧状态;而对于社会上的长者,无论他们是老师还是父母,都会把他们的语言、观念和信仰介绍给孩子们。在这里,"启蒙"一词均指为了将来而向儿童介绍基本意识形态。德雷(W. H. Dray)认为,表面上看,彼得斯的意思似乎只是向儿童介绍那些基本的意识形态,但其实他有着更多暗示。[2]一旦个体接受启蒙进入不同的学科,他就会继续致力于反映教育本质的活动。

总之,教育即启蒙的理念融合了彼得斯的教育观点以及他的"受过教育的人"的理想。必须说明的是,彼得斯关于教育的理念并非一成不变,事实上这些理念在其职业生涯中经历了一系列重大的变化。彼得斯乐于接受批评,并且在其后期著作中修正和改变了他的一些观点。这样做不仅拓宽了

---

[1] Richard Cotter. Peters' Concept of 'Education as Initiation': Communitarian or individualist? [J]. Educational Philosophy and Theory, 2013, 45(2).
[2] R. S. Peters, J. Woods, W. H. Dray. Aims of Education: A Conceptual Inquiry[M]// R. S. Peters, ed.. The Philosophy of Education. London: Oxford University Press, 1973: 37.

其教育讨论范围,也更正了他之前的关注重心。

第四节 "受过教育的人"之学校教育

上节主要讨论了彼得斯关于"受过教育的人"之教育的应然状态,那么,对于教育的实然状态,彼得斯有何看法呢?他对学校教育怎么看?这是本节接下来要阐述的论题。

一、学校教育未必是教育

教育(educating)和学校教育(schooling)是不同的。按照彼得斯的观点,学校教育的标准并不一定直接符合教育的标准。他指出:

> 在学校教育背景下发生之事不是全部具有教育意义……职业培训、选拔和健康指导等活动就不具有教育意义。[①]

教育包括认知和情感发展,在某种程度上是心智的全面发展。但在大多数学校课堂里,这种"心智的全面发展"有两个方面被区别对待,即"情感"和"社会"往往要给"智力"发展让路。一个人在人际关系领域的情感发展常常是教育的一部分,但这部分可能被排除在了学校教育之外。由于没有受到重视,它们可能朝着不良的方向发展。这样的学校教育在彼得斯眼里属于糟糕的教育。即便教师在教与学的情境中尽力消除自己的偏见,把精力都投入到教学工作之中,他所给予的教育也将是不完整的,因为学校教育并未满足教育的所有标准。

教育涉及一系列转变,有助于提高人的生活质量。"受过教育的人"接触有价值的知识,培养良好的心态。但是,接受教育并不意味着到了一定程

---

① R. S. Peters. What is an Educational Process? [M]// R. S. Peters, ed.. The Concept of Education. London: Routledge and Kegan Paul, 1967: 22.

度,就不需要进一步学习、不再有任何转变了,因为知识不会让人向着某特定终点转变。知识只是推动一系列转变,而这些转变是永无止境的,对经验的解释、论证和探索会改变人的心智结构,使得经验以不同形式再次被体验,并发生质的变化。

在彼得斯看来,公共形式(public forms)的知识本身会"随着阐释、论证和探索的变化而变化"①。个体的智慧与技能因此得到增强,并能自行寻找问题的答案。对经验的重新诠释也将导致问题重塑,进而产生新问题。可见,生活处于永不停息的变化与挑战之中。人们在价值追寻中获得新的领悟,在形式各异的思想和意识影响下获得新的能力。因此,教育的"目标"不是针对哪项特定成就,"受过教育"也不是专指某类特定的个体;相反,个体的受教育程度只是相对于其他人或现有的标准而言更多一些或更少一些、更好一些或是更差一些罢了。

二、重新定位学校教育过程

学校是有组织的教育单位。学校的概念取决于它的各种要素,包括教育目标、教育主体、教育内容、教育方法等。以下具体从自主性的培养、教师的职责与师生关系、课程安排、促进和评估学习的方法等方面探讨彼得斯的观点。

(一)学校教育的目标

彼得斯十分关心在学校的环境下如何培养自主,认为学校教育的目标应当是培养个体的自主性。他指出,教育不仅要培养行使选择的能力,更应关心个体的自主性问题,因为它"对人作为选择者的概念中所隐含的一些潜能的发展十分重要"②。作为教育理想的自由——自主的发展——可以由某种制度环境来培养,但彼得斯并不建议像进步主义教育那样对现有教育制度进行重大改革。他关心的是学校教育机构如何"在重视规则的同时促

---

① R. S. Peters. Ethics and Education[M]. London: George Allen and Unwin Ltd., 1966: 163-164.
② R. S. Peters. Freedom and the Development of the Free Man[M]// R. S. Peters. Psychology and Ethical Development. London: George Allen and Unwin Ltd., 1974: 342.

进儿童的自主发展"①。儿童在早期遵守规则是后来自主发展的必要条件，因此他建议对这些规则的应用做一些改变。

彼得斯认为培养儿童自主性的关键在于学校里需要普遍存在一种"讨论气氛"②。学校有很多种类，有的对儿童任意强加规则，有的则力求让儿童明白遵守规则背后的原因。如果儿童能认识到规则实施的原因，那么他们就可能以一种自主的方式来遵循这些规则。如果一所学校里的规则是随意强加的，那么儿童会被强迫而不是自主地遵守规则。因此，从动机的角度来看，通过教师或高年级学生树立榜样对自主性的培养大有裨益。

课程也有助于培养自主性。彼得斯特别提到文学和历史的积极作用。与基础科学或数学学科不同，文学和历史的主题似乎提供了较多空间来容纳不同阐释，这为做出不同选择奠定了重要基础。如前所述，选择的主观条件即理性的能力决定了个体能否成为一名选择者。在自主性的发展中，文学、戏剧和历史可以为个体提供更多机会来权衡多种选择的利弊，并根据权衡的结果行事。文学、戏剧和历史亦能帮助人们"更加清楚地认识人类的处境"③、扩大选择范围，并提供丰富信息帮助人们做出更明智的选择；这种做选择的能力由此延伸到个体生活的其他领域。

就学校而言，如果学校体制没有偏离儿童发展阶段特征，那么这样的学校是恰如其分的；而如果发生偏离，就将导致多重问题。例如，若一所学校只强调自主发展早期阶段的循规蹈矩，那么寻求儿童进一步成长的教师将面临重重困难；如果学校只专注于满足自主发展的最高阶段，那么这样的学校在个体自主发展方面将是不充分的。青少年往往处于道德发展的前习俗阶段，迎合最高发展阶段就等于不给早期阶段提供充分发展的机会。在彼得斯看来，进步主义学校过于强调孩子的自行决定，而忽视了道德发展第二阶段学校应扮演的中心角色。

---

①② R. S. Peters. Freedom and the Development of the Free Man[M]// R. S. Peters. Psychology and Ethical Development. London: George Allen and Unwin Ltd., 1974: 351.
③ R. S. Peters. Education and Human Development[M]// R. S. Peters, ed.. Education and the Development of Reason. London: Routledge and Kegan Paul, 1972: 129.

（二）课程的设置

在学校教育中，课程构成了教育内容，是教师传授给学生的内容。在学生学习的过程中，课程内容服从于教师的教学目标。课程的设置是把知识体系进行组织和分级，以便适应不同年龄层次学生的需求。在这庞大的知识体系中，某些学科领域优先于其他学科领域。彼得斯指出，"有必要考虑一下赫伯特·斯宾塞（Herbert Spencer）提出的问题：什么知识最有价值？"[①]由于教育涉及有价值的活动，所以课程也应当由这些有价值的活动组成，这样的课程才有价值。下面将重点探讨课程内容对学科教育、情感教育的影响。

1. 课程与学科活动

具有内在价值的活动是值得传承的。课程包含了一系列的理论活动，包括科学、数学、历史、文学、艺术、宗教和哲学等，因为它们代表了人类主要的经验模式。尽管彼得斯重点关注理论活动，但他并没有忽视课程体系中的实践性课程。即使在《伦理学与教育》中，他也提到"木工和烹饪"[②]是值得传承的活动。在《教育和教师教育》中，他提到的实践性课程包括"医学、工程和工具制造"[③]等。后来在《教育理论及其基础学科》中，他强调了把实用学科纳入课程体系的重要性，并且批评赫斯特只关注博雅教育而忽略职业和实践性科目的做法，认为赫斯特在回答有关课程最基本问题时"只提到知识的形式，在观点上具有局限性"。[④]

如果把彼得斯"教育即启蒙"的概念与课程体系方案结合起来，我们可以看到：首先，受教育意味着对价值的坚持以及对真理的追求，课程活动除了具有内在价值还具有工具价值，例如有助于找工作或能够满足社交需求。

---

① R. S. Peters. Ambiguities in Liberal Education and the Problem of its Content[M]// R. S. Peters. Education and the Education of Teachers. London: Routledge and Kegan Paul, 1977: 59.

② R. S. Peters. Ethics and Education[M]. London: George Allen and Unwin Ltd., 1966: 144.

③ R. S. Peters. Ambiguities in Liberal Education and the Problem of its Content[M]// R. S. Peters. Education and the Education of Teachers. London: Routledge and Kegan Paul, 1977: 51-52.

④ R. S. Peters. The Philosophy of Education[G]// P. H. Hirst, ed.. Educational Theory and its Foundation Disciplines. London: Routledge and Kegan Paul, 1983: 47.

什么是"受过教育的人"？——彼得斯教育思想研究

但彼得斯更关心的是课程活动的内在价值。在某种程度上，个体接受教育意味着培养一种非工具性的态度，例如人们之所以愿意从事诸如科学、纺织、烹饪等活动，仅仅是出于这些活动本身的价值，而不是因为它们可能带来的外在好处。这其中最重要的是培养兴趣，使学习者自发地喜欢上这些活动。

其次，不论出于什么目的，人们都可以从事具有内在价值的理论活动或具有工具价值的实践活动。在彼得斯看来，在从事像工程建造这样的实践活动时，没有理由认为建造者不应该享受其内在价值。尽管从事实践活动更多的是为了满足一些外在的需要，但彼得斯认为没有必要仅仅"带着工具性的态度"①。这就是为什么在《民主价值与教育目的》一文中，彼得斯声称：

> 实践知识在教育中的作用并不是为了某一特定工作而成为培训的一部分。②

可以说，如果实践活动是以理论理解为基础而不是仅作为一项技能或专门技术，就会获得"额外的价值"③。

再次，不同的学科领域，如科学、数学、历史、美学、道德、哲学等，代表着不同的意识形态，构成了知识和理解的深度和广度，反映了受过教育这一事实。对于尚处早期发展阶段的儿童，培养重点应当是了解概念的基本结构，掌握阅读、写作和数字等基本技能。儿童在此基础上通过学习上述学科得以"扩展经验的范围"④。

此外，彼得斯主张人的全面发展，认为光凭专门化训练并不能达到这一目的。教师需要关注"全人教育"，提倡开展广泛的课程活动。如果单纯强

---

①③ R. S. Peters. The Meaning of Quality in Education[M]// R. S. Peters. Education and the Education of Teachers. London: Routledge and Kegan Paul, 1977: 28.
② R. S. Peters. Democratic Values and Educational Aims[M]// R. S. Peters. Essays on Educators. London: George Allen and Unwin Ltd., 1981: 44.
④ R. S. Peters. The Meaning of Quality in Education[M]// R. S. Peters. Education and the Education of Teachers. London: Routledge and Kegan Paul, 1977: 29.

调狭义的专门化,结果只会培养出训练有素的科学家、历史学家或艺术家,而他们不一定是真正意义上的"受过教育的人"。诚然,要成为"受过教育的人",很难确定需要在多大程度上养成不同形式的意识形态。但是如果存在一种可供选择的包含广泛科目的课程体系,那么个体在不考虑专业化的情况下就可能获得全面知识从而成为全面发展之人。

那么,个体从众多不同的学科门类中获取大量支离破碎的信息是否可取呢?彼得斯的观点是,"不同形式的知识应该相互渗透"①,所获取的知识必须与人类生活的一般状况有关。理想的情况是,一个人应当习得不同概念体系的必要元素,了解构成世界观的原则,并以不同的方式组织经验,这样他就能够批判性地、有创造性地进行思考和交流。

2. 课程与自由人的培养

受过教育的人是理性自主的自由人。课程内容是如何促进人的情感和自主性培养、如何促进自由人的发展呢?

情感是可以认知的。不同的情感含有不同的认知核心,而不同的认知核心伴随着不同的信念。彼得斯认为,"愤怒"和"嫉妒"之间的根本区别源于"个体对遭遇持有不同信念"②。个体感到嫉妒可能是认为自己没能拥有应得的东西;感到愤怒源于类似信念,可能只是觉得自己的意志受到阻挠而已。因此,要转变情感,就要在认知上转变情感下隐含的信念。因此,具有广泛价值活动的课程对于情感教育多有裨益。这些课程能促进知识和理解的发展,有助于实现全面理解,而全面理解与追求真理密切相关。由此,教师必须保持对真理的关注,理性地疏导那些原始的情感。

另外,如果课程体系能够为个体发展不同形式的意识提供基础,那就有助于培养人的自由和自主性。彼得斯十分重视自主性和本真性的培养,因为二者意味着个体会接受一套具有自己鲜明特征的行为准则。理性发展在实现自主性和本真性过程中具有重要地位。彼得斯认为,教师的教导或公

---

① R. S. Peters. Ambiguities in Liberal Education and the Problem of its Content[M]// R. S. Peters.Education and the Education of Teachers. London: Routledge and Kegan Paul, 1977: 60.

② R. S. Peters. Education as Initiation[G]// R. D. Archambault, ed.. Philosophical Analysis in Education. London: Routledge and Kegan Paul, 1965: 98.

共传统并不一定会阻碍自由人的发展,关键在于培养个体的批判性能力,令其可以出于理性有充分理由对特定规则表示接受或拒绝。

能够为个体提供选择的课程体系对于培养自由的人也很有助益。如前所述,学习文学和历史能为明智选择奠定基础,因为文学和历史可以给人提供较多机会来权衡选择的利弊,并根据这些权衡采取行动。彼得斯认为,通过接收信息、培养想象力和批判性思维可以促进个体的选择能力。如果个体不能在文学、历史、地理、自然和社会科学领域进行学习,那么他"在面临多种选择时可能会有障碍"[①]。

总而言之,包含广泛的有价值活动的课程体系对于理性的发展至关重要,它能促进个体的选择能力,这对自由人的发展必不可少。

(三)教师的作用

教师是人类灵魂的工程师。作为教育的主体,教师的世界观、品行、教育方法、与学生的关系等在不同程度上影响着受教育者。正如彼得斯所言:

> 教师必须永远记住,他是在和有着独特意识的人打交道,学生有着特殊的目的和感觉,这贯穿于师生角色中。每个人都有自己的成就,并为之感到自豪;每个人都从自己独特的视角看待这个世界。[②]

1. 教育者、教导者与教师的区别和联系

彼得斯对教育者(educator)、教导者(instructor)和教师(teacher)的概念进行了区分。

彼得斯认为,"教育者"对学生实施的教育与"教师"的课堂教学活动是不同的。虽然教学是一项复杂的活动,但教育不是。教育不会选择任何特定活动,相反,它暗示如教学、指导或训练等其他活动需要满足的标

---

① R. S. Peters. The Justification of Education[M]// R. S. Peters. Education and the Education of Teachers. London: Routledge and Kegan Paul, 1977: 80.
② R. S. Peters. Education as Initiation[G]// R. D. Archambault, ed.. Philosophical Analysis in Education. London: Routledge and Kegan Paul, 1965: 105.

准。教育他人不仅意味着取得某种成就,而且这种成就必须是有价值的,至少是合乎道德的。相反,在教学活动中,也有可能传播有害无益的内容。例如,当某甲把伪造技艺教给某乙,即便某乙精通了伪造技艺,也不能说某甲教育了某乙。此外,"教师"的成就在道德上可以是中立的,也可以是有害的,但"教育者"不能如此。这也是为何彼得斯更喜欢用"教育者"而不是"教师"这个词,因为"教育者"只会向学生传递已经被人们广为接纳的有价值的内容。彼得斯指出,"教育者的主要职责是传承无价的人类遗产"①。

另外,在彼得斯看来,"教导者"和"教师"二词虽然可以互换使用,但教导和教学并非一回事,因为教学的涵盖范围更广泛。"教师"在传递信息时,并非纯粹的"教导者"。也就是说,"教师"不仅仅局限于指导的工作,还会做很多指导以外的事情。彼得斯认为,简单指导相当于居高临下地灌输"惰性思想"(inert ideas)②。"教师"的教学工作是涉及道德考量的有意图的特定活动。"教师"不仅要关心所传递的内容的价值,还应关心它的传递方式。也就是说,"教师"向学生传递信息的工作必须以一种道德上没有异议的方式完成;这显然排除了制约或灌输的做法。"教师"的教与学生的学之间必须有一定的联系,"教师"不仅要传递信息,还必须传递关键能力。他们必须积极鼓励学生自己去发现被教的东西是真实、有价值的。正如彼得斯所言,"儿童不能简单地接受教育,必须让他们参与到实验和激烈讨论中去"③。

2. 教师的职责

教师④作为教育者的主要任务是教育儿童,而不是仅仅训练和指导儿童;当开展某种有限技能的训练时,尤其如此。教学的主要特征在于注重智

---

① R. S. Peters. Authority, Responsibility and Education[M]. London: George Allen and Unwin Ltd., 1959: 97.
② R. S. Peters. Ethics and Education[M]. London: George Allen and Unwin Ltd., 1966: 40.
③ R. S. Peters. Authority, Responsibility and Education[M]. London: George Allen and Unwin Ltd., 1959: 103.
④ "Educator"(教育者)是彼得斯著述中的常用词,有时也与"teacher"一词混用。由于在中国的学校语境中一般把教育工作者称为"教师",所以为了讨论方便,以下统一称为"教师",亦即彼得斯教育理念中的"教育者"。

力开发,而培训较少关注这一点。根据彼得斯的观点,教师"把指导和培训的过程统一起来"①,其目的不仅在于使学生获得知识、技能和行为方式,而且要使他们能够了解知识和技能背后的基本原理并进行分析和评估。

教育意味着传播大量信息。教师的主要职责就是交流或传递信息,了解这些信息的内容及传播方式。教师传播的内容要具有价值,因此必须选择有价值的教学内容,避免传递错误的信念或是不相关的技能。彼得斯认为,最好的教育就是能"传递为社会中的智慧行为所必需的信息、技能和传统,还有那些对规则和技能进行评估、批评和修正时所需的高阶技能和传统"②。

对不同学科的启蒙无疑离不开教师的教导(instruction),教导是传授信息的重要方法。在彼得斯看来,若要获得大量知识,教师的教导和解释与学生的一手经验同等重要。人们普遍不喜欢"教导",因为教导令他们联想到孩子们坐下来被告知一些"可能超出他们理解能力的事情"③。

教导过程中传递的东西是有价值的。对于学习者来说,他们起码知道学习内容,并掌握自己期望达到的标准。教师培养学生的批判能力时,主要目标就是培养理性和追求真理的能力。因此,尽管教师将教导作为教学活动的一部分,但他不应该为灌输(indoctrination)感到内疚。诚然,任何阻碍获得知识和理解能力的做法都是反教育的。但与制约(conditioning)不同的是,灌输是明确地传承教义,所以灌输的做法应当得到理解,并在某种程度上被允许存在。尽管如此,灌输不能被认为是一种教育过程,因为它没有尊重学习者的理性判断。

对于培养自由的心智,关键在于课程的呈现方式,而不是课程的内容。彼得斯相信,科学和文科科目都可以通过自由或不自由的程序来传授。由于文学和科学都能在学生身上留下印记,所以它们都可以被看作是惰性学科(inert subjects),但也可以被视为活跃学科(living disciplines),因为它们

---

① R. S. Peters. Ethics and Education[M]. London: George Allen and Unwin Ltd., 1966: 39-40.
② R. S. Peters. Authority, Responsibility and Education[M]. London: George Allen and Unwin Ltd., 1959: 127.
③ R. S. Peters. What is an Educational Process? [M]// R. S. Peters, ed.. The Concept of Education. London: Routledge and Kegan Paul, 1967: 16.

有助于"培养学生的批判性思维和想象力"①。

彼得斯教育理念下的教师并非专制主义者,因为他们对讨论和解释怀有热情,力求培养学生讨论和解释的能力。显然,讨论和解释需要学习者的积极参与,而分享经验需要师生共同参与,以便为讨论提供更多的空间。教导、讨论、解释等教学技巧除了可以用于传授学科知识,也适用于情感教育和自由人的培养。例如,为了培养儿童恰当评价的能力,教师可以组织讨论,对消除虚无信念的必要性进行解释。再如,在培养自主性时,由于儿童尚不能理解规则的理由,教师通常会以非专制的方式向儿童呈现规则,但这并不意味着教师会放弃坚守某些行为规范,即便儿童不愿接受。对于年龄较大的孩子,教师可以向其解释规则以及遵守规则的理由;为此,教师可以创造氛围请孩子们进行讨论和提出批评。

另外,尽管教师的职责包括传递信息、传授技能以及使儿童为将来的工作做好准备,但他的职责不仅仅局限于此,教师的职责还涉及其他:

> 不应该也不能够忽视培养"全人"(whole man)的其他工作……他不能忘记,儿童可能会变得神经质、不快乐、不平衡或不与同龄人交往……他必须对"全人"的培养给予应有的重视。②

就"全人"教育而言,彼得斯眼中的教师不能忽视情感教育。跟传递知识一样,他还必须对真理保持同样的关注,不能忽视自己的评估作用。例如,他必须说明为什么儿童应该消除那些肤浅、错误、或不相关的信仰。此外,教师可以帮助儿童认识情感,并且对自己或他人的情绪做出合理的反应。教师只需使用积极的情感,如对人的尊重、仁慈和正义感等来应对有害情感。在评价方面,儿童不仅要了解某种行为的对错,而且还要知道支持或反对这种行为的原因。在自由和自主发展方面,教师更应关心在早期阶段

---

① R. S. Peters. Authority, Responsibility and Education[M]. London: George Allen and Unwin Ltd., 1959: 89.
② R. S. Peters. Authority, Responsibility and Education[M]. London: George Allen and Unwin Ltd., 1959: 88.

如何激励儿童遵循必要的规则。教师不应武断地把规则强加给儿童,而是应该让孩子们意识到遵守规则的原因,这样当他们在后期有能力自行评估时,能够做到自主地接受或拒绝规则。

3. 师生是教育过程中的伙伴

不管是传统意义上的教师还是坚持以儿童为中心的进步主义教师,他们并非无端的操纵者。教师和学生之间的特殊关系基于共同的体验,他们是教育过程中的伙伴。虽然教师对学科知识更为精通,但是师生对学科内容都有共同渴求,两者一起在教与学的过程中对已有的知识进行评估、修订、批评和运用,一起在不同学科领域中进行研究和探索。教育领域需要因材施教:

> 在这一发展阶段,没有哪位学生能够分享任何形式的思想标准和价值观来作为共同的教学基础。①

如果在教育过程中想要强调因材施教并努力发挥每个学习者的独特潜力,那么就要抵挡来自教育制度的压力,因为教育制度常常"把舒适生活的概念强加在学生身上"②。"教育即启蒙"的概念表明,必须对发展中的个体保持道德尊重,教育个体不能基于教师的感性观点、不能完全遵循意识形态或是流行的教育趋势。换言之,教师对教育善的观念(例如"为了学生好")不应该凌驾于他对学生的客观道德义务之上。虽然人们可能抱有强烈信念,认为在课堂上要保持关爱态度,但也不能忽视这样一点:我们之所以重视学生及其观点,是因为他们跟我们一样是人。家长作风和友谊不能替代道德尊重。

彼得斯认为老师要博爱,要尊重学生。在教学情境中,爱不是兄弟之爱、子女之爱,而是"合乎师生关系的爱"③。不过,过分强调与学生建立友

---

①③ R. S. Peters. Education as Initiation[G]// R. D. Archambault, ed.. Philosophical Analysis in Education. London: Routledge and Kegan Paul, 1965: 105.

② R. S. Peters. Ethics and Education[M]. London: George Allen and Unwin Ltd., 1966: 55.

好关系,可能"妨碍正确理解学习需求"①。但这并不意味着我们应该忽视个体学习者的独特性。在启蒙的早期阶段尤其需要关注儿童在进入公共世界时所面临的特殊困难,诸如读写能力等基本技能。事实上,形成和维系人际关系的能力对学习过程至关重要。教师的举手投足、言辞表达和思想感情都可能会影响到学生,因此,教师与学生之间的关系应当以爱与信任为坚实基础,否则学生的学习和发展可能会因为缺乏爱和信心而受阻。这里有必要定义"人际关系"这个词,它与"角色关系"和"个人关系"有联系也有区别。"角色关系"是指要求个体按照某一角色以特定的方式行动。例如,无论人们对老师的期望是什么,至少都会期望他做好教学工作。在谈论老师与学生的"个人关系"时,往往可以从学生那里知道老师是否友好、是否善良以及是否受到爱戴,等等。"人际关系"是一种更结构化的关系,它在人与人之间产生,并且包含一些互惠的因素。"人际关系"来自相关人员的主动,而不是来自某个角色或个例。人际关系的发展是"教育过程的核心"②,与教师在发展知识和理解的过程中所起的作用并不矛盾。彼得斯后来在《伦理学和教育》一书中对此有更为详细的阐述,作为对有关强调尊重而非亲密关系将破坏师生关系的观点之回应。事实上,良好的人际关系对于任何社会实践都是必要的,"教育即启蒙"也表明了这种关系的一些特殊特征,以区别于其他社会实践。

在一定程度上,教师的工作相当于在培养多个处于发展过程中的意识中心,这就要求教师能够对最初踏入公共世界的学生表现出欣赏和关心,毕竟学生在认识世界之初可能犯错误和遭遇挫折。然而,除非学生亲身经历在公共标准上所犯错误,否则无法真正学到东西。彼得斯认为教师必须"关心学生被引导参与活动的标准,同时认识到学生的发展特点"③。例如,如果教师仅仅因为学生的发言有错误或有缺陷就草率地不让他参与课堂讨

---

① R. S. Peters. Education as Initiation[G]// R. D. Archambault, ed.. Philosophical Analysis in Education. London: Routledge and Kegan Paul, 1965: 105.
② P. H. Hirst, R. S. Peters. The Logic of Education[M]. London: Routledge and Kegan Paul, 1970: 94-99.
③ R. S. Peters. Ethics and Education[M]. London: George Allen and Unwin Ltd., 1966: 59.

论,这种做法是不对的。教师提出批评时必须慎之又慎,在教育过程中,表示尊重和关怀是相互的。

(四)学习的促进与评估

以上探讨了教师和课程体系如何促进自由人的发展问题,下面将从如何促进受教育者学习以及如何评估其学习的角度进一步探讨学校教育的过程。

1. 动机

讨论促进学习方法时不能不提及动机因素。彼得斯认为动机是教育的一个重要因素,在"教育即启蒙"的框架下尤其如此。动机的因素之所以至关重要,原因有二。第一,教师必须意识到,学生在"掌握学科知识时会遇到困难"[1]。第二,大众媒体的影响很可能会"分散学生的注意力"[2]。因此,为了掌握有难度的学科知识以及抵消外来影响,动机成为教育的中心因素。

动机因素有内在和外在之分。外在动机并非完全没有价值。在学习的早期阶段,教师可能会以奖励的外在动机形式激发学习兴趣。内在因素有两种:一般因素和具体因素。心理学研究证实,一般的内在因素有很多,表现为儿童渴望发现事物、探索环境,渴望操纵物体并获得一种掌控感等。彼得斯认为这些倾向本身的教育意义不大。举例而言,想要操纵事物和获得掌控感可以通过不可取的方式来完成,但如果这些倾向与有价值的活动相关联,那将成为强大的动力来源。因此,当教育的内容与兴趣一致时,学习的动机问题就解决了。教师的责任就是鼓励学生对有价值的东西发生兴趣,否则"学生从其他渠道获得的兴趣可能与教育的初衷相违背"。[3]

至于具体的内在因素,尽管彼得斯在后来的著作中谈到了工具价值,但受教育的本质是通过内在激励去开展具有内在价值的课程活动。例如,学习科学不仅是为了发现科学真理,而且要乐于采取措施去发现自然法则。因此,教师的任务就是让儿童懂得什么是有价值的活动,使他们为了内在目的而进行探索。由此可知,具有内在动机是"受过教育的人"的特征之一。

---

[1][2][3] R. S. Peters. Ethics and Education[M]. London: George Allen and Unwin Ltd., 1966: 61.

2. 评价

在有组织的教育中,教师通常会对学生进行评价,评价的目标各有不同。有时是出于选拔的目的对学生进行评价;有时会对学生进行定期评价,以便了解学生在某特定时间段取得的成就,这种评价通常有助于评估学生在学习上的持续进步。

评价学生最常用的方法是通过考试或测验。这些考试可以在班级内部、学校内部甚至跨学校进行。不论处于哪个年级或年龄段,考试都是在统一原则的基础上进行的。具体而言,考试的内容与学生的年龄或年级层次有关,评估的是与特定年龄或年级相对应的知识、理解以及对学科的掌握程度。

彼得斯认为,考试"除了择优之外,还有其他有用的功能"[1]。考试既可以检查成就,也可以起到激励的作用。在成就测试中,学生所表现出来的进步将会激励他进一步学习。所以考试作为一种评价工具,其主要功能不是纯粹为了选拔。

虽然彼得斯承认"考试也可以为重要的教育目的服务"[2],但是不能过分强调考试的选拔功能。应试教育的课程体系本身不具有教育意义,也不会为教育活动提供适当的核心;相反,从事这类工作的教师往往陷入困境,被迫运用自己的专业知识帮助学生通过考试,学生等于是"经由考试而不是通过教育来获取升学机会"[3]。一般而言,教师更喜欢不以考试为导向的课程体系。他们应根据儿童个体的天赋量体裁衣,为他们"安排合适的、有价值的活动"[4]。

综上所述,"受过教育的人"是教育过程的产物,所以学校应当适合这一主要的教育目标,引导学生参加有价值的活动,对他们进行情感教育,促进其自由和自主的发展。彼得斯认为,在公共教育体系框架内,这些理想并非无法实现。正如他所说:

---

[1] R. S. Peters. Ethics and Education[M]. London: George Allen and Unwin Ltd., 1966: 85.
[2] P. H. Hirst, R. S. Peters. The Logic of Education[M]. London: Routledge and Kegan Paul, 1970: 109.
[3] R. S. Peters. Ethics and Education[M]. London: George Allen and Unwin Ltd., 1966: 86.
[4] R. S. Peters. Ethics and Education[M]. London: George Allen and Unwin Ltd., 1966: 87.

公立学校对培养自由自主的个体最有效。①

总体而言,彼得斯并没有提出激进的改革措施或建议,只是激发人们对学校的功能进行再思考。

小　结

本节主要探讨了彼得斯对学校教育的看法和理解。对彼得斯来说,对真理的关注、理性发展以及对人类处境的关注,是他对学校和社会本质看法的核心。彼得斯认为学校教育未必是教育。教育是心智的全面发展,其中包括认知和情感的发展;而学校教育往往重认知轻情感。因此,彼得斯提出需要重新定位学校的教育过程,对学校的功能进行再思考。

首先,培养理性自主的自由人是彼得斯的教育理想,所以他认为学校的教育目标应当立足于学生的自主性培养,在重视规则的同时促进儿童的自主发展,例如创造讨论气氛、开设文学和历史课程、适应儿童发展阶段特征,等等。

其次,教师必须选择传播有价值的信息、技能和传统。教师的主要职责是传承人类遗产,其主要任务是教育儿童,而不是仅仅训练和指导儿童。并且,师生是教育过程中的伙伴,两者间的关系要以爱与信任为基础。

再次,课程应当关注有价值的活动内容及过程。不仅要注重理论活动,同时也不应忽视实践性课程。包含广泛有价值活动的课程体系有助于理性的发展和自由人的培养,例如它能在认知上改变人的情感中隐含的信念、通过培养想象力和批判性思维来促进个人的选择能力的发展,等等。

最后,促进学习要遵循程序原则,要鼓励学生对有价值的东西发生兴趣,促进学生的内在动机。考试仅是评价学习的工具,其功能不是纯粹为了择优。

---

① R. S. Peters. Freedom and the Development of the Free Man[M]// R. S. Peters. Psychology and Ethical Development. London: George Allen and Unwin Ltd., 1974: 353.

第四章
彼得斯教育思想之述评与镜鉴

彼得斯作为一位分析教育哲学家,区分了一般教育与"受过教育的人"之教育的特征,在概念澄清方面做出了积极贡献。一般意义上的教育虽然符合认知条件的标准,但可能被赋予外在的工具性价值,因而是没有意义的;而"受过教育的人"之教育是狭义的教育,既体现了认知条件的标准,也体现了价值条件的标准。其次,彼得斯的教育理论体现了一种更为全面的教育观,他的理论既重视教育内容的重要性,也重视教育方法的重要性,是进步主义与权威主义两种教育模式的平衡。再次,彼得斯"受过教育的人"的理论有其独特之处,并启发了后来学者的新观点,例如有的从女性主义角度探讨"受过教育的人";有的主张把批判性思维引入教育;有的主张"受过教育的人"要有学习力;有的主张要培养全面发展的多面人等,不一而足。最重要的是,我们从彼得斯身上看到了哲学家勇于自我批判的特质。他的教育理念并非一成不变,而是经历了一系列的重大变化,在他的学术生涯中也遭到了诸多批评。但他乐于接受批评,积极思考,并且在后期著述中对他的教育理念不断进行修正,是自我反思的典范。

不过,彼得斯的教育理论并非完美无缺,例如他对一些问题的阐述尚模糊不清或存在缺陷,包括知识的工具性价值、复杂活动的非工具性价值、有价值活动的合理性问题等;他所采用的先验论证的方法也广受诟病。但瑕不掩瑜,彼得斯的教育理论不仅在分析教育哲学史上留下了浓重的一笔,也对我国的教育实践和改革有诸多启示。他的相关理论有助于教育工作者进一步正确认识教育目的,鼓励人们追求教育的内在价值以及为适应"立德树人"的时代要求而培养在道德上"受过教育的人"。

第一节　彼得斯教育思想述评

本节目的在于评析彼得斯教育思想的贡献和局限性。首先评介彼得斯本人及其对有关概念的澄清、"受过教育的人"理论的意义和新发展;然后讨论彼得斯在"先验论证方法""知识的工具性价值""复杂活动的非工具性价值""有价值的活动"等在论证上的矛盾与不足。

一、贡献与积极意义

(一)澄清"受过教育的人"之教育与一般教育的区别

彼得斯将教育的一般概念与"受过教育的人"之教育的特定概念作了区分,认为教育包含两种概念:第一种是一般意义上的概念,涵盖几乎任何学习、抚养或成长的过程;另一种是特殊意义上的具体概念,特指"受过教育的人"之发展的过程。这两种概念有着不同的渊源和不同的发展历史。

在针对"受教育的人"的分析中,彼得斯阐述了教育的特殊含义。随着专门知识重要性的提高,"受过教育的人"的理想在19世纪占据突出地位,因为它作为对功利主义专业化的一种反应,既维护了无私追求知识的价值,也维护了全面理解和发展的价值。"受过教育的人"对各种活动和追求本身乐在其中,他获得了相当多的知识与理解,不仅有着广泛的知识,而且能够把经验诠释的不同方式相关联,从而形成某种认知视角。"受过教育的人"重视活动的内在价值,对从事的活动持非工具性的态度。

彼得斯对教育的一般概念做了驳斥,认为它可以被赋予任何类型的工具价值,因此对价值而言没有任何意义。他之所以采纳特殊教育观,就是因为相信只有这种教育观才能提供这些价值。在他看来,有三种方式将知识与教育联系起来:一是知识的深度,二是知识的广度,第三是善的知识(非工具性态度)。受过教育的状态依赖于这三个方面的连接,它的非工具性方面依赖于个体对善的、美好生活的了解。要了解善的、美好的生活,需要个体有能力从事物内部看到它的内在价值。因此,"受过教育的人"对善的、美好的生活有全面了解。但这并不是说"受过教育的人"只能看到一种有价值的生活,而是说他们已经获得了珍视事物所必需的知识——无条件的善。换言之,"受过教育的人"处于一种有价值的思想状态。

一般意义上的教育与"受过教育的人"之教育的区分有助于解决一些更细微的概念上的差别。就狭义的教育而言,教育的标准既不是偶然的,也不依赖于知识或价值作为自身可能性的条件。知识和价值在"受过教育的人"的生活中是相互预先假定的。例如,人们可以说斯巴达式教育、厨艺教育或者园艺教育,这些术语都不一定以理论活动为前提,也不涉及广度和深度的标准,但"受过教育的人"的理想具体表达了特定教育的概念。因此,指称一位"受过教育的斯巴达人"[1]是矛盾的。"受过教育的人"与特定的文化传统、理论观点或实践活动无关。有的人可能接受过斯巴达式教育,但只有在他达到特定标准之后才称得上是一个"受过教育的人"。按照彼得斯的观点,宣称某人受过教育时,意思可能只是他经历了学校教育。但是称某人是"受过教育的人"时,是指他达到了价值条件和认知条件所体现的标准。

(二)中和两种传统教育理论模式

从历史上看,以权威思想专制的"塑造"教育模式和以儿童为中心的"生长"模式之间存在尖锐对立。在彼得斯看来,正是这两种模式的缺陷使他们处于对立状态。彼得斯的教育思想一定程度上中和了两者的对立,使其达到平衡。

"塑造"模式是以赫尔巴特为代表的权威主义思想流派。他们的理论建构基础是所谓的"功利主义""工具主义","塑造"模式把孩子的心灵视为某种加工材料,朝着某种目标精确地塑造成型[2]。彼得斯批评道:

> 工具主义和模型塑造把教育的道德特征引向外在目的。[3]

---

[1] R. S. Peters. Education and the Educated Man[M]// R. S. Peters, ed.. Education and the Development of Reason. London: Routledge and Kegan Paul, 1972: 16.
[2] R. S. Peters. Education as Initiation[G]// R. D. Archambault, ed.. Philosophical Analysis in Education. London: Routledge and Kegan Paul, 1965: 93-97.
[3] R. S. Peters. Education as Initiation[G]// R. D. Archambault, ed.. Philosophical Analysis in Education. London: Routledge and Kegan Paul, 1965: 95.

这一外在目的就是达成个体的自愿性和主动性。事实上,自愿性和主动性是教育标准的组成部分,它们在任何教育过程中都是必要的。如果学生缺乏必要的独立性、对他人的决定一味盲从,或者对自己的行为缺乏自知之明、不知道何为恰当的行为,那么以自愿性和主动性作为目标是无可非议的。虽然培养学生的自愿性和主动性确实属于某种教育成果,但它们只是"教育学生的初步成果"①。因此,自愿性和主动性是教育的内在因素而非外在条件。对于工具主义和模型塑造的做法,有可能出现只要目的可取则任何"塑造"的方法都被认为是正当的危险,而学生因此可能受到不合乎道德的对待。

"生长"模式是以杜威为代表的进步主义思想流派的教育理论。这种模式把儿童的头脑视为可以根据其自然或先天习性发展壮大的事物——就像树一样,如果施以适当的条件就会自然地长大成熟。② 对此,彼得斯的批评是:

> 生长模式将教育过程的必要特征转变成了程序原则。③

换言之,在"生长模式"中,自愿和主动高于一切。这种观点加上它的(生物学)特性可能会造成一种印象,那就是学生只要学习他们"自然"感兴趣的东西,而不必考虑如何理解自己所做之事。这种模式的不足之处在于,学生将学不到学科知识,亦即彼得斯所称的"思想和意识形态"及其相关准则的精妙之处。

"塑造"模式着眼于最终要实现的目的,因此重点放在所要教授的内容之上;"生长"模式则关注学习者内在"潜力",重视如何发挥这些潜力的方法。随着教育领域进步主义思潮的发展,"生长"模式的理论家们抨击"塑造"模式在道德上是站不住脚的,认为这种方法可能会妨碍或阻止孩子的自

---

① R. S. Peters. Ethics and Education[M]. London: George Allen and Unwin Ltd., 1966: 41.
② R. S. Peters. Education as Initiation[G]// R. D. Archambault, ed.. Philosophical Analysis in Education. London: Routledge and Kegan Paul, 1965: 93-97.
③ R. S. Peters. Education as Initiation[G]// R. D. Archambault, ed.. Philosophical Analysis in Education. London: Routledge and Kegan Paul, 1965: 95.

我实现或成长。① 权威主义者则认为，儿童以后若要养成成人的世界观，就必须学习相关规则；而进步主义者对这些规则不重视，这无异于放弃了教育的责任。

就这两种理论而言，每一种理论都是对另一种理论的纠正，是为了实现教育目标而采取何种教育内容和方法的两种不同概念。虽然两者各有所长，但均有过激之处，因此都是不充分的理论。相对于儿童中心论，权威主义教育理论在教育目的和内容方面见长，但在教育方法方面比较薄弱；而前者恰好相反，在"教育方法方面见长，在目的和内容方面薄弱"②。然而，把两者的优点简单地整合在一起是不充分的，因为它们有着一个共同的弱点，那就是很少关注公共形式的经验。在彼得斯看来，公共形式的经验在知识和理解的发展中处于中心地位。只有把重点放在经验的形式之上才能提供人们迫切需要的两种教育理论的综合体，因为内容本身很重要，而且经验的获得也离不开内容；另外，如果缺乏公共经验模式方面的训练，进步主义中的自主性、创造性和批判性思维只会是"空洞的理念"③。

彼得斯关于教育的论述体现了一种更为全面的教育理念。它建立起从受教育的原因到教育的概念再到学习内容之间的联系，并且尝试解决进步主义与权威主义之间的冲突，因此他的教育理念在平衡传统教育模式的冲突上是较有成效的。正如彼得斯所言：

> 教育的权威主义和以儿童为中心的理论之间存在的争论为时已久，我们试图通过分析"教育"和"人的发展"的概念衍生出一种综合理论。④

彼得斯希望证明可以用公共模式的经验概念调和这两种理论，从"合理

---

① R. S. Peters. Education as Initiation[G]// R. D. Archambault, ed.. Philosophical Analysis in Education. London: Routledge and Kegan Paul, 1965: 94.
②③ P. H. Hirst, R. S. Peters. The Logic of Education[M]. London: Routledge and Kegan Paul, 1970: 32.
④ P. H. Hirst, R. S. Peters. The Logic of Education[M]. London: Routledge and Kegan Paul, 1970: 14.

的视角看待对专业知识和个人发展所持重视程度的巨大差异"①。他认为强调教育的标准可以使教育的内容和方法不再发生冲突。人的一般发展对知识和理解的标准可能不那么明确,而个体发展的前提是"向个体传授各种不同的经验模式"②,并应当考虑到以下事实:

> ……教师传递信息和规则的方式……对学生的影响是持久的。③

权威主义者所谓的为了服从而服从的教条是没有意义的。课堂上确实需要秩序井然,但是盲目服从教师传递的规则和信息是教条主义;进步主义者所谓的为了方法而方法的主张同样也是不充分的。但是,它主张个体应该人性化对待同胞的观点应当得到保留。方法与人的发展联系紧密,亦"与教育和人类发展所预设的理想的人的概念密切相关"④。解决这两种模式的冲突的方法是:

> ……如果仔细审视进步主义的核心目标,就会发现这些目标与传统主义者的目标一样,都必然与习得我们所泛指的公共模式的经验、理解和知识相关。⑤

换言之,在剔除了两个模式中无谓的断言之后,如果把重点放在公共形式的经验之上,把人类的发展更加恰当地理解为传授这种形式的经验,使教育概念的语言遵循彼得斯所提出的教育的标准,把教育的标准视作进步主义与

---

① P. H. Hirst, R. S. Peters. The Logic of Education[M]. London: Routledge and Kegan Paul, 1970: 42.
② P. H. Hirst, R. S. Peters. The Logic of Education[M]. London: Routledge and Kegan Paul, 1970: 55.
③ R. S. Peters. Authority, Responsibility and Education[M]. London: George Allen and Unwin Ltd., 1959: 117.
④ P. H. Hirst, R. S. Peters. The Logic of Education[M]. London: Routledge and Kegan Paul, 1970: 58.
⑤ P. H. Hirst, R. S. Peters. The Logic of Education[M]. London: Routledge and Kegan Paul, 1970: 60.

传统主义冲突的解决办法,那么教育过程也是学习的过程,学习过程可以被教学激发,涉及知识和理解的理想的思想状态便得以产生。

权威主义者强调学习内容的重要性而轻视教学理论的伦理要素,进步主义者强调教学理论的伦理要素但不重视学习的内容;而彼得斯的理论密切关注心智的概念、受教育的理由以及学习内容。可以说,彼得斯的理论相对而言更加富有成效,是较为全面的教育概念。

(三)启发"受过教育的人"理想的新观点

彼得斯明确提出有关"受过教育的人"的理论主张之后,不少西方学者也纷纷表达自己对于教育的主张和看法,这些主张所表达的内涵和价值含义均各不相同,反映了各自主张背后的规范性教育观念。有关"受教育的人"的理想基本上可以分为两大阵营,可以分别被贴上"传统"和"进步"的标签。两个阵营的主要区别是,传统阵营强调知识的性质和结构,以确定课程内容;进步阵营重视学生体验和实践形式的知识。有的主张尚需进一步分析,比如是否要培养学习者批判性思维的能力,是否需要注重关怀教育等。

马丁(Jane Roland Martin,1929—)把传统意义上的受过教育的人称为象牙塔人(the ivory-tower person)[1],亦即有知识、但实践中什么也做不了的人。她从女性主义的角度对彼得斯、赫斯特等人关于"受过教育的人"的定义进行了批判,并对所有片面强调认知能力发展的定义进行了批判。与柏拉图相反,她声称性别差异确实"影响很大"[2],认为与男性相关的生产(production)和与女性相关的再生产(reproduction)过程都是"个人及整个社会生活的中心"[3],因为人人都参与了这两种过程,对所有人都很重要。如果把关心、同情、合作、养成和慷慨等传统上与女性所扮演的角色相关的特点和倾向排除在外,这是毫无道理的,对男女的全面发展也是不公正的。因此,马丁认为"性别敏感"或"性别公正"[4]是一种对"受过教育的人"更为合理的表述方式,是一种对认知发展以及对情绪和情感的发展都给予应有

---

[1] J. R. Martin. Changing the Educational Landscape[M]. New York: Routledge, 1994: 78.
[2] J. R. Martin. Changing the Educational Landscape[M]. New York: Routledge, 1994: 16.
[3] J. R. Martin. Changing the Educational Landscape[M]. New York: Routledge, 1994: 13.
[4] J. R. Martin. Changing the Educational Landscape[M]. New York: Routledge, 1994: 17.

重视的更广泛的表述。

20世纪80年代以来，一种似乎濒临消亡的观点突然复苏，即传授知识和信息是教育的核心功能，甚至可能是唯一功能。支持此观点的思想家包括约翰·麦克派克(John McPeck)、赫什(E. D. Hirsch)和理查德·罗蒂(Richard Rorty)等。麦克派克认为传统科目与学习者所遇到的日常生活问题最相关，主张把与杜威提出的反省(reflective thinking)相类似的批判性思维引入教育。他认为"受过教育的人"能自我调控和判断，能对证据、概念、方法、标准等解释、分析、评价、推理，或在下判断前进行通盘考虑；但主张"批判性思维不应引入小学"，"最好推迟到10年级或16岁之后"。[1] 麦克派克认为批判性思维不是普遍特征，不存在大体上的批判性思维，它针对的是特定领域，而它产生的前提是拥有知识。因此教育应该专注传授知识，而批判性思维应该在教授不断增加的内容和学科知识的背景下加以培养。另外，麦克派克认为在道德层面应当尊重儿童获取知识的愿望和爱好。事实上，儿童缺乏基本信息，获取知识是他们的一项紧迫任务，因此可能没有时间在学校课程体系中专门教授批判性思维。

与麦克派克不同，赫什不是从"批判性思维"的角度而是选择从"文化素养"的角度描述理想的教育系统以及"受过教育的人"。赫什重视"共享的学问"(shared literate information)，坚持学校教育的主要目标是教授共享的信息，他主张儿童应该在13岁之前完成基本的文化适应。这一点尤其适用于承担"基础文化适应责任"[2]的小学教育。

罗蒂认为将"真正的知识"(true knowledge)传授给学生是公民教育的标志。他说："教育的主要目的应该是向儿童充分传递他们所处社会的真实情况，使他们能够作为该社会的公民发挥作用"[3]。按照罗蒂的观点，学校教育的目的根本没有超出社会化的范围。学校应避免使普遍的共识受到学生的质疑。

美国教育哲学家谢弗勒(Israel Scheffler)亦曾表达了自己对"受过教育的人"的理解。具体而言，谢弗勒眼中"受过教育的人"的特征是：

---

[1] J. McPeck. Critical Thinking and Education[M]. Oxford: Martin Robertson, 1981: Chapter 7.
[2] E. D. Hirsch. Cultural Literacy[M]. New York: Random House, 1988: 27.
[3] R. Rorty. Education Without Dogma[J]. Dissent, 1989(36): 198-204.

他有自尊并尊重他人，能够对各种处境应付自如，必要时能清楚表达自己的思想和感情。他有自学能力，也向他人学习。他不固执己见，为人审慎，遵守原则。他实际上获得了一种知识和道德品质。①

在谢弗勒看来，"受过教育的人"的学习过程是有价值有意义的，是广泛的而不是偏狭的，他学到的是知识而不是单纯的信息或训练技能。他强调这种学习所提供的认知视角是积极、有原则的，并能转变观念；并且学习知识的同时还要关怀、热爱和投入。因此，他主张教与学的过程是理性交流的过程，对各种观点开放，但尊重真理、尊重参与者的努力，是一种专门的对话形式。他认为在理想情况下，教学应该使受教育者摆脱陈词滥调，愿意并有勇气在讨论中表达自己的观点。

马尔卡希（D. G. Mulcahy）则提出了全面发展的多面人理论：他能够处理工作场所和其他生活环境中的各种实际需求，对他人需求敏感；他拥有各种兴趣爱好，有着广泛的知识、看法和技能；他欣赏真、善、美；他的世界观是自己生活哲学上的道德指南。② 马尔卡希认为，如果博雅教育的目的在于培养这种多面人，那么它的内容和形式都将比传统观念更宽泛，更能理解学生的体验。它"由核心学科和一系列实践研究组成，并将根据学生的经验、兴趣、能力和需要因材施教"③。一般而言，旨在为生活做准备的教育课程将是多方面的和多样的。除了纽曼和赫斯特提倡的智力培养，它还包括实践研究，以及针对行动教育和情感形成的研究。因此，这对博雅教育的内容和范围而言是一个重要转变。随着内容和范围的转变，实用知识被纳入其中，它将有助于培养"受过教育的人"，使之为投身世界而做好准备。马尔卡希认为，除了坚持纽曼所说的智力培养，"受过教育的人"还需要认识到实践

---

① Israel Scheffler. The Concept of the Educated Person: With Some Applications to Jewish Education[M]// Israel Scheffler. Visions of Jewish Education. Cambridge: Cambridge University Press, 2003: 225.
② D. G. Mulcahy. The Educated Person: Toward a new Paradigm for Liberal Education[M]. Lanham: Rowman and Littlefield, 2008: 256.
③ D. G. Mulcahy. Liberal Education and the Ideal of the Educated Person[C]. Paper presentation at the annual conference of the American Educational Studies Association, Pittsburgh, November 4-8, 2009.

知识和行动教育的重要性；全面发展的人的教育"重视情感教育以及道德和精神的培养，在教学立场上充分肯定经验、能力、和兴趣"①。由此，博雅教育的理念也需要被重新定义。

综上所述，自彼得斯之后，"受过教育的人"的思想和与之密切相关的博雅教育的理想随着时间的推移在不断发展演变，不同的观点在这一演变过程中发生碰撞。尽管围绕这些观点存在批评和分歧，但不应对它们轻描淡写或轻言放弃。考虑到它们随着时间的推移所具有的特征，这些不同的声音仍然值得注意。

（四）彼得斯是自我反思的典范

作为20世纪教育哲学研究的主要贡献者之一，彼得斯对教育哲学产生了巨大的影响，使之成为一个受尊重的学术研究领域。彼得斯以独特的视角论述了人类本性和社会面貌，延承了博雅教育的思想传统，这正是联系彼得斯早期和后期工作的纽带。时至今日，尽管当代思潮日益走向后现代，彼得斯的著作在教育哲学领域仍然独树一帜。值得注意的是，他毕生都在不断地修正和改进他的思想，直到职业生涯的结束。他这么做，有时是为了回应误解他的批评者，有时是需要对一些概念进一步澄清，他是对自己最严厉的批评者。

20世纪中叶，分析哲学在英语国家的哲学系占据了主导地位。作为一名"务实"的哲学家，彼得斯在分析哲学传统的基础上，有意回避了有关人的本质以及善的社会本质等传统哲学问题，转而关注概念的意义和理性话语的预设等更世俗的狭义问题。他提到自己时曾说：

> 我就是一个平凡的人，与其说我关注的是至善的理型（the Form of the Good），倒不如说我更关注教师课上课下那些实际的东西。②

---

① D. G. Mulcahy. Liberal Education and the Ideal of the Educated Person[C]. Paper presentation at the annual conference of the American Educational Studies Association, Pittsburgh, November 4-8, 2009.

② R. S. Peters. Education as Initiation: An Inaugural Lecture Delivered at the University of London Institute of Education[Z]. London: Harrap & Co. for University of London Institute of Education, 1964: 8.

艾略特(R. K. Elliott)对此持不同观点。他在《老派哲学家理查德·彼得斯》一文中指出,彼得斯准确描述了他所处的时代各种主流的分析哲学的观点,但是他对自己的观点有没有恰当的认识是值得怀疑的。艾略特认为彼得斯的主要贡献不在于对具体问题的处理方式或是使用的分析方法,而在于对一些普遍问题的反思,比如"人类处境、真理的本质、上帝的意义、世界的性质等"①。

彼得斯究竟是"务实"的哲学家还是一般的哲学家,这都是可以探讨的。他在患病前的最后一篇文章题为《教育哲学》②。虽然它在重要性上可能无法比肩彼得斯之前的文章如《民主价值和教育目标》,但它仍然反映了这位教育哲学家对整体人类处境和社会状况的密切关注。在这篇文章中,彼得斯在字里行间透露出这将是他的封笔之作。他回顾了教育哲学的过去和现在,指出自己本应以更多笔墨和思考投入需要改进的地方,还提出了未来研究的方向;但彼得斯在文中没有表现出希望继续为之奋斗的愿望,反而表达了将火炬传递给他人的希望。彼得斯在坚持自己理想的同时,一直在努力适应他者的批评。他承认自己的观点有不足之处,并一再澄清自己的观点:

> 我现在意识到自己试图从教育的概念中提取太多,其实教育的概念比我过去认为的更不确定。我们以前强调学习过程的目的是发展理性,是教育的目标,但这并不是"教育"概念本身的一部分,它其实取决于社会所接受或摒弃的价值观。我最近写了一篇论文试图在民主社会的背景下解决这个问题,因为民主社会才是发展理性的天然之地。③

---

① R. K. Elliott. Richard Peters: A Philosopher in the Older Style[G]// D. E. Cooper, ed.. Education, Values and Mind: Essays for R. S. Peters. London: Routledge and Kegan Paul, 1986: 42.
② R. S. Peters. The Philosophy of Education[G]// P. H. Hirst, ed.. Educational Theory and its Foundation Disciplines. London: Routledge and Kegan Paul, 1983: 30-61.
③ R. S. Peters. The Philosophy of Education[G]// P. H. Hirst, ed.. Educational Theory and its Foundation Disciplines. London: Routledge and Kegan Paul, 1983: 37.

什么是"受过教育的人"？——彼得斯教育思想研究

对美好社会的愿景左右着彼得斯的思想，令他不再对事务性的问题进行概念分析。这可能就是为什么他的先验论证未能说服批评者的原因，可能也是他有意无意地在《民主价值观和教育目标》一文中放弃这一话题的原因。在《教育哲学》中，彼得斯谈到"伦敦路线"擅长于处理特定议题，其成果多以论文方式呈现，但整体上欠缺专著，因此敦促教育哲学家多写书，挖掘更多"哲学深度"①。如他所言：

> 最重要的是，教育哲学需要更明确的人性论……希望看到……社会价值和人性得到更多重视。②

彼得斯的教育理念在不断地变化和发展，他最后的一些论文愈发表明他非常关切人类的善和发展方向。可以说，他秉承博雅教育传统，是一位关注人类整体处境的反思型哲学家。

二、局限性

（一）关于先验论证的方法

在构建自己的哲学体系时，彼得斯采取了先验论证的方法，认为有些"原则"是理性辩论的"预设"，并不需要进一步的证成。

赫斯特曾撰文批评彼得斯观点的先验性。赫斯特认为，这种类型的论证有时很难分辨和明确其性质，因为这种论证依赖于"先验"的哲学立场，"使用预设来证明其论点的合理性"③。赫斯特解释说，彼得斯所使用的"康德式"的先验论证令一些批评人士难以欣然接受，因为彼得斯坚信任何充分的哲学工作都必须致力于弄清楚思想的最基本点并探索这些基本点的终极

---

① R. S. Peters. The Philosophy of Education[G]// P. H. Hirst, ed.. Educational Theory and its Foundation Disciplines. London: Routledge and Kegan Paul, 1983: 50.
② R. S. Peters. The Philosophy of Education[G]// P. H. Hirst, ed.. Educational Theory and its Foundation Disciplines. London: Routledge and Kegan Paul, 1983: 51, 55.
③ P. H. Hirst. Richard Peters' Contribution To The Philosophy Of Education[G]// D. E. Cooper, ed.. Education, Values and Mind: Essays for R. S. Peters. London: Routledge and Kegan Paul, 1986: 14.

理由。彼得斯正是本着这一信念去探寻基本道德原则以及人类活动独特价值的理由,这些人类活动属于"善的生活"的一部分。显然,某些价值不论处于何种社会背景之下都具有普遍的终极的必要性,可彼得斯给出的论证仅仅是"通过断言某些概念关系在所有合乎逻辑的思想中都是如此"①。长期以来这类论证一直是有争议性的话题,所以彼得斯的论证具有一定局限性。

彼得斯的先验论证只能阐明经验和思想范畴的界限,不能有效地"超越经验和思想或超越各种社会背景而成为一个普遍的框架"②。同样地,在彼得斯的《教育的证成》中,由于先验论证难以捉摸的性质,彼得斯提出的论证要素很难被证明或否定。就追求人类知识和理解而言,先验性论证"有一小块区域被认为是合理的"③。赫斯特指出,那些论证充其量不过是在为理论工作进行辩护,因为它们关心的是探究做事的理由,可以解释为证明某些特定的理性工作。它们构成独特的询问和回答问题的方式,有自己的内部标准,因此本身具有价值。适当进行这类探究的真正价值在于它们在更广泛人类生活中的重要性,因此把彼得斯的论证看作是以某种方式证明这些工作的正当性更恰当些,因为这么做是"确定理性生活的根本,是教育的核心"④。

彼得斯的先验论证方法是他长期以来颇受争议的地方。这样的先验论证,不论是个人形而上的设定、社会经验的归纳或道德需求,事实上最后还是源自人类经验,可能并不如彼得斯所声称的那样是一种放诸四海而皆准的普遍原则。

---

① P. H. Hirst. Richard Peters' Contribution To The Philosophy Of Education[G]// D. E. Cooper, ed.. Education, Values and Mind: Essays for R. S. Peters. London: Routledge and Kegan Paul, 1986: 14.
② P. H. Hirst. Richard Peters' Contribution To The Philosophy Of Education[G]// D. E. Cooper, ed.. Education, Values and Mind: Essays for R. S. Peters. London: Routledge and Kegan Paul, 1986: 15.
③ P. H. Hirst. Richard Peters' Contribution To The Philosophy Of Education[G]// D. E. Cooper, ed.. Education, Values and Mind: Essays for R. S. Peters. London: Routledge and Kegan Paul, 1986: 25.
④ P. H. Hirst. Richard Peters' Contribution To The Philosophy Of Education[G]// D. E. Cooper, ed.. Education, Values and Mind: Essays for R. S. Peters. London: Routledge and Kegan Paul, 1986: 23.

（二）关于知识的工具性价值

彼得斯认为知识和理解具有工具性价值，是因为它们可以"促进满足感和减轻罪恶"①。他还声称，知识和理解对于人际沟通、环境控制和预测行动后果等都是有价值的。彼得斯的这种观点并不充分，因为它忽略了一种可能性，即知识和理解既可以带来善，也可以带来恶。彼得斯原本可以描述一种值得提倡的生活方式来表明在特定领域人们应当获得的知识和理解及其原因；可惜的是，他并没有给我们提供一幅有价值的生活方式的图景，也未表明某些工具性价值优先于其他可能具有教育意义的价值。

在对知识广度的工具性价值论证中，彼得斯提出了三点理由。首先，他引用怀特的观点，提出"知识的广度是民主政治教育的一个重要方面"②。按照怀特的观点，民主的教育目标主要有三：获得民主制度的基本价值观、了解民主体制和获得知识形式。③ 怀特认为这些要素对民主社会的存在和个人参与民主社会都是必不可少的。怀特提到的是赫斯特所描述的"知识形式"④，在这一点上，怀特与彼得斯的观点一致。因为这些知识形式出现在彼得斯和赫斯特合著的著作之中，其中知识的形式被称为"知识和经验的模式"⑤，在教育课程体系中占据着中心地位。除此之外，怀特教育观的其他方面却与彼得斯相悖。如果彼得斯想用怀特的论点作为知识广度的工具性理由，将面临重重问题。只有当民主政治制度有价值的时候，怀特的论点才会有助于彼得斯的论证。另外，能够参与任何类型的社会是否是彼得斯教育观的目的尚不清楚。虽然彼得斯在论证知识的广度时提到了民主社会，但是他并没有明确表明教育应该是促进这种社会制度或任何其他社会

---

① R. S. Peters. The Justification of Education[M]// R. S. Peters, ed.. The Philosophy of Education. London: Oxford University Press, 1973: 243.
② R. S. Peters. The Justification of Education[M]// R. S. Peters, ed.. The Philosophy of Education. London: Oxford University Press, 1973: 244.
③ P. A. White. Education, Democracy and the Public Interest[M]// R. S. Peters, ed.. The Philosophy of Education. London: Oxford University Press, 1973: 233 - 234.
④ P. H. Hirst. Liberal Education and the Nature of Knowledge[G]// Reginald D. Archambault, ed.. Philosophical Analysis and Education. London: Routledge and Kegan Paul, 1965: 113 - 138.
⑤ P. H. Hirst, R. S. Peters. The Logic of Education[M]. London: Routledge and Kegan Paul, 1967: 62 - 65.

第四章　彼得斯教育思想之述评与镜鉴

制度的工具。

其次,获得知识广度的人可能"比仅受过有限培训的人更有效率"①。彼得斯指出,受过教育的雇员之所以在工作中更有效率,是因为:

> 可能不是由于他们认识的广度和敏感度,而是由于他们在学习各种学科时,逐渐习得各种技巧,能够娴熟地整理文件和思想、掌握和梳理他人观点、清楚地提出备选方案并权衡利弊,等等,既文思敏捷,又出口成章。这些在思想管理方面的学术训练为他们日后成为管理者奠定了良好基础。②

这种说法有两个问题:一是"受过教育的人"比没有受过教育的人在工作上效率更高,二是如果"受过教育的人"效率更高,这可能是由于他们在思想管理方面接受了训练。这两种说法的真实性并不是不言而喻的。提高员工效率是否是成为"受过教育的人"的合理的工具性理由,尚未得到证实。目前尚不清楚高效员工的发展与彼得斯的教育观念是否相关。如前所述,彼得斯的教育理念似乎更强调理论性而非实践性的追求。如果彼得斯的工具主义论点要站住脚,那么就必须证明工具性价值是受教育所特有的价值观之一。

彼得斯提出的第三个论点是,认识广度的工具性价值也包含了对内在价值的诉求。对此,彼得斯有着明确论述。他写道:

> 可以说,受过教育的人对单位和行业都有好处,因为他们的敏感度使他们的机构变得更加人道和文明。③

然而,这也是一种经验主义的主张,其真实性尚未确立。促进更文明、更人

---

①② R. S. Peters. The Justification of Education[M]// R. S. Peters, ed.. The Philosophy of Education. London: Oxford University Press, 1973: 244.
③ R. S. Peters. The Justification of Education[M]// R. S. Peters, ed.. The Philosophy of Education. London: Oxford University Press, 1973: 245.

道的制度可能与彼得斯所说的员工是"受过教育的人"没有多大关系,而更多的是与道德训练有关。

由此可见,彼得斯对知识的工具性价值的阐述尚存在不成熟之处。他引用了怀特的话,但没有证明参与民主社会与他的教育观念有关。更重要的是,彼得斯关于认知广度的工具性论点取自一些未经证实的经验主张。教育本身是否能促进和维持民主社会尚不清楚。同样,"受过教育的人"是否会成为更有效率的员工或者使社会机构"更人性化、更文明",这也有待进一步论证。

(三)关于复杂活动的非工具性价值

彼得斯认为从事复杂活动(complex activities)更能锻炼技能、培养敏感性和理解能力。"使活动变得复杂并改变对活动的认知"①,就能获得知识和理解。此外,从复杂活动获得的知识和理解本身就是快乐和满足的来源,因为人们在学习复杂活动的规则与惯例的同时,能体验到掌握这些规则和惯例的乐趣。

然而,除了复杂性之外,还有许多因素会影响人们从事复杂活动所能获得的快乐和满足。例如,罗尔斯(J. Rawls)把复杂性和兴趣之间的关系原则称为"亚里士多德原理"②。他指出,"在相同条件下,人类乐于行使(天生的或后天训练的)能力。这些能力的实现程度或复杂程度越高,带来的乐趣就越多"。③ 这就是说,人们越是精通某件事,就越能从中获得乐趣。对于两项同样出色的活动,人们更喜欢更复杂、更微妙的活动。显然,罗尔思关于复杂活动的观点与彼得斯基本一致,两人均认为复杂活动比简单活动更令人愉快,因为前者能满足人们对新奇和多样化的渴望,能激发独创性、制造惊喜和期待。换言之,复杂活动令人着迷,为欣赏美提供了机会。他们的不同之处在于,按照罗尔斯的观点,"对复杂活动的偏好是一种倾向,而不是一种学习结果"。④

---

① R. S. Peters. The Justification of Education[M]// R. S. Peters, ed.. The Philosophy of Education. London: Oxford University Press, 1973: 248.
② J. Rawls. A Theory of Justice[M]. Cambridge: Harvard University Press, 1971: 424-433.
③ J. Rawls. A Theory of Justice[M]. Cambridge: Harvard University Press, 1971: 426.
④ Daniel Pekarsky. The Aristotelian Principle and Education[J]. Educational Theory, 1980, 30(4): 283.

人们喜欢复杂活动与否取决于许多心理、生理和社会学因素。由于人的能力是有限的,在能力发展的某个阶段,得到的快乐或满足会被付出的努力或实践所抵消。如果新成就带来的快乐增长速度慢于达到新水平所需要付出的努力,那么人们可能会停止在这个方向上发展其能力。换句话说,复杂性的增加"可能导致愉悦、兴趣或享受的增加,但范围是有限的"[1]。

博卡斯基(Daniel Pekarsky)也提出了类似的观点,他认为如果与学习相关的不快乐是实质性的,与下一阶段活动相关的快乐又不能显著增加,人们就不太可能做出努力。他还指出:

> 在我们摆脱对满足食物、住所、自尊等基本需求的焦虑时,(复杂性)往往会起作用。[2]

换言之,只有人们的基本需求在某种程度上得到满足之后,复杂活动才会具有吸引力。按照彼得斯的论点,似乎这些起码的基本需求已得到满足,教育所在的社会成员已经达到了一定生活水平。因此,彼得斯的快乐论观点其实带有一种社会经济偏见。也就是说,他所提出的通过从事复杂活动来缓解无聊的主张更多地适用于社会经济阶层的中、上层成员。除非基本需求得到满足,否则一般人可能只会看到规划或追求知识等复杂活动的工具性价值。

然而,即使满足了基本需要,个人对复杂活动的偏好和应对能力也可能有所不同。例如,智力低下的人可能会发现复杂的活动无趣、令人沮丧或无法理解。有些人可能觉得复杂的游戏有趣,却觉得复杂的理论研究无聊。个人偏好和能力在决定复杂活动的吸引力方面的影响表明,如果活动满足了人们的需要或兴趣,就会被认为具有吸引力。在这种情况下,复杂性可能不是影响一个人选择活动的最重要因素。例如,人们可能选择从事科学研究,是因为他们对某种特定类型的调查感兴趣。调查是一种复杂活动,可能

---

[1] J. Rawls. A Theory of Justice[M]. Cambridge: Harvard University Press, 1971: 428.
[2] Daniel Pekarsky. The Aristotelian Principle and Education[J]. Educational Theory, 1980, 30(4): 287.

会被视为一件麻烦事,因为这种复杂性是障碍的来源,人们必须克服这些障碍,才能达到有价值的目的。

因此,我们可以看到,活动复杂性的增加并不总是与乐趣或兴趣的增加有关。对某些人来说,复杂的活动可能是有趣的挑战,而对另一些人来说,它可能是令人厌恶的,因为对这部分人而言,复杂性会使掌握一项活动变得过于困难,难以令人愉快。此外,复杂性本身并不能决定某项活动是否有吸引力;在一定程度上,必须先考虑到个体的最低生活标准,然后才会考虑活动复杂性的可取之处。

(四)关于有价值活动的合理性

彼得斯指出,"受过教育的人"要符合的一个认知条件是具有知识和理解的广度,亦即个体必须被启蒙接触各种知识形式和大量认知内容;他对知识的追求、对真理的关注等理论活动构成了他有价值的生活。关于对真理的追求,他写道:

> 真理不是一个可以实现的目标;它是一种庇护。在它的庇护下,必然有发展进步。不管是新发现还是证伪前人观点,都必然会造成新的事物被发现,或是新的假设被证伪。①

但是,这些无穷无尽的机遇并不是理论追求所独有的。玩游戏或成为熟练工也能带来无穷机遇,这与成为彼得斯所理解的"受过教育的人"没有明确关系。游戏和熟练工都可以是"庇护",在它们的庇护下必然有发展进步;一旦游戏结束,玩家将会以更高超的技巧玩另一种游戏。当雕塑完工或是交响曲演奏完毕,还有更多的艺术作品等待创作。彼得斯却驳斥了这些活动,并声称它们太有限,认为追求知识是更有吸引力的选择。他认为大多数活动都会在不同条件下以不同方式来反映相同状态。一顿饭和另一顿饭的区别,正如一场桥牌和另一场桥牌的区别一样,但它们都有一种静态的性

---

① R. S. Peters. The Justification of Education[M]// R. S. Peters, ed.. The Philosophy of Education. London: Oxford University Press, 1973: 250.

质,即"有着自然的或传统的目标,可以通过有限的几种方式来实现"①。然而,晚餐和特定游戏是不是具有这种静态的品质并不一定。在不同地点、不同条件下,与不同的客人、不同的伙伴或对手一起参加这些活动,可能会使这些活动具有动态的品质。另外,彼得斯所作的对比是不对等的。他称赞规划、求知等活动,却批评"晚餐"和"桥牌"。如果他将规划和求知活动与"社交活动"或"休闲活动"进行比较,结果可能会大不相同。正如追求真理的途径有很多一样,社会活动和休闲活动也是多种多样。就像一个接一个的晚宴可能会被证明是无聊的一样,对特定主题或特定领域的知识的持续追求也是如此。

此外,彼得斯赞同追求真理所带来的乐趣,但是没有充分说明人们为什么会选择参与这一活动。具体来说,快乐和满足感并不是每个人选择追求知识的理由。在追求学科真理的过程中,人们可以行使判断力和鉴别力,但不把这些与快乐联系起来。长期而困难的探索具有一种冒险的性质,不愉快的经历可能比愉快的经历在整个探究过程中所占比例更大,经过反思,人们往往很难相信其强度会较小。正如艾略特所言:

> 在很多情况下,人们所看重的似乎不是痛苦中的快乐,而是整个痛苦和欢乐的综合体;也就是说,只要有足够精力从事这种冒险并达到某种程度的成功,即便痛苦又何妨。②

按照艾略特的观点,从事理论活动的原因不是快乐和满足,而是充满活力的生活。一般而言,尽情生活是人的最重要需求,这不仅体现在智力生活中,也反映在感官、身体活动和实际生活中。对于参与者而言,追求高难度活动是否具有高价值,一个重要判断因素在于所追求的知识形式的价值。文学批评家和历史学家认为自己所追求的知识和理解有价值,是因为他们认为

---

① R. S. Peters. The Justification of Education[M]// R. S. Peters, ed.. The Philosophy of Education. London: Oxford University Press, 1973: 250.
② R. K. Elliott. Education and Justification[J]. Proceedings of the Philosophy of Education Society of Great Britain, 1977(11): 11.

这些知识是有价值的,而不是因为他们对知识的普遍热爱或对理性需求的信奉。

艾略特认为,彼得斯的快乐论是不充分的;要令人满意地诠释教育合理性问题,就需要全盘考虑那些使追求真理本身成为有价值活动的所有因素,还要"考虑其重要价值、求知对象的重要性以及关注真理暗含的快乐论和理性价值"①。彼得斯就求知提出的快乐论观点把求知活动沦为一种缓解无聊的消遣。人在思想方面保持敏锐是有益的,没有任何活动能"像高难度智力活动那样远离无聊,追求真理时尤其如此"②。

如果简单、老套的事物与复杂、理论性的事物一样令人愉悦,那么快乐、满足和享受就不能将具有教育价值的知识和理解与不具有教育价值的知识和理解区分开来。无论彼得斯的快乐论论点是否站得住脚,事实上,几乎所有知识、技能或活动都可能具有教育价值:例如关于令人愉快的活动的知识、关于规则或惯例的知识、关于规划和协调的知识、可作为目的本身被追求的知识,等等。快乐论的标准可以包括理论学科、工业艺术、家政学、体育、甚至以教育的名义进行的休闲活动。总之,彼得斯的快乐论标准,如同他的工具性标准一样,并没有将教育的具体概念与教育的一般概念区分开来。

因此,仅凭快乐论标准并不能将具有教育价值的知识和理解与不具有教育价值的知识和理解区分开来。彼得斯没有说清楚快乐论标准与他的教育理念有何关联。因此,有教育价值的生活方式的合理性问题尚待进一步探讨。

第二节 对我国教育的启示

虽然彼得斯的教育思想及相关著作的出版距今已过去半个多世纪,其

---

①② R. K. Elliott. Education and Justification[J]. Proceedings of the Philosophy of Education Society of Great Britain, 1977(11): 14.

理论亦有些不尽周全之处,但他对当时英国教育现状的批评和建议在今日看来仍具有启示意义。尤其是他关于坚持博雅教育传统、提倡追求知识的内在价值和秉持非工具性态度等的分析,对照我国教育的现状,依旧令人感慨系之。以下将在我国当今社会的脉络下,重新审视彼得斯教育思想对我国教育可能具有的启示。

一、正确理解教育目的

当前我国教育面临的问题,直指人们对教育目的的理解与再定位问题。下面拟列出中国社会面临的两个教育热点问题,作为进一步探讨的起点。

热点问题一:人为什么接受教育?接受教育仅仅是为了就业、赚大钱吗?有网站曾就"读书是为了挣大钱娶美女"为题进行网络调查,结果共有1 577名网友参与。其中1396名网友认为"读书是为了挣大钱娶美女"有道理,约占88.52%;141名认为没道理,约占8.94%;还有40名网友表示说不清,约占2.54%。① 针对福州中小学生个人目标所进行的一次调查结果显示,68.1%学生以实现个人奋斗目标为学习目的,喜欢在大城市且待遇好的单位工作。在对职业的选择上,有32%的学生选择当企业家,2%的学生选择当工人,没有一名学生选择当农民。② 这些调查结果引人深思。一方面反映了社会转型期青少年自我意识的增强,但另一方面也反映了思想道德观的碰撞和现时教育的某些悲哀之处。

热点问题二:21世纪的教育应该培养什么样的人?进入21世纪后,随着信息通信技术的突飞猛进,人类社会快速进入信息时代。与之前的工业时代迥然不同,21世纪新知识、新思想和新技术不断涌现,人的工作越来越多地被机器替代,社会竞争日益激烈。这些新发展给教育提出了新的挑战。到底应该培养什么样的人才能适应信息时代的要求?这个问题引发了人们对教育的新探索。2014年3月印发的《教育部关于全面深化课程改革落实

---

① 东方高考热线. 近九成网友认为"读书是为了挣大钱娶美女". http://news.eastday.com/epublish/gb/paper45/10429/class004500006/hwz381773.htm.
② 中新社. 福州七成中小学生以实现个人目标为学习目的. http://news.sohu.com/02/83/news144688302.shtml.

什么是"受过教育的人"？——彼得斯教育思想研究

立德树人根本任务的意见》中，国家系统提出要建设"核心素养体系"，"明确学生应具备的适应终身发展和社会发展需要的必备品格和关键能力，突出强调个人修养、社会关爱、家国情怀，更加注重自主发展、合作参与、创新实践"①。从2015年开始，教育部在借鉴国际课程改革的经验基础上确立了以发展学生核心素养为目标的课程改革方向。从素质教育转向核心素养，围绕培养"核心素养"展开的"新课程改革"也应运而生，旨在构建符合信息时代需要的课程体系。问题是，这些目标如何落地呢？

上述热点问题牵涉面广，原因是复杂的。但它们本质上都事关教育目的的正确理解问题。如果教育目的完全建立在社会政治、经济、生产力、文化、科技发展的要求之上，那么教育及其所培养的人就很容易成为"工具"或"附庸"。在此情况下，人被当作客体，按照社会的要求被训练成社会所需要的人。如果教育目的是依社会化而定，就很难摆脱现状的困扰和所信奉的价值观，造成短视的功利主义取向，易使人认为接受教育的目的是为了实现个人价值。

为了纠正这些偏差，我们不妨审视一下彼得斯眼中的教育目的。彼得斯提出教育目的内含于教育的概念之中：

> 人们所谈论的"教育目的"，很大程度上是对"教育"概念的误解。……"教育"的概念……暗示了培训等活动必须遵守的标准，其中之一就是应该传递有价值的东西。②

教育目的说明了教育与内在价值之间的联系，教育其实是目的和手段的合一。因此，教育实践和教育政策不可能被简单分解为"手段"和"目的"。任何教育活动的目的其实都是"内置"的，存在于人们的所作所为之中。"受过教育的人"能自觉追求教育的内在价值，所以即便存在外在目的的干扰，

---

① 《教育部关于全面深化课程改革落实立德树人根本任务的意见》. http://old.moe.gov.cn/publicfiles/business/htmlfiles/moe/s7054/201404/167226.html.
② R. S. Peters. Education as Initiation: An Inaugural Lecture Delivered at the University of London Institute of Education, [Z]. London: Harrap & Co. for University of London Institute of Education, 1964: 17.

他仍然能够不为所动。因此,我们不禁要反思,学校中实际进行的教育是否既是任务意义上的教育,也是成就意义上的教育(即"培养受过教育的人")?或者说,学校教育仅考虑到了任务意义上的教育,而忽视了成就意义上的教育?

另外,针对培养"核心素养"的热点问题,彼得斯的一些观点也可以给我们一些启示。对于核心素养的界定,美国经济学家列维(Frank Levy)和莫南(Richard J. Murnane)说道:

> 越来越少的劳动力从事常规认知和体力劳动构成的工作;这两类工作是最容易通过电脑编程来完成的。美国劳动力中越来越多的人从事强调专家思维(expert thinking)或复杂交往(complex communication)的工作;这些工作是计算机无法完成的。[1]

上述"专家思维"和"复杂交往"正是对 21 世纪公民的素养要求。前者是一种认知性素养,要求人们能在常规方法无效时想出新方法来解决问题;而后者属于非认知性素养,要求人们在复杂的社会交往情境中有能力促进复杂对话的延续和发展。在信息时代背景下,知识的更新速度非常快,掌握有限的"知识点"是不够的,必须帮助学生进行深度学习,把学科知识提升到学科观念的高度,才有助于学生素养的提升。核心素养观念下的不同学科之间是彼此融合的关系,彼此之间没有明显的边界。学生的学习"不在于习得孤寡的、碎片的、僵化的、垄断的知识,而在于建构通用的、综合的、无界的、分享的知识"[2],因为在解决特定情境中的问题时,仅仅依靠某一科的知识是行不通的,必须综合各门学科的知识,并且批判性地看待这些知识。这恰恰呼应了彼得斯的观点——"受过教育的人"不仅要有知识的广度,还应有知识的深度,要有"通观"的认知能力:

---

[1] F. Levy, R. J. Murnane. The New Division of Labor: How Computers Are Creating the Next Job Market[M]. Princeton: Princeton University Press, 2004: 53 - 54.
[2] 田中义隆. 21 世纪型能力与各国的教育实践[M]. 东京: 明石书店, 2015: 22 - 25.

> ……不仅有广泛的认识,而且能够以不同的方式解读他的经验,从而获得某种认知视角……愿意在形成的不同认识中寻找它们之间的联系。①

简言之,核心素养建立起"培养什么样的人"的教育理论模型,是宏观而抽象的框架,而学科知识是培养核心素养的源泉。在建设适应新时代的课程体系时,彼得斯的知识观和课程观无疑会给我国的新课程改革带来有益的启示,有助于我们深化对核心素养的认识,在教育实践中注重培养受教育者的关键能力和批判性思维。

二、追求教育的内在价值

针对我国教育实践中存在教育价值取向出现偏差的问题,早在1989年国内著名学者叶澜就曾指出:

> 作为个体的人的生命价值问题,在教育价值取向上依然没有得到应有的重视。……这一教育价值取向偏差的实质是忽视教育的特殊性,忽视个体的价值,忽视人格的培养。它的长期存在已经给我国的教育事业带来了消极的后果。②

虽然进入21世纪以来,我国的教育改革取得了一定成效,但是,叶澜教授所提出的这些问题还或多或少存在。而且,社会上诸如"教育是为现在还是为未来""应当推行应试教育还是素质教育"等热点问题仍然困扰着学者和普通民众。为什么这些问题依旧难以解决呢?这些问题的实质是什么?

总体而言,这些问题除了事关教育目的,追根究底也属于教育的价值问题,是有关教育价值取向的问题。教育价值问题其实属于哲学问题,这个问题与教育本身的存在理由有关。人们产生上述疑惑的原因在于,教育价值

---

① R. S. Peters. The Justification of Education[M]// R. S. Peters, ed.. The Philosophy of Education. London: Oxford University Press, 1973: 240.
② 叶澜. 试论当代中国教育价值取向之偏差[J]. 教育研究. 1989(8): 28 - 32.

问题往往被视为一个社会学的问题,因此,人们常常把教育价值理解为教育的社会功能。例如,人们常常会把教育的文化功能与教育的文化价值、教育的经济功能与教育的经济价值、教育的政治功能与教育的政治价值等混为一谈。毋庸赘言,教育从某种程度上说确实具有上述价值,但这些价值并非教育的内在价值,都是人们从外部赋予教育的工具性价值。

教育功能的异化导致教育行为的泛化,人们趋向于把任何结果都视为教育的结果。如有的学者认为,"广义的教育指的是,凡是有目的地增进人们的知识技能,影响人的思想品德,增强人的体质的活动,不论是有组织的或是无组织的,系统的或是零碎的,都是教育。"① 事实上,知识、技能、品德并非教育的直接产物,而是个体学习行为的结果。学习行为和教育行为是相关而不同的两种行为。人类活动并不能全部归为教育活动。过分强调教育的外在价值导致了教育行为的泛化。由于人们赋予教育过多的外部价值,教育已然面目全非、不堪重负。

事实上,教育的内在价值才是教育的本来面目。教育的内在价值关系到教育的根本任务、教育的使命、学校的定位、教师的职责等问题。然而,教育的内在价值并不容易把握。教育的外在价值越多,就越容易掩盖教育的内在价值。那么教育的内在价值到底是什么呢?

我们不妨回到彼得斯的观点:人们受教育就是为了寻求某些内在价值,必须否定纯粹的工具性原因。拥有或获得"对真理的热烈关切"② 是个体受教育的正当理由。关于这种对真理的态度,彼得斯说道:

> 这种态度无疑是人类的处境所引起的。作为宇宙中有思想的生物,周遭环境使得思维成为可能。教师致力于唤醒受教育者对这种处境的多方面认识,以某种方式指明事物的状态,并且在此基础上考量恰当的生活准则。③

---

① 王道俊,郭文安. 教育学[M]. 北京:人民教育出版社,2009:26.
② R. S. Peters. Ethics and Education[M]. London:George Allen and Unwin Ltd.,1966:165.
③ R. S. Peters. Ethics and Education[M]. London:George Allen and Unwin Ltd.,1966:166.

因此,受教育者要根据内在价值选择学习内容:

> ……必须在连贯的生活模式下根据活动本身的性质及它们之间可能的关系来进行考虑。①

在彼得斯看来,"科学、历史、文学欣赏、哲学等类似的文化活动"②是具有充分内在价值的学科,应该作为教育教学的一部分。这些学科相互关联、相互影响、相互启迪,可以确保人们实现有质量的生活。按照彼得斯的观点,人们在很大程度上是为了追求内在价值而不是为了外在目的来学习这些学科。这些学科在认知上的关切和广泛的认知内容是其他有限的活动所缺乏的,这种价值使得这些学科成为"严肃"的活动。作为严肃的活动,它们不仅仅是令人愉快的消遣,因为它们在很大程度上是对生活不同方面的诠释、评估与启发,在不知不觉中改变人的世界观。系统学习过这些学科的人"具备概念系统和评估方式,能够改造他在其他方面的所作所为"③。

因此,为了拯救教育本身,我们必须利用教育的内在价值来限制教育外部价值的过度膨胀。提倡教育的内在价值有助于人类追求更美好的生活,因为人类的美好生活离不开学习中的探索和创造,而追求教育的内在价值才能激发个体在学习中的创造力,才能进一步促进人类的政治、经济和文化生活。如果教育只是为了达到外在价值,将会阻碍人类的正常学习,就等于扼杀了学习行为中特有的创造力。

三、培养道德上受过教育的人

近几年发生的一些社会新闻发人深省,例如"高铁霸座男""列车霸座女""公交车坠江事件"等。虽然它们一定程度上属于个别偶然现象,但这些个例不断引发人们思考:接受过教育是不是意味着"受过教育"?注重接受知识教育而忽略道德教育,是否值得反思?习近平总书记强调:

---

① R. S. Peters. Ethics and Education[M]. London: George Allen and Unwin Ltd., 1966: 155.
②③ R. S. Peters. Ethics and Education[M]. London: George Allen and Unwin Ltd., 1966: 160.

> 要把立德树人融入思想道德教育、文化知识教育、社会实践教育各环节,贯穿基础教育、职业教育、高等教育各领域,学科体系、教学体系、教材体系、管理体系要围绕这个目标来设计,教师要围绕这个目标来教,学生要围绕这个目标来学。凡是不利于实现这个目标的做法都要坚决改过来。[①]

可以说,培养在道德上受过教育的人已经成为当务之急。

我国古代典籍《礼记·大学》有曰:"古之欲明明德于天下者,先治其国;欲治其国者,先齐其家;欲齐其家者,先修其身;欲修其身者,先正其心。"自古以来,中国社会对人的要求就是修身、齐家、治国、平天下。先贤之所以把修身放在首位,是要告诫我们:一个人的能力越大、道德品质越低,其社会危害性就越大。良好的教育是提高人民素质的最佳途径。因此,培养高素质的学生,加强德育工作,应该是各级学校和每位教师在教育教学过程中的第一要务。这既是学校教育的根本目标,也是家庭教育和社会教育的使命。

按照彼得斯的观点,伦理道德价值对教育具有很强的规范作用,他认为:

> 品格与对规则的服从是密不可分地联系在一起的。[②]

彼得斯关注的是美德和知识在社会生活中的关系和作用。他认为,道德教育的首要目标是培养"具有理智的、明智地并且十分自觉地引导自己的人"[③]。换言之,社会是由接受并内化社会规则的个体所组成的整体。在德育的实施过程中,教育者首先要教孩子基本的道德原则,然后再教他们在社会生活中如何运用这些原则。虽然培养孩子的理性道德是必要的,但最好的方法不是直接把成人的理性给予他们,而是应当让孩子养成道德行为的好习惯。这些好习惯常常伴随着理性。所以教育者通过行为习惯的训练把规则

---

① 新时代如何立德树人?习近平为中国教育划重点! http://www.chinanews.com/gn/2018/09-11/8623775.shtml.
② 彼得斯. 道德发展与道德教育[M]. 邬冬星,译. 杭州:浙江教育出版社,2000:20.
③ 彼得斯. 道德发展与道德教育[M]. 邬冬星,译. 杭州:浙江教育出版社,2000:51.

什么是"受过教育的人"？——彼得斯教育思想研究

传递给孩子，并不等于强迫孩子按规则行事，而是引导孩子学会按规则行事。

为了培养在道德上受过教育的人，必须将知行统一起来。正如涂尔干（Émile Durkheim）所言：

> 生活是道德的基础实施，道德是生活的构成性规则，只有生活本身才能为自己制定法则，在生活之上或之外，不再可能有什么了。①

诚然，生活和道德紧密相关。道德来自人类生活的各种关系，也体现在人类生活的各个方面。道德教育必须融入人类社会生活。现实生活中产生的具体情感能渗透到人们的道德习惯的养成过程中，潜移默化地影响人们的人生观、世界观、价值观。这种潜移默化是任何一种教育模式都无法比拟的。因此，作为一种"实践精神"，价值观最终应该落实到人们的实际行动中。每个人都应该知行合一，把价值观与行动自觉统一起来，从而实现人生的意义。

在道德习惯的形成过程中，教育是第一位的，起着决定性的作用，是继承和发展人类社会生产经验等先进方法的关键环节。公民成长的过程也离不开道德教育，道德教育贯穿始终。具体来说，就是引导人们在日常生活中把社会主义核心价值观转化为个人道德、家庭美德、职业道德和社会道德。我们应该把诚实守信、团结友爱作为人际关系的基本原则，弘扬真善美，惩治假恶丑，把"天下兴亡，匹夫有责"融入积极奉献的行动中，自觉践行自己的责任。为了更好地促进并发展人们的道德习惯，可以充分发挥道德的模范作用，鼓励人们自觉控制自己的言行，在实践活动的过程中，努力提高自己的道德素质，并尽一切努力实现人生价值的目标。教育使人向善，正如彼得斯所说的那样：

> 教育犹如人与人之间的相遇，精神之风会吹向聆听的方向。②

---

① 埃米尔·涂尔干. 道德教育[M]. 陈光金，沈杰，朱谐汉，译. 上海：上海人民出版社，2001：38.
② R. S. Peters. Ethics and Education[M]. London: George Allen and Unwin Ltd., 1966: 66.

结　语

作为英国"伦敦路线"的领军人物,彼得斯在分析教育哲学领域做出了卓越贡献,受到西方哲学界的广泛认可。他的心理学专业出身的背景给教育哲学研究提供了新的研究视角。彼得斯秉承传统博雅教育观,被视为一位"老派"的哲学家:

> (他的哲学思想)是综合的、全面的、具有指导性的,涉及最普遍和最重要的问题,既包括形而上学的"世界观",也包括一种生活哲学。[①]

彼得斯是自我反思和批判的研究者典范。他的一系列著述,几经修正,慢慢形成了自己的一整套关于什么是"受过教育的人"以及如何培养"受过教育的人"的理论。

彼得斯心目中的"受过教育的人"是有博雅知识观、有理性道德并且是理性自主的自由人。首先,"受过教育的人"不仅具有广泛的知识,而且能够对知识融会贯通,形成认知的视角。他对知识有着非工具性的态度,因为求知是为了追求知识、理解和真理本身。其次,"受过教育的人"是具有理性道德的人,是在道德上受过教育的人。他对道德原则的内容、原因和内在价值具有充分理性的认识,对道德基本准则怀有理性热情,并且能够将理性认识和理性热情自觉地运用于自己的日常行为之中。他的道德生活不仅有理性

[①] R. K. Elliott. Richard Peters: A Philosopher in the Older Style[G]// D. E. Cooper, ed.. Education, Values and Mind: Essays for R. S. Peters. London: Routledge and Kegan Paul, 1986: 45.

的认知和判断,还有情感、意志和行为习惯,自始至终坚守道德规则和原则。再次,"受过教育的人"也是理性自主的自由人。过度自由将导致不自由,因此自由需要得到法律和道德的保障。自由意味着个体有着选择能力,他能决定自己的命运,有着自我认同意识。能够从选择者转变为规则的制定者和执行者,成为有理性反思力和意志力的理性自主的人,是彼得斯的"受过教育的人"的最高理想。

总体而言,彼得斯的"受过教育的人"的理论核心体现在知识、道德、自由三要素的关系之上,如图3所示:

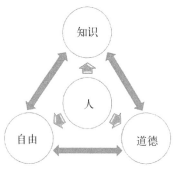

图3 "受过教育的人"核心要素关系图

由图3可知,知识、道德和自由相互制约、相互促进。知识和道德的关系犹如才与德的关系:才与德相互影响,相互制约;有德未必有才,有才未必有德。有德无才和有才无德都是不可取的,德业双修、德才兼备才是理想境界。再者,道德和自由的关系也是互不相离、互相规定的,二者相互含蕴。正如康德所言,如果人是自由的,必然遵从一种普遍的道德律意识而行动,而只有遵从道德律的意识而行动的存在者,才能是真正自由的。另外,知识和自由的关系也是不言而喻的。人寻求知识是出于自身的自由,只因人本自由。获得了普遍知识后,人会以更加宽广的心态和思想面对人生,从而获得内心的自由。

另一方面,从人的心智到人的社会性,彼得斯由内而外对有关"受过教育的人"之教育的理论进行了较为系统的阐述。他的"受过教育的人"之教育的理论有四个核心因素,即心智、心智发展、教育和公共世界。心智和心智发展都属于人的范畴,教育一词蕴含着教育过程的标准及"受过教育的人"的标准。教育要按照人的心智发展特点进行,启发和引导受教育者接触有内在价值的东西,通过学习各种社会规则和客观标准,使其逐渐进入公共世界并成为其中一员。各要素之间的关系如图4所示:

具体而言,人的"心智"不是一种超然的、先天的自我。它不是被简单粗暴地扔入尘世间,被强加各种规则或经验;也不是一块白板,任由知识在上面刻画。自我必须循序渐进地接触一系列思想、认识、概念和语言。事实上,自我无法真正成为自我,除非他在传承中占有一席之地。"心智"是"接受启蒙进入典藏于公共语言中的公共传统后的产物"①。在彼得斯看来,心智的发展意味着个体的"社会化",具有重要的意义。教育的发展就是心智的发展,它涉及广泛接触各类经验以及思考和诠释经验的

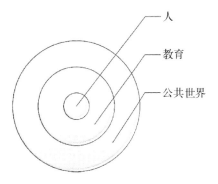

图4 "受过教育的人"之教育核心要素关系图

方法。这种发展被认为是有价值的,但它不是大众所误认为的那种"流行"的形式。各种形式的思想和意识都有自己的内在标准,包括与各种经验有关的价值标准。在学习这些形式的过程中,人们很快就会发现"大众的价值"不具有重要性,因为它们是基于相对较低级的、往往不正确的引导而进入高级形式的。这些高级的价值标准体现在重要的传统中,其功能通常是对思想、经验和态度进行持续评估和重新评估。正是这种持续性评估和再评估成为人生活的一部分,使其人生观发生变化,并提高其生活质量。另一方面,就教育本身而言,教育是启蒙和引导个体进入公共世界。学习者必须具备辩证思维,在自我反省的过程中寻求知识和理解。"语言学习和探索公共世界在时空上同步进行。但是个体的经历在独特的生命过程中相互交织,反映着对公共世界特别而不可重复的观点"②。在此,保守主义的教育传统所强调的知识权威与进步主义传统所强调的独立创造性之间达到了一种平衡。

对于"'受过教育的人'之教育的价值是什么"的问题,彼得斯通过工具论、非工具论论点进行了回答。彼得斯通过把认知活动与非工具性态度相融合,证明了出于工具性或非工具性目的进行以学科为导向的博雅教育的可行性。这种以学科为导向的学习不仅可以给社会、也可以给个人带来好

---

① R. S. Peters. Education as Initiation[G]// R. D. Archambault, ed.. Philosophical Analysis in Education. London: Routledge and Kegan Paul, 1965: 102 - 103.
② R. S. Peters. Ethics and Education[M]. London: George Allen and Unwin Ltd., 1966: 50.

处。但他对教育的证成尚存在一些缺陷。例如他断言这些特征有价值时，没有说明为什么应该重视这些特征，也没有说明为什么应该培养他所描述的"受过教育的人"。教育有很多不同的概念，每种概念都有其价值，彼得斯没有提供足够的理由来驳斥其他概念或是证明他的教育观的合理性。尽管他的"受过教育的人"的理论还有这样那样的不足之处，但他"追求内在价值"的观点却为我们审视当下的教育提供了重要的参考，有着重要的启示作用。

总之，"受过教育的人"有着应对变化的能力和诠释经验的能力，其人生旨在追寻价值，寻求如何将价值与自己融为一体，由此实现生命质量的提升。正如彼得斯所言：

> 受教育不是为了到达目的地，而是为了带着不同的视角去旅行。[1]

彼得斯关于"受过教育的人"的思想，尤其是他的道德教育理论以及在我国教育实践中如何结合和运用彼得斯的教育思想等问题，还有很大的探讨空间。本书对彼得斯教育思想理论的梳理和阐述，仅为抛砖引玉；更为全面而深入的研究，尚祈同行方家共同努力。

---

[1] R. S. Peters. Education as Initiation[G]// R. D. Archambault, ed.. Philosophical Analysis in Education. London: Routledge and Kegan Paul, 1965: 110.

参考文献

一、期刊类

[1] 陈淑娟. 皮德思道德教育思想及其对教育的启示[J]. 教育研究,1999,7.

[2] 陈新忠,金笑阳. 教育哲学的百年演进及发展趋向[J]. 徐州工程学院学报(社会科学版),2018,33(5).

[3] 陈子冰,桑志坚,刘文霞. 人的问题:杜威教育哲学的逻辑基点[J]. 教育学报,2016,12(5).

[4] 程亮. 什么是受过教育的人——彼得斯的观点及其批评[J]. 教育学报,2012,8(6).

[5] 初萌. 什么是教育——分析教育哲学家彼得斯的观点及评述[J]. 中国人民大学教育学刊,2013(4).

[6] 单中惠. 当代欧美十大教育思潮述评(三)[J]. 河南教育学院学报(哲学社会科学版),1997(2).

[7] 邓晓芒. 康德的"先验"与"超验"之辨[J]. 同济大学学报(社会科学版),2005(5).

[8] 方永泉. 教育人——博雅教育的新典范[J]. 当代教育研究,2009,17(4).

[9] 韩林合. 维特根斯坦论"语言游戏"和"生活形式"[J]. 北京大学学报(哲学社会科学版),1996(1).

[10] 韩敏. 观念分析学派应是教育哲学的一个学派[J]. 教育评论,1999(5).

[11] 韩吉珍. 谢弗勒教育哲学思想的成长[J]. 外国教育研究,2008(7).

[12] 韩吉珍. 谢弗勒教育哲学思想研究综述[J]. 教育理论与实践,2010,

30(34).

[13] 洪铭国,但昭伟. 皮德思教育三规准论在台湾的引介及其所引发的问题[J]. 市北教育学刊,2015(50).

[14] 简成熙. 彼得斯对教育内在性目的之论证及其相关评析[J]. 教育学术月刊,2019(1).

[15] 简成熙. 从三本英国教育哲学手册回顾与前瞻伦敦路线的发展：兼评欧阳教教授的贡献[J]. 市北教育学刊,2011(39).

[16] 简成熙. 皮德思分析的教育哲学典范——"伦理学与教育"再探[J]. 市北教育学刊,2015(49).

[17] 金玉双,刘倩. 简析斯多葛学派的伦理思想[J]. 商业文化(下半月),2011(3).

[18] 柯严贺. 分析哲学家皮德思道德教育思想及其对学校教育的启示[J]. 教育研究,2000(8).

[19] 柯严贺. 皮德思"社会控制"观及其在教育上的运用[J]. 教育研究,2006(6).

[20] 梁光晨. 消极自由与积极自由——解读以赛亚·伯林的自由观[J]. 西南农业大学学报(社会科学版),2012,10(10).

[21] 乐国安. 论新行为主义者斯金纳关于人的行为原因的研究[J]. 心理学报,1982(3).

[22] 李玢. 分析教育哲学的兴起和面临的困境[J]. 华东师范大学学报(教育科学版),1991(4).

[23] 李丽. 英美分析教育哲学的涨落——基于分析哲学与分析教育哲学关系的探讨[J]. 当代教育与文化,2014,6(5).

[24] 李贤智,杨汉麟. 英国分析教育哲学的发展与走向[J]. 外国教育研究,2008(10).

[25] 李育球. 论当代西方分析教师教育哲学思想[J]. 比较教育研究,2017,39(1).

[26] 林逢祺. 皮德思道德教育思想之研究[J]. 台湾师范大学教育研究所集刊,1989,31(6).

[27] 刘龙根. 维特根斯坦"语言游戏说"探析[J]. 广西社会科学,2004(07).

[28] 陆一. "通识教育"在教育实践中的名实互动[J]. 清华大学教育研究,2018,39(2).

[29] 陆有铨. 分析教育哲学述评[J]. 山东师大学报(社会科学版),1987(5).

[30] 吕华磊. 英国教育哲学探析[J]. 法制与社会,2010(4).

[31] 毛颖. 访"怪论老师"[J]. 黄金时代,2002(11).

[32] 潘德荣. 当代诠释学的发展及其特征[J]. 鹅湖学志,1992,12(9).

[33] 荣司平. 论教育的内在价值[J]. 青海师范大学学报(哲学社会科学版),2013,35(6).

[34] 石中英. 20世纪英国教育哲学的回顾与前瞻[J]. 比较教育研究,2001(11).

[35] 斯多葛学派[J]. 教学考试,2018(53).

[36] 苏永明. 教育分析哲学从 Aristotle 学到了什么?[J]. 山西大学学报(哲学社会科学版),2017,40(5).

[37] 王北生. "育才"与"制器":教育究竟为了什么和应做什么——由"状元风"引发对教育目的的再思考[J]. 教育理论与实践,2009,29(1).

[38] 王海涛. 走近分析教育哲学——对分析教育哲学发展史的重新梳理[J]. 清华大学教育研究,2017,38(3).

[39] 王玲. 分析教育哲学视野下的教育[J]. 教学与管理,2018(12).

[40] 吴立保,唐赟,周竹萍. 类主体视野下立德树人的范式转换与路径选择[J]. 中国教育学刊,2014(11).

[41] 吴明隆. 从分析哲学家皮德思的"处罚与纪律"观省思体罚的问题[J]. 高市铎声,1992,3(1).

[42] 吴明隆. 从皮德思[Richard S. Peters]的教育思想及权威教育观论述教师权威的运用[J]. 训育研究,1996,35(4).

[43] 吴明隆. 皮德思"处罚与纪律"观的启示[J]. 现代教育季刊,1992.

[44] 徐小洲. 论赫尔巴特的教育目的论[J]. 浙江大学学报(人文社会科学版),2000(6).

[45] 叶澜. 试论当代中国教育价值取向之偏差[J]. 教育研究,1989(8).

[46] 张伟. 柯尔伯格道德认知理论的分析与借鉴[J]. 经济师,2012(2).

[47] 张治忠,马纯红. 皮亚杰与柯尔伯格道德发展理论比较[J]. 扬州大学学报(高教研究版),2005(1).

[48] 种海燕. 卢梭的"自然人"理论和反异化思想[J]. 自然辩证法通讯,2015,37(4).

[49] 朱冬梅,刘胜梅. 彼得斯的道德教育思想:目标、内容与方法[J]. 人民论坛,2013(35).

[50] 朱镜人. 彼得斯分析教育哲学思想述评——基于《伦理学与教育》文本的分析[J]. 河北师范大学学报(教育科学版),2018,20(5).

[51] 朱晓琳,毕敬亮. 分析教育哲学关于"教育"的分析及启示[J]. 工会论坛(山东省工会管理干部学院学报),2012,18(6).

[52] [美] 华尔曼,希尔加特,谢循初. 赫尔的新行为主义[J]. 现代外国哲学社会科学文摘,1962(3).

[53] [美] 华尔曼,谢循初. 斯金纳的新行为主义[J]. 现代外国哲学社会科学文摘,1962(3).

[54] [美] 威廉姆·H. 肖,庄忠正. 自由与功利主义——论约翰·穆勒的"自由原则"[J]. 学习与探索,2014(2).

[55] Adams, J. W. L. Review[J]. The Philosophical Quarterly, 1968, 18(71).

[56] Andersen, Bill. PESA: A memoir[J]. Educational Philosophy and Theory, 2009, 41(7).

[57] Bantock, G. H. Review[J]. British Journal of Educational Studies, 1982, 30(3).

[58] Barrow, Robin. Was Peters Nearly Right About Education?[J]. Journal of Philosophy of Education, 2010, 43(S1).

[59] Beck, Clive. Review[J]. Studies in Philosophy and Education, 1975, 9(1 & 2).

[60] Beckett, Kelvin Stewart. R. S. Peters and The Concept of Education[J]. Educational Theory, 2011, 61(3).

[61] Burke, Harry, Hogg, et al. Music Educator: Reminiscences Of A Past Student[J]. Australian Journal of Music Education, 2014(2).

[62] Carr, David. Moral Philosophy and Psychology in Progressive and Traditional Educational Thought[J]. Journal of Philosophy of Education, 1984, 18(1).

[63] Carr, Wilfred. R. S. Peters' Philosophy of Education: Review Article [J]. British Journal of Educational Studies, 1986, 32(1).

[64] Cato, Dennis. Getting Clearer About 'Getting Clearer': R. S. Peters And Second-Order Conceptual Analysis[J]. Journal of Philosophy of Education, 1987, 21(1).

[65] Clark, John. Richard Peters 1919 – 2011[J]. Educational Philosophy and Theory, 2012, 44(3).

[66] Clarke, Matthew, Hennig, et al. Motivation as Ethical Self-Formation[J]. Educational Philosophy and Theory, 2013, 45(1).

[67] Cohen, Brenda. Review[J]. British Journal of Educational Studies, 1978, 26(2).

[68] Cootes, Richard J. Review[J]. Comparative Education, 1972, 8(3).

[69] Cotter, Richard. Peters' Concept of 'Education as Initiation': Communitarian or individualist? [J]. Educational Philosophy and Theory, 2013, 45(2).

[70] Cuypers, Stefaan E., Martin, et al. Reading R. S. Peters on Education Today[J]. Journal of Philosophy of Education, 2010, 43(S1).

[71] Cuypers, Stefan E. Autonomy in R. S. Peters' Educational Theory [J]. Journal of Philosophy of Education, 2009, 43(S1).

[72] Cuypers, Stefan E. R. S. Peters' Comprehensive Theory of Moral Education[J]. Kultura Pedagogiczna, 2014(1).

[73] Cuypers, Stefan E. The Existential Concern Of The Humanities R. S. Peters' Justification Of Liberal Education [J]. Educational

Philosophy and Theory, 2018(50): 6-7.

[74] Dearden, R. F. Philosophy of Education: 1952-1982[J]. British Journal of Educational Studies, 1982, 30(1).

[75] Degenhardt, M. A. B. Should Philosophy Express The Shelf? [J]. Journal of Philosophy of Education, 2003, 37(1).

[76] Earwaker, John. R. S. Peters and the Concept of Education[J]. Journal of Philosophy of Education, 1973, 7(2).

[77] Edel, Abraham. Review[J]. Studies in Philosophy and Education, 1968, 6(1).

[78] Editorial. Review of R. S. Peter's Contribution to the Philosophy of Education[J]. British Journal of Educational Studies, 1986, 34(3).

[79] Elechi, Gabriel Ekwueme. R. S. Peters' Concept Of Education And The Educated Man: Implications For Leadership Recruitment In Nigeria[J]. Developing Country Studies, 2014, 4(23).

[80] Elliott, R. K. Education and Justification[J]. Proceedings of the Philosophy of Education Society of Great Britain, 1977, 11.

[81] English, Andrea. Transformation and Education: The Voice of the Learner in Peters' Concept of Teaching[J]. Journal of Philosophy of Education, 2009, 43(S1).

[82] Fisher, Mark. More Philosophical Rigour And Exactness[J]. Journal on Uncertainty Quantification, 1967.

[83] Fitzgibbons, R. E. Peters' Analysis of Education: The Pathology of an Argument[J]. British Journal of Educational Studies, 1975, 23(1).

[84] Fletcher, Ronald. Review[J]. The British Journal of Sociology, 1960, 11(2).

[85] Foshay, Arthur W. Review[J]. International Review of Education, 1982, 28(3).

[86] Franz, Harold J. The Criteria of 'Being Educated'[J]. Educational Theory, 1972, 22(4).

[87] Gardner, Peter. On Some Paradoxes in Moral Education[J]. Journal of Philosophy of Education, 1981, 15(1).

[88] Gean, William D. Problems on the Borderline of Philosophy and Psychology[J]. Contemporary Psychology: APA Review of Books, 1976, 21(5).

[89] Gotz, Ignacio L. Education and Masculine/Feminine Consciousness[J]. Educational Theory, 1986, 36(1).

[90] Gregory, Ian. Reivew[J]. Philosophical Books, 1972, 13(1).

[91] Hand, Michael. Education for Autonomy: A Rejoinder to Aviram and Assor[J]. Oxford Review of Education, 2010, 36(1).

[92] Hand, Michael. On the Worthwhileness of Theoretical Activities[J]. Journal of Philosophy of Education, 2009, 43(S1).

[93] Hare, William. Russell's Contribution To Philosophy Of Education[J]. The Journal of Bertrand Russell Studies, 1987, 7 (1): 25.

[94] Haydon, Graham. Reason and Virtues: The Paradox of R. S. Peters on Moral Education[J]. Journal of Philosophy of Education, 2010, 43(S1).

[95] Haynes, Bruce. R. S. Peters and the Periphery[J]. Educational Philosophy and Theory, 2013, 45(2).

[96] Haynes, Felicity. R. S. Peters: The Reasonableness of Ethics[J]. Educational Philosophy and Theory, 2013, 45(2).

[97] Hendley, Brian. Review[J]. Dialogue, 1980, 19(4).

[98] Hirsch, E. D. Content and Criticism: The Aims of Schooling[R]. Annual Conference of the Philosophy of Education Society of Great Britain. Oxford University, 1994.

[99] Hodgson, Naomi. What Does It Mean to Be an Educated Person?[J]. Journal of Philosophy of Education, 2010, 44(1).

[100] Horowitz, Irving Louis. Hobbes by Richard Peters[J]. Science and Society, 1957, 21(3).

[101] J. T. K. Review[J]. The Review of Metaphysics, 1973, 27(1).

[102] John Darling. Rousseau as Progressive Instrumentalist[J]. Joural of Philosophy of Education, 1993, 27(1).

[103] Katz, Michael S. R. S. Peters' Normative Conception of Education and Educational Aims[J]. Journal of Philosophy of Education, 2010, 43(S1).

[104] Kennedy, Dale. R. S. Peters' Concept of Character and the Criterion of Consistency for Actions[J]. Educational Theory, 1975, 25(1).

[105] Kleinig, John. R. S. Peters on Punishment[J]. British Journal of Educational Studies, 1972, 20(3).

[106] Kleinig, John. R. S. Peters' Use of Transcendental Arguments[J]. Journal of Philosophy of Education, 1973, 7(2).

[107] Kristjánsson, Kristján. Habituated Reason: Aristotle and the 'Paradox of Moral Education'[J]. Theory and Research in Education, 2006, 4(1).

[108] Krook, Dorothea. Hobbes by Richard Peters[J]. Philosophy, 1958, 33(125).

[109] Langford, Glenn. Review[J]. Mind, New Series, 1974, 83(329).

[110] Langford, Glenn. Review[J]. Philosophy, 1972, 47(182).

[111] MacAllister, James. The 'Physically Educated' Person: Physical education in the philosophy of Reid, Peters and Aristotle[J]. Educational Philosophy and Theory, 2013, 45(9).

[112] Mace, C. A. Review[J]. Philosophy, 1955, 30(112).

[113] Martin, Christopher. The Good, the Worthwhile and the Obligatory: Practical Reason and Moral Universalism in R. S. Peters' Conception of Education[J]. Journal of Philosophy of Education, 2010, 43(S1).

[114] Martin, Jane Roland. The Ideal Of The Educated Person[J]. Educational Theory, 1981, 31(2).

[115] Martin, Christopher, Ergas, Oren. Mindfulness, Sport And The Body: The Justification Of Physical Education Revisited[J]. Sport, Ethics and Philosophy, 2016, 10(2).

[116] McClure, George. Growth as an Educational Aim: A Reply to R. S. Peters[J]. Studies in Philosophy and Education, 1964(3).

[117] McLaughlin, H. Terence. Israel Scheffler on Religion, Reason and Education[J]. Studies in Philosophy and Education, 1997, 16(1-2).

[118] Mulcahy, D. G. Liberal Education and the Ideal of the Educated Person[C]. Paper presentation at the annual conference of the American Educational Studies Association, Pittsburgh, November 4-8, 2009.

[119] Mulcahy, D. G. Enlarging the Outlook on Liberal Education and the Educated Person[C]. Paper Presented at the Annual Conference of the American Educational Studies Association, St Louis, November 2-6, 2011.

[120] Murphy, F. The Paradox of Freedom in R. S. Peters' Analysis of Education as Initiation[J]. British Journal of Educational Studies, 1973, 21(1).

[121] Ndofirepi, Amasa P. Deciphering Traditional African Education in R. S. Peters' Education as Initiation[J]. Journal of Education and Learning, 2014, 8(2).

[122] O'Leary, P. T. Review[J]. Dialogue, 1968, 7(1).

[123] Oliver, R. Graham. Through the Doors of Reason: Dissolving Four Paradoxes of Education Against the Theory of Just One Developmental Paradox of Education[J]. Educational Theory, 1985, 35(1).

[124] Ozoliņš, Jānis T. R. S. Peters and J. H. Newman on the Aims of Education[J]. Educational Philosophy and Theory, 2013, 45(2).

[125] Ozoliņš, Jānis T., Stolz, Steven A. The Place of Physical Education

and Sport in Education[J]. Educational Philosophy and Theory, 2013, 45(9).

[126] Ozoliņš, Jānis T. R. S. Peters: A Significant and Seminal Thinker in Philosophy of Education[J]. Educational Philosophy and Theory, 2012, 44(3).

[127] Pekarsky, Daniel. The Aristotelian Principle and Education[J]. Educational Theory, 1980, 30(4).

[128] Perry, L. R. Review[J]. British Journal of Educational Studies, 1973, 21(1).

[129] Peters, R. S. Cause, Cure and Motive[J]. Analysis, 1950, 10(5).

[130] Peters, R. S. Democratic Values and Educational Aims[J]. Teachers College Record, 1979, 80(5).

[131] Peters, R. S. Education and Justification: A Reply to R. K. Elliott[Z]. Proceedings of the Philosophy of Education Society of Great Britain, 1977, 11.

[132] Peters, R. S. Moral Education and the Psychology of Character[J]. Philosophy, 1962, 36(139).

[133] Peters, R. S. Why Doesn't Lawrence Kohlberg Do His Homework?[J]. California: A Phi Delta Kappa Publication. 1976, 56(10).

[134] Peters, R. S. 'Mental Health' As An Educational Aim[J]. Studies in Philosophy and Education, 1964, 3(2).

[135] Phenix, Philip H. Review[J]. American Journal of Education, 1981, 90(1).

[136] Porteous, A. J. D. Review[J]. British Journal of Educational Studies, 1967, 15(3).

[137] Porteous, A. J. D. Review[J]. British Journal of Educational Studies, 1967, 15(1).

[138] R. J. B. Review[J]. The Review of Metaphysics, 1970, 24(1).

[139] Reagan, T. G. Paideia Redux: A Contemporary Case for the Classics

[J]. Journal of Thought, 2003, 38(3).

[140] Roemer, Eleanor Kallman. Harm and the Ideal of the Educated Person: Response to Jane Roland Martin[J]. Educational Theory, 1981, 31(2).

[141] Rorty, R. Education Without Dogma[J], Dissent, 1989, 36.

[142] Shoemaker, Sydney. Review[J]. The Philosophical Review, 1960, 69(3).

[143] Soltis, J. Education as Initiation by R. S. Peters[J]. Studies in Philosophy and Education, 1967, 5.

[144] Standish, Paul. Editorial[J]. Journal of Philosophy of Education, 2012, 46(1).

[145] Thiessen, Elmer J. R. S. Peters on Liberal Education: A Reconstruction[J]. Interchange, 1989, 20(4).

[146] Thomson, Robert. The Concept of Motivation by R. S. Peters[J]. Philosophy, 1959, 34(128).

[147] Tobin, B. M. Richard Peters' Theory of Moral Development[J]. Journal of Philosophy of Education, 1989, 23(1).

[148] Tuck, J. P. Review[J]. British Journal of Educational Studies, 1971, 19(2).

[149] Vandenberg, Donald. School Rules and Their Enforcement in Analytic/Existential Perspective[J]. Educational Theory, 1972, 22.

[150] Walker, J. C. Two Competing Theories of Personal Autonomy: A Critique of the Liberal Rationalist Attack on Progressivism[J]. Educational Theory, 1981, 31(3-4).

[151] Warnick, Bryan R. Ethics and Education Forty Years Later[J]. Educational Theory, 2007, 57(1).

[152] Warnick, Bryan R. Ritual, Imitation and Education in R. S. Peters[J]. Journal of Philosophy of Education, 2009, 43(S1).

[153] White, John. Why General Education? Peters, Hirst and History

[J]. Journal of Philosophy of Education，2010，43(S1).

[154] Williams, Kevin. Vision and Elusiveness in Philosophy of Education: R. S. Peters on the Legacy of Michael Oakeshott[J]. Journal of Philosophy of Education，2009，43(S1).

[155] Winch, Christopher. Work, the Aims of Life and the Aims of Education: A Reply to Clarke and Mearman[J]. Journal of Philosophy of Education，2004，38(4).

[156] Wisdom, J. O. Review[J]. The British Journal for the Philosophy of Science，1954，5(18).

二、著作类

[1] 北京大学哲学系外国哲学史教研室. 西方哲学原著选读(上册)[M]. 北京：商务印书馆,1982.

[2] 陈桂生,范国睿,丁静主编. 教育理论的性质与研究取向[M]. 上海：华东师范大学出版社,2006.

[3] 单中惠,杨汉麟主编. 西方教育学名著提要[M]. 南昌：江西人民出版社,2004.

[4] 但昭伟. 分析哲学与分析的教育哲学. 载于《当代教育哲学》[M]. 邱兆伟(主编). 台北：师大书苑有限公司,2003.

[5] 贾馥茗. 西方教育名著述要[M]. 北京：世界图书出版公司北京公司,2011.

[6] 简成熙. 教育哲学：理论、实务与文选[M]. 高雄：复文图书出版社,1991.

[7] 简成熙. 教育哲学专论：当分析哲学遇上女性主义[M]. 台北：高等教育文化事业有限公司,2005.

[8] 江怡. 维特根斯坦[M]. 长沙：湖南教育出版社,1999.

[9] 柯林斯高阶英汉双解词典[K]. 北京：商务印书馆出版,2008.

[10] 李奉儒. 教育哲学：分析的取向[M]. 台北：扬智文化事业公司,2004.

[11] 联合国教科文组织国际教育发展委员会编著. 学会生存：教育世界的

今天和明天[Z]. 上海师范大学外国教育研究室译,1979.
[12] 林逢祺,洪仁进. 教育哲学述评[M]. 台北:师大书苑有限公司,2003.
[13] 瞿葆奎. 教育学文集·教育目的卷[C]. 北京:人民教育出版社,1985.
[14] 瞿世英. 西洋教育思想史[M]. 福州:福建教育出版社,2011.
[15] 孙喜亭,周作宇. 教育学原理(教学参考资料)[M]. 北京:北京师大教育管理学院,1995.
[16] 檀传宝. 世界教育思想地图[M]. 福州:福建教育出版社,2010.
[17] 王承绪,赵祥麟. 西方现代教育论著选[M]. 北京:人民教育出版社,2001.
[18] 王川著. 西方经典教育学说:从苏格拉底到蒙台梭利[M]. 成都:四川人民出版社,2000.
[19] 王道俊,郭文安. 教育学[M]. 北京:人民教育出版社,2009.
[20] 王天一,夏之莲,朱美玉. 外国教育史(上册)[M]. 北京:北京师范大学出版社,2006.
[21] 吴明隆. 班级经营与教学新趋势[M]. 上海:华东师范大学出版社,2006.
[22] 吴式颖,任钟印主编. 外国教育思想通史(第10卷)20世纪的教育思想(下)[M]. 长沙:湖南教育出版社,2002.
[23] 燕国材. 素质教育论[M]. 南京:江苏教育出版社,1997.
[24] 张斌贤,褚红启. 西方教育思想史[M]. 成都:四川教育出版社,1994.
[25] 张人杰,王卫东主编. 20世纪教育学名家名著[M]. 广州:广东高等教育出版社,2002.
[26] 张易山. 年轻人不可不知的100位世界名人[M]. 北京:中国华侨出版社,2009.
[27] 赵敦华. 西方哲学简史[M]. 北京:北京大学出版社,2001.
[28] 赵祥麟,王承绪. 杜威教育论著选[M]. 上海:华东师范大学出版社,1981.
[29] 赵祥麟. 外国教育家评传:第3卷[M]. 上海:上海教育出版社,2003.
[30] 箴言. 圣经[Z]. 香港:圣经公会,1995.

[31] 中华人民共和国教育法[Z]. 中国法制出版社,2015.

[32] 朱家存,徐瑞主编. 外国教育史[M]. 济南：山东人民出版社,2008.

[33] 朱九思. 高等教育辞典[M]. 武汉：湖北教育出版社,1993.

[34] [奥] 维特根斯坦. 哲学研究[M]. 汤潮,范光棣,译. 北京：生活·读书·新知三联书店,1992.

[35] [德] 赫尔巴特. 普通教育学·教育学讲授纲要[M]. 李其龙,译. 北京：人民教育出版社,1989.

[36] [德] 康德. 实践理性批判[M]. 韩水法,译. 北京：商务印书馆,1999.

[37] [法] 埃米尔·涂尔干. 道德教育[M]. 陈光金,沈杰,朱谐汉,译. 上海：上海人民出版社,2001.

[38] [法] 卢梭. 爱弥儿[M]. 李平沤,译. 北京：商务印书馆,1978.

[39] [荷] 伊拉斯谟. 愚人颂[M]. 许崇信,译. 沈阳：辽宁教育出版社,2001.

[40] [捷] 夸美纽斯. 大教学论[M]. 傅任敢,译. 北京：教育科学出版社,1999.

[41] [美] 杜威. 杜威五大讲演[M]. 胡适,口译. 合肥：安徽教育出版社,2005.

[42] [美] 杜威. 民主主义与教育[M]. 王承绪,译. 北京：人民教育出版社,1990.

[43] [美] 杜威. 我们怎样思维：经验与教育[M]. 姜文闵,译. 北京：人民教育出版社,1991.

[44] [美] 菲利普·W. 杰克森. 什么是教育[M]. 吴春雷,马林海,译. 合肥：安徽人民出版社,2012.

[45] [美] 肯尼思·A. 斯特赖克,[加] 基兰·伊根. 新视野教师教育丛书·当代教育伦理学译丛：伦理学与教育政策[C]. 李云星,刘世清,译. 北京：北京大学出版社,2013.

[46] [美] 梯利. 西方哲学史[M]. 贾辰阳,解本远,译. 北京：光明日报出版社,2014.

[47] [日] 田中义隆. 21世纪型能力与各国的教育实践[M]. 东京：明石书

店,2015.

[48] [瑞]皮亚杰. 智慧心理学[M]. 洪宝林,译. 北京:中国社会科学出版社,1992.

[49] [瑞]雅各布·布克哈特. 意大利文艺复兴时期的文化[M]. 何新,译. 北京:商务印书馆,1979.

[50] [希]亚里士多德. 尼各马可伦理学[M]. 廖申白,译注. 北京:商务印书馆,2003.

[51] [希]亚里士多德. 形而上学[M]. 吴寿彭,译. 北京:商务印书馆,1995.

[52] [希]亚里士多德. 修辞术·亚历山大修辞学·论诗[M]. 颜一,崔延强,译. 北京:中国人民大学出版社,2003.

[53] [希]亚里士多德. 政治学[M]. 牛军世,译. 呼和浩特:内蒙古人民出版社,1998.

[54] [英]彼得斯. 道德发展与道德教育[M]. 邬冬星,译. 杭州:浙江教育出版社,2000.

[55] [英]戴维·卡尔. 教育意义的重建:教育哲学暨理论导论[M]. 黄藿,但昭伟,译. 台北:学富文化事业公司,2007.

[56] [英]赫斯特,彼得斯. 教育的逻辑[M]. 刘贵杰,译. 台北:五南图书出版公司,1994.

[57] [英]赫胥黎. 科学与教育[M]. 单中惠,平波,译. 北京:人民教育出版社,2005.

[58] [英]怀特海. 教育的目的[M]. 徐汝舟,译. 北京:生活·读书·新知三联书店,2002.

[59] [英]怀特海. 科学与近代世界[M]. 何钦,译. 北京:商务印书馆,2009.

[60] [英]罗素. 罗素论教育[M]. 杨汉麟,译. 北京:人民教育出版社,2009.

[61] [英]罗素. 社会改造原理[M]. 张师竹,译. 上海:上海人民出版社,2001.

[62] [英]罗素. 中国问题[M]. 秦悦,译. 上海:学林出版社,1999.

[63] [英]洛克. 教育漫话[M]. 傅任敢,译. 北京:教育科学出版社,1999.

[64] [英]皮德思. 伦理学与教育[M]. 简成熙,译. 台北:联经出版事业股份有限公司,2017.

[65] [英]乔治·帕尔默. 教育究竟是什么:100位思想家论教育[M]. 北京:北京大学出版社,2008.

[66] [英]斯宾塞. 教育论[M]. 胡毅,译. 北京:人民教育出版社,1962.

[67] [英]斯宾塞. 斯宾塞教育论著选[M]. 胡毅,王承绪,译. 北京:人民教育出版社,2005.

[68] [英]索利. 英国哲学史[M]. 段德智,译. 济南:山东人民出版社,1992.

[69] [英]以赛亚·伯林. 自由论[M]. 胡传胜,译. 南京:译林出版社,2011.

[70] [英]约翰·怀特. 再论教育目的[M]. 北京:教育科学出版社,1992.

[71] Adelstein, A. The Philosophy of Education or the Wisdom and Wit of R. S. Peters[M]//Trevor Pateman. in Counter Course: A Handbook for Course Criticism[M]. London: Penguin Books, 1972.

[72] Adler, M. J. The Paideia Proposal[M]. New York: MacMillan. 1982.

[73] Ahmed, Arif. Wittgenstein's Philosophical Investigations: A Critical Guide[M]. Cambridge: Cambridge University Press, 2010.

[74] Aristotle. Aristotle on Education[M]. J. Burnet, trans and ed.. Cambridge: Cambridge University Press, 1903.

[75] Bailey, C. Beyond the Present and the Particular: A Theory of Liberal Education[M]. London: Routledge and Kegan Paul, 1984.

[76] Bennett, Jonathan. Rationality: An Essay Towards an Analysis[M]. London: Routledge and Kegan Paul, 1964.

[77] Berlin, Isaiah. Four Essays on Liberty[M]. Oxford: Oxford University Press, 1969.

[78] Bonnett, M. Personal Authenticity and Public Standards: Towards a

Transcendence of a Dualism[G]//David E. Cooper, ed.. Education, Values and Mind: Essays for R. S. Peters. London: Routledge and Kegan Paul, 1986.

[79] Bowen, James, Hobson, Peter R. Theories of Education: Studies of Significant Innovation in Western Educational Thought[M]. New York: John Wiley and Sons, 1987.

[80] Burke, Peter. The Fortunes of the Courtier[M]. Pennsylvania: The Pennsylvania State University Press, 1996.

[81] Callan, E. Autonomy and Schooling[M]. Kingston and Montreal: McGill University Press, 1988.

[82] Castiglione, Baldesar. The Book of the Courtier. A Norton Critical Edition[M]. New York: W. W. Norton & Company, 2002.

[83] Colby, A., Kohlberg, I. The Measurement of Moral Judgment: Vol. 1[M]. Cambridge: Cambridge University Press, 1987.

[84] Cooper, D. E. Authenticity and Learning: Nietzsche's Educational Philosophy[M]. London: Routledge and Kegan Paul, 1983.

[85] Cooper, David E., ed.. Education, Values and Mind: Essays for R. S. Peters[G]. London: Routledge and Kegan Paul, 1986.

[86] Croix, De Ste., Maurice, Geoffrey Ernest. The Class Struggle in the Ancient Greek World from the Archaic Age to the Arab Conquests[M]. New York: Cornell University Press, 1983.

[87] Cuypers, S. E., Martin, C., eds.. Reading R. S. Peters Today: Analysis, Ethics, and the Aims of Education[G]. London: Wiley-Blackwell, 2011.

[88] Cuypers, Stefaan E., Martin, Christopher. "Series Editor's Preface" in R. S. Peters[M]. London: Bloomsbury Academic, 2013.

[89] Cuypers, Stefann E., Martin, Christopher. R. S. Peters[M]. London: Bloomsbury Academic, 2013.

[90] Dearden, R. F. Peters, R. S., eds.. Education and the Development of

Reason[M]. London: Routledge and Kegan Paul, 1972.

[91] Dearden, R. F. The Philosophy of Primary Education[M]. London: Routledge and Kegan Paul, 1968.

[92] Defoe, Daniel. The Compleat English Gentleman[M]. London: D. Nutt, 1890.

[93] Dewey, J. Democracy and Education[M]. New York: Macmillan, 1916.

[94] Dewey, J. How We Think[G]//Dewey, John, Boydston, ed.. The Later Works, 1925-1953: Volume 8. Carbondale, IL: Southern Illinois University Press, 1989.

[95] Dewey, John. The Child and the Curriculum, School and Society[M]. Chicago: The University of Chicago Press, 1956.

[96] Dray, William. Commentary[M]//R. S. Peters, ed.. The Philosophy of Education. London: Oxford University Press, 1973.

[97] Dunne, J. Back to the Rough Ground: Phronesis' and Techne in Modern Philosophy and in Aristotle[M]. Notre Dame: University of Notre Dame Press, 1997.

[98] Edel, Abraham. Analytic Philosophy of Education at the Crossroads[G]//James F. Doyle, ed.. Educational Judgments: Papers in the Philosophy of Education. London: Routledge and Kegan Paul Ltd., 1973.

[99] Elliott, R. K. Education and Human Being[G]//S. C. Brown, ed.. Philosophers Discuss Education. London: Macmillan Press Ltd., 1975.

[100] Elliott, R. K. Richard Peters: A Philosopher In The Older Style[G]//D. E. Cooper, ed.. Education, Values And Mind: Essays for R. S. Peters. London: Routledge and Kegan Paul, 1986.

[101] Enukoha, O. I., et al. Philosophy of Education: An Introduction[M]. Calabar: Unical Printing Press, 2010.

[102] Fafunwa, A. B. African Education in Perspective[M]//A. B. Fafunwa, J. U. Aisiku, eds.. Education in Africa: A Comparative Survey. London: George Allen and Unwin Ltd., 1982.

[103] Feinberg, J. The Idea of a Free Man[G]//J. Doyle, ed.. Educational Judgments. London: Routledge and Kegan Paul, 1973.

[104] Fuller, T. Foreword and Introduction[M]//M. Oakeshott, ed.. The Voice of Liberal Learning. Indianapolis: Liberty Press, 2001.

[105] Goodman, Nelson. Fact, Fiction, and Forecast[M]. New York: The Bobbs-Merrill Company Inc., 1965.

[106] Gordon, P. The University Professor of Education[G]//J. B. Thomas, ed.. British Universities and Teacher Education: A Century of Change. London: The Falmer Press, 1990.

[107] Harvard University. General Education in a Free Society[Z]. Cambridge: Harvard University Press, 1945.

[108] Hirsch, E. D. Cultural Literacy[M]. New York: Random House, 1988.

[109] Hirst, P. H., Peters, R. S. The Logic Of Education[M]. London: Routledge and Kegan Paul, 1970.

[110] Hirst, P. H. Liberal Education and the Nature of Knowledge[M]//P. H. Hirst, ed.. Knowledge and the Curriculum. London: Routledge and Kegan Paul, 1974.

[111] Hirst, P. H. Richard Peters' Contribution to the Philosophy of Education[G]//David E. Cooper, ed.. Education, Values and Mind: Essays for R. S. Peters. London: Routledge and Kegan Paul, 1986.

[112] Hirst, P. H. Knowledge and The Curriculum: A Collection of Philosophical Papers[G]. London: Routledge and Kegan Paul Limited, 1974.

[113] Hirst, P. H., White, Patricia, eds.. Philosophy of Education: Major Themes in The Analytic Tradition[G]. London: Routledge,

1998.

[114] Hirst, Paul H, ed.. Educational Theory and Its Foundation Disciplines[G]. London: Routledge and Kegan Paul, 1983.

[115] Hobbes, Thomas. The Elements of Law Natural and Politic[M]. Cambridge: Cambridge University Press, 1928.

[116] Hobbes, Thomas. The English Works of Thomas Hobbes: Volume 3[M]. Sir William Molesworth, ed.. London: John Bohn, Henrietta Street, Covent Garden, 1841.

[117] Laing, R. D. The Divided Self: An Existential Study in Sanity and Madness[M]. London: Penguin Books, 1965.

[118] Levy, F., Murnane, R. J. The New Division of Labor: How Computers Are Creating the Next Job Market[M]. Princeton: Princeton University Press, 2004.

[119] Locke, J. Power and Politics in the School System[M]. London: Routledge and Kegan Paul, 1974.

[120] Lord, Carnes. Education And Culture In The Political Thought Of Aristotle[M]. Ithaca: Cornell University Press, 1982.

[121] Martin, Jane Roland. Women, Schools, And Cultural Wealth[G]// C. Titone, K. E. Moloney, eds.. Women's Philosophies Of Education. Upper Saddle River: Prentice Hall, Inc., 1999.

[122] Martin, Jane Roland. Changing the Educational Landscape: Philosophy, Women, and Curriculum[M]. New York: Routledge, 1994.

[123] Martin, Jane Roland. Education Reconfigured: Culture, Encounter, and Change[M]. New York and London: Routledge, 2011.

[124] McPeck, J. Critical Thinking and Education[M]. Oxford: Martin Robertson, 1981.

[125] Mill, J. S. Utilitarianism and Other Essays[M]. NewYork: Penguin Books, 1987.

[126] Mulcahy, D. G. The Educated Person: Toward a new Paradigm for Liberal Education[M]. Lanham: Rowman and Littlefield, 2008.

[127] Newman, John Henry Cardinal. The Idea of A University[M]. London: Longmans, Green, and Co. , 1907.

[128] O'Conor, J. Introduction to Philosophy of Education[M]. London: Routledge and Kegan Paul, 1971.

[129] Oakeshott, M. Learning and Teaching[G]//R. S. Peters, ed.. The Concept of Education. London: Routledge and Kegan Paul, 1967.

[130] Palmer, J. A., ed., Fifty Modern Thinkers on Education: From Piaget to the Present[M]. London: Routledge, 2001.

[131] Peters, R. S. A Recognizable Philosophy of Education: A Constructive Critique[M]//R. S. Peters, ed.. Perspectives on Plowden. London: Routledge and Kegan Paul, 1969.

[132] Peters, R. S. Ambiguities in Liberal Education and the Problem of its Content[M]//Education and the Education of Teachers. London: Routledge and Kegan Paul, 1977.

[133] Peters, R. S. Democratic Values and Educational Aims[M]//Essays on Educators. London: George Allen and Unwin Publishers, 1981.

[134] Peters, R. S. Education and Human Development[M]//R. S. Peters, ed.. Education and the Development of Reason. London: Routledge and Kegan Paul, 1972.

[135] Peters, R. S. Education and the Educated Man[M]//R. S. Peters, ed.. Education and the Development of Reason. London: Routledge and Kegan Paul, 1972.

[136] Peters, R. S. Education as Initiation.[G]//R. D. Archambault, ed.. Philosophical Analysis in Education. London: Routledge and Kegan Paul, 1965.

[137] Peters, R. S. Freedom and the Development of the Free Man[M]//Psychology and Ethical Development. London: George Allen and

Unwin Ltd., 1974.

[138] Peters, R. S. John Dewey's Philosophy of Education[M]//Essays on Educators. London: George Allen and Unwin Ltd. , 1981.

[139] Peters, R. S. Michael Oakeshott's Philosophy of Education[G]//Preston King, B. C. Parekh, eds.. Politics and Experience: Essays Presented to Professor Michael Oakeshott on the Occasion of His Retirement. Cambridge: Cambridge University Press, 1968.

[140] Peters, R. S. Philosophy of Education[G]//P. H. Hirst, ed.. Educational Theory and Its Foundation Disciplines. London: Routledge and Kegan Paul, 1983.

[141] Peters, R. S. Reason and Compassion[M]. London: Routledge and Kegan Paul. 1972.

[142] Peters, R. S. The Justification of Education[M]//R. S. Peters, ed.. The Philosophy of Education. London: Oxford University Press, 1973.

[143] Peters, R. S. The Meaning of Quality in Education[M]//Education and the Education of Teachers. London: Routledge and Kegan Paul, 1977.

[144] Peters, R. S. Was Plato Nearly Right About Education? [M]//Essays on Educators. London: George Allen and Unwin Publishers, 1981.

[145] Peters, R. S, J. Woods, W. H. Dray. Aims of Education: A Conceptual Inquiry[G]//R. S. Peters, ed.. The Philosophy of Education. London: Oxford University Press, 1973.

[146] Peters, R. S. What is an Educational Process? [M]//R. S. Peters, ed.. The Concept of Education. London: Routledge and Kegan Paul, 1967.

[147] Peters, R. S. The Philosophy of Edcuation[G]//J. W. Tibble, ed.. The Study of Education. London: Routledge and Kegan Paul, 1966.

[148] Peters, R. S., ed.. Hobbes and Rousseau: A Collection of Critical Essays[M]. New York: Anchor Books, 1972.

[149] Peters, R. S., ed.. John Dewey Reconsidered [M]. London: Routledge and Kegan Paul, 1977.

[150] Peters, R. S., ed.. Nature and Conduct[M]. London: The Macmillan Press Ltd, 1975.

[151] Peters, R. S., ed.. Perspectives on Plowden[M]. London: Routledge, 1969.

[152] Peters, R. S., ed.. The Concept of Education[M]. London: Routledge and Kegan Paul, 1967.

[153] Peters, R. S., ed.. The Philosophy of Education[M]. London: Oxford University Press, 1973.

[154] Peters, R. S., ed.. The Role of the Head[M]. London: Routledge and Kegan Paul, 1976.

[155] Peters, R. S. Authority, Responsibility and Education[M]. London: George Allen and Unwin Ltd., 1959.

[156] Peters, R. S. Brett's History of Psychology[M]. London: George Allen and Unwin Ltd., 1953.

[157] Peters, R. S. Education and the Education of Teachers [M]. London: Routledge and Kegan Paul, 1977.

[158] Peters, R. S. Essays on Educators[M]. London: George Allen and Unwin Ltd., 1981.

[159] Peters, R. S. Ethics and Education[M]. London: George Allen and Unwin Ltd.,1966.

[160] Peters, R. S. Hobbes[M]. Harmondsworth: Penguin Books Ltd, 1956.

[161] Peters, R. S. Moral Development and Moral Education [M]. London: George Allen and Unwin Ltd., 1981.

[162] Peters, R. S. Psychology and Ethical Development[M]. London:

George Allen and Unwin Ltd., 1974.

[163] Peters, R. S. Reason and Compassion[M]. London: Routledge and Kegan Paul, 1973.

[164] Peters, R. S. Reason, Morality and Religion[M]. London: Friends Home Service Committee, 1972.

[165] Peters, R. S. Social Principles and the Democratic State[M]. London: George Allen and Unwin Ltd., 1959.

[166] Peters, R. S. The Concept of Motivation[M]. London: Routledge and Kegan Paul, 1958.

[167] Popper, K. Open Society and its Enemies: Vol. 2[M]. Princeton: Princeton University Press, 1966.

[168] Pring, R. Knowledge and Schooling[M]. London: Open Books, 1976.

[169] Rawls, J. A Theory of Justice[M]. Cambridge: Harvard University Press, 1971.

[170] Richards, Janet. R. The Sceptical Feminist: A Philosophical Enquiry [M]. Middlesex: Penguin Books Ltd., 1982.

[171] Russell, B. Education And The Social Order[M]. London: George Allen and Unwin Ltd. Unwin Ltd., 1977.

[172] Ryle, G. The Concept of Mind[M]. London: Hutchinson & Co., Ltd., 1949.

[173] Scheffler, Israel. "The Concept of the Educated Person: With Some Applications to Jewish Education" in Visions of Jewish Education [M]. Cambridge: Cambridge University Press, 2003.

[174] Scheffler, Israel. The Language of Education[M]. Illinois: Charles. C. Thomas, 1960.

[175] Scriven, M. "Education for Survival" in Curriculum and the Cultural Revolution [C]. M. Belanger, D. Purpel., eds.. Berkeley: McCutchan Publishing Corporation, 1972.

[176] Skinner, B. F. About Behaviorism[M]. New York: Vintage Books, 1974.

[177] Skinner, B. F. Verbal Behavior[M]. Englewood Cliffs: Prentice-Hall, 1957.

[178] Webster's Seventh New Collegiate Dictionary[Z]. Springfield: G&C Miriam Company, 1967.

[179] White, J. P. Towards a Compulsory Curriculum[M]. London: Routledge and Kegan Paul, 1973.

[180] White, P. A. Education, Democracy, and the Public Interest[G]// R. S. Peters, ed.. The Philosophy of Education. London: Oxford University Press, 1973.

[181] Whitehead, A. N. The Aims Of Education[M]. New York: Maximillian, 1967.

[182] Wilson, J., Williams, N., Sugarman, B. Introduction to Moral Education[M]. Middlesex: Penguin Books, 1967.

[183] Wittgenstein, Ludwig. Philosophical investigations[M]. G. E. M. Anscombe, Trans. Oxford: Basil Blackwell & Mott, 1979.

[184] Wittgenstein, Ludwig. Tractatus Logico-Philosophicus[M]. D. F. Pears, B. F. McGuiness, trans., intro. Bertrand Russell. London: Routledge and Kegan Paul, 1961.

[185] Woods, John. Commentary[M]//R. S. Peters, ed.. The Philosophy of Education. London: Oxford University Press, 1973.

[186] Woodward, William Harrison. Desiderius Erasmus Concerning the Aim and Method of Education[M]. Cambridge: Cambridge University Press, 1904.

三、硕博士学位论文类

[1] 洪仁进. 教育哲学取向的转移：从皮德思到卡尔[D]. 台湾师范大学博士学位论文, 1998.

［2］林逢祺.《皮德思道德教育思想研究》[D]．台湾师范大学硕士学位论文，1987．

［3］刘意婷.《皮德思论情绪在道德与道德教育中的作用》[D]．台北市立教育大学硕士学位论文，2012．

［4］刘志鹏．论受过教育的人：教育目的分析的一个尝试[D]．北京师范大学硕士学位论文，2004．

［5］卢敏．我国基础教育改革实验的价值取向研究[D]．山东师范大学硕士学位论文，2015．

［6］欧阳霞．通识教育在我国大学的地位变化问题[D]．湖南师范大学硕士学位论文，2011．

［7］沈文钦．近代英国博雅教育及其古典渊源[D]．北京大学博士学位论文，2008．

［8］邬冬星．彼得斯的道德教育哲学[D]．杭州师范大学硕士学位论文，1997．

［9］熊华生．为了儿童多幸福与发展：教育目的新论[D]．华中师范大学博士学位论文，2006．

［10］Hogg, N. L. Identifying and Resolving the Dilemmas of Music Teaching：A Study Of Junior Secondary Music Classrooms [D]．Melbourne：Monash University，1993．

四、网络资源

［1］东方高考热线：近九成网友认为"读书是为了挣大钱娶美女"．http://news.eastday.com/epublish/gb/paper45/10429/class004500006/hwz381773.htm．

［2］华艺线上图书馆．http://www.airitilibrary.com．

［3］教育部关于全面深化课程改革落实立德树人根本任务的意见．http://old.moe.gov.cn/publicfiles/business/htmlfiles/moe/s7054/201404/167226.html．

［4］简明教育辞典 http://kns.cnki.net/kns/brief/result.aspx?dbprefix=

CRPD.

[5] 科学教育期刊文献资料库. http://w1.dorise.info/JCSE/.

[6] 师范校院联合博硕士论文系统. http://etds.lib.ntnu.edu.tw/cgi-bin/gs/gsweb.cgi?o=d1.

[7] 台湾地区期刊论文索引系统. http://readopac2.ncl.edu.tw/nclJournal/.

[8] 新时代如何立德树人？习近平为中国教育划重点！http://www.chinanews.com/gn/2018/09-11/8623775.shtml.

[9] 中国知网词典. http://kns.cnki.net/kns/brief/result.aspx?dbprefix=CRDD.

[10] 中青在线. 谁说"孩子不能输在起跑线上". 2011年05月24日. http://zqb.cyol.com/html/2011-05-24/nw.D110000zgqnb_20110524_5-02.htm.

[11] 中新社：福州七成中小学生以实现个人目标为学习目. 2001年4月11日. http://news.sohu.com/02/83/news144688302.shtml.

[12] Definition and Selection of Competencies (DeSeCo). http://www.oecd.org/education/skills-beyond-school/definitionandselectionofcompetenciesdeseco.htm.

[13] Definition and Selection of Key Competencies: Executive Summary. http://www.oecd.org/pisa/35070367.pdf.

[14] DeSeCo publications. http://deseco.ch/bfs/deseco/en/index/02.html.

[15] R. S. Peters, professor emeritus, dies. UCL Institute of Education, University College London. 04 January 2012. http://www.ucl.ac.uk/ioe.

[16] Richard Stanley. http://radaris.co.uk/p/Richard/Stanley/.

附　录

附录一　彼得斯专著与论文一览表

年份	专　著	编　著	论　文
1950			1. Cure, Cause and Motive. Analysis, 10, 5.
1951			2. Observationalism in Psychology. Mind, 60, 237. 3. Nature and Convention in Morality. Proceedings of the Aristotelian Society, 51.
1952			4. Motives and Causes. Supplementary Proceedings of the Aristotelian Society, 26.
1953	Brett's History of Psychology		
1956	Hobbes		5. Motives and Motivation. Philosophy, 31, 117. 6. Freud's Theory. British Journal for the Philosophy of Science, 7, 25.
1957			7. Hobbes and Hull: Metaphysicians of Behavior. British Journal for the Philosophy of Science, 8, 29.

续 表

年份	专 著	编 著	论 文
1958	The Concept of Motivation		8. Authority. Supplementary Proceedings of the Aristotelian Society, 32. 9. Psychology and Philosophy 1947–1956. in Philosophy in the Mid-Century (ed. Klibansky).
1959	Social Principles and the Democratic State Authority, Responsibility and Education		
1960			10. Freud's Theory of Moral Development in relation to that of Piaget. British Jounral of Educational Psychology, 30, 3.
1961			11. Emotions and the Category of Possility. Proceedings of the Aristotelian Society, 62.
1962			12. The Non-Natualism of Psychology. Archives de Philosophie, Jan. 13. The Autonomy of Prudence. Mind, 71, 282. 14. Moral Education and the Psychology of Character. Philsophy, 37, 139. 15. C. A. Mace's Contribution to the Philosophy of Mind. in A Symposium: C. A. Mace (ed. V. Carver). Methuen and Penguin.
1963			16. A Discipline of Education. in The Discipline of Edcuation (ed. Walton and Kuether). University of Wisconsin Press. 17. Reason and Habit: The Paradox of Moral Edcuation. in Moral Education in the Changing Society (ed. W. Niblett). Faber and Faber.

续表

年份	专 著	编 著	论 文
1964			18. Education as Initiation (Inaugural Lecture). Evans Bros (Harrups 6). 19. Mental Health as an Educational Aim. Studies in Philosophy and Education, 3, 2. 20. John Locke. in Western Political Philosophers (ed. M. Cranston). Bodley Head. 21. The Place of Philosophy in the Training of Teachers. ATCDEDES Hull Conference, and reprinted in Paedogogica Europaea, 111, 1964.
1965			22. Emotions, Passivity and the Place of Freud's Theory in Psychology. in Scientific Psychology (ed. E. Nagel and B. Wolman). Basic Books.
1966	Ethics and Education		23. "Authority" and "Education". in A Glossary of Political Terms (ed. M. Cranston). Bodley Head. 24. An Educationalist's View. in The Marlow Idea: Investing in People (ed. A. Badger). Geoffrey Bles. 25. The Authority of the Teacher. Comprative Edcuation, 3.1 26. The Philosophy of Edcuation. in The Study of Education (ed. J. Tibble). Routledge and Kegan Pau.. 27. Ritual in Education. Philosophical Transaction of the Royal Society, Series B, 77.251.
1967		The Concept of Education	28. More About Motives. Mind, 76, 301. 29. A Theory of Classical Education V. Didaskalos, 2, 2. 30. Hobbes, Thomas—Psychology. in Encyclopedia of Philosophy: vol.4 (ed. P. Edwards). Macmillan and Free Press. 31. Psychology-Systematic Philosophy of Mind. in Encyclopedia of Philosohy.

续 表

年份	专 著	编 著	论 文
1967		The Concept of Education	32. The Status of Social Principles and Objectives in a Changing Society. in The Edcuational Implications of Social and Economic Change (Working part No. 12) HMSO. 33. Aims of Educaiton – A Conceptual Inquiry. in Philosophy of Education, Proceedings of the Ontrario Institute for Studies in Education International Seminar. 34. Reply (to Comments by Wood and Dray on 53). in Philosophy and Edcuation. 35. The Concept of Character. in Philosophyical Concepts in Edcuation (ed. B. Komisar and C. Macmillan). Rand McNally. 36. Education as an Academic Discipline. ATCDE – DES Avery Hill Conference. 37. Michael Oakeshott's Philsophy of Education. in Politics and Experience: Essays presented to Professor Michael Oakeshott on the Occasion of His Retirement. Cambridge University Press.
1969		Perspectives on Plowden	38. Motivation, Emotion and the Conceptual Schemes of Common Sense. in Human Action: Concetual and Empirical Issues (ed. T. Mischel). Academic Press. 39. The Basis of Moral Edcuation. The Nation, 13 Jan. 40. Must an Educator Have an Aim?. in Concepts of Teaching: Philosophical Essays (ed. C. MacMIllan and T. Nelson). Rand McNally. 41. Moral Education: Tradition or Reason?. in Let's Teach them Right (ed. C. Macy). Pemberton Books. 42. The Meaning of Quality in Education. Qualitiative Aspects of Educational Planning (ed. Beeby). UNESCO International Institute of Educational Planning.

续 表

年份	专 著	编 著	论 文
1970	The Logic of Education		43. The Education of Emotions. in Feelings and Emotions. Academic Press. 44. Education and Human Development. in Melbourne Studies in Education (ed. R. Selleck). Melbourne University Press. 45. Teaching and Personal Relationships. in Melbourne Studies in Education. 46. Education and the Educated Man. Proceedings of the Philosophy of Education Society of Great Britain, 4. 47. Reasons and Causes. in Explanation in the Behavioural Sciences (ed. R. Borger and F. Cioffi). Oxford University Press. 48. Concrete Principles and the Rational Passions. in Moral Education (ed. T. and N. Sizer). Harvard University Press.
1971			49. Moral Development: A Plea for Pluralism. in Cognitive Development and Epistemology (ed. T. Mischel). Academic Press. 50. Education and Seeing What is There. The Bulmershe Lecture. Berkshire College of Education. 51. Reason and Passion. in The Proper Study (ed. G. Vesey). Royal Institute of Philsophy Lectures, vol. 4, Macmillan.
1972	Reason, Morality and Religion	Hobbes and Rousseau: A Collection of Critical Essays (with M. Cranston) Education and the Development of Reason (with R. F. Dearden and P. H. Hirst)	52. The Role and Responsiblities of the University in Teacher Education. London Educational Review, 1.

续 表

年份	专 著	编 著	论 文
1973	Reason and Compassion: The Lindsay Memorial Lectures	The Philosophy of Education	53. Freedom and the Devleopment of the Free Man. in Educaitonal Judgments (ed. J. Doyle). Routledge and Kegan Paul. 54. The Philosopher's Contribution to Educational Research (with J. P. White). in Research Perspectives in Education (ed. W. Taylor).Routledge and Kegan Paul. 55. The Justification of Education. in The Philosophy of Education (ed. R. S. Peters). Oxford Unviersity Press. 56. Farewell to Aims. London Educational Review, 2, 3. 57. Behaviorism. in Dictionary of the History of Ideas (ed. P. Wiener). Scribner. 58. Education as an Academic Discipline. British Journal of Educational Studies, 21, 2.
1974	Psychology and Ehical Development		59. Personal Understanding and Personal Relationships. in Understanding Other Persons (ed. T. Mischel). Blackwell. 60. Subjectivity and Standards. in Science, the Humanities and the Technological Threat (ed. W.F.Niblett). University of London Press; and in The Philosophy of Open Education (ed. D. Nyberg). Routledge and Kegan Paul, 1975. 61. Moral Development and Moral Learning. The Monist, 58, 4. 62. Psychology as the Science of Human Behavior. (Chairman's Remarks). in Philosophy of Psychology (ed. S.C. Brown). Macmillan. 63. A Tribute to H.L. Elvin. Institute of Education Newsletter, March.

续 表

年份	专 著	编 著	论 文
1975		Nature and Conduct	64. Was Plato Nearly Right about Education?. Didaskalos, 5, 1. 65. The Relationship between Piaget's and Freud's Developmental Theories. in The Psychology of the 20th Century (ed. G. Steiner). University of Bern. 66. On Academic Freedom (Chairman's Remarks). in Philosophers Discuss Education (ed. S. C. Brown). Macmillan.
1976		The Role of the Head	67. The Development of Reason in Ratinality and the Social Sciences (ed. S. Benn and G. Mortimore). Routledge and Kegan Paul.
1977	Education and the Education of Teachers	John Dewey Reconsidered	68. Ambiguities in Liberal Education and the Problem of its Content. in Ethics and Educaitonal Policy (ed. K. Egan and K. Strike). Routledge and Kegan Paul. 69. The Intractability of Educational Theory (in Danish). Paedagogik, No. 3.
1978			70. Motivation and Education. in (Danish). Paedagogik, No. 2. 71. The Place of Kohlberg's Theory in Moral Education. Journal of Moral Education.
1979			72. Democratic Values and Educational Aims. Teachers College Record, Vol.80. No. 5.
1981	Moral Development and Moral Education; Essays on Educators		

续 表

年份	专 著	编 著	论 文
1983			73. Philosophy of Education 1960–1980. in Educational Theory and its Foundation Disciplines (ed. P. H. Hirst). Routledge and Kegan Paul.

(资料来源：D. E. Cooper(ed.). Education, Values and Mind: Essays for R. S. Peters[G]. London: Routledge and Kegan Paul, 1986: 215–218.)

附录二 彼得斯重要学术著作简介与述评

彼得斯的学术生涯虽然比较短暂,但是他笔耕不辍,著述颇丰。他独立撰写了 13 部著作,涉及政治、哲学、宗教、心理学、伦理学、教育学等诸多领域,集中体现了彼得斯对教育、伦理、道德教育、教师教育等的观点。这些专著包括:

一、政治、哲学方面的著作:

《霍布斯》(Hobbes)(1956)

《社会原理与民主国家》(Social Principles and the Democratic State)(1959)

二、心理学方面的著作:

《布雷特心理学史》(Brett's History of Psychology)(1953)

《动机的概念》(The Concept of Motivation)(1958)

三、教育理论方面的著作:

《权威、责任与教育》(Authority, Responsibility and Education)(1959)

《伦理学与教育》(Ethics and Education)(1966)

《教育的逻辑》(The Logic of Education)(1970)

《理性、道德与宗教》(Reason, Morality and Religion)(1972)

《理性与共情》(Reason and Compassion)(1973)

《心理学与伦理发展》(Psychology and Ethical Development)(1974)

《教育与教师教育》(Education and the Education of Teachers)(1977)

《论教育家》(Essays on Educators)(1981)

《道德发展与道德教育》(Moral Development and Moral Education)(1981)

另外,他还作为编者,主编或与其他学者合编了 8 部图书,包括:

《教育的概念》(The Concept of Education)(1967)

《关于普洛登报告的评述》(Perspectives on Plowden)(1969)

《霍布斯与罗素：评论集》(Hobbes and Rousseau：A Collection of Critical Essays)(1972)

《教育与理性的发展》(Education and the Development of Reason)(1972)

《教育哲学》(The Philosophy of Education)(1973)

《天性与行为》(Nature and Conduct)(1975)

《头脑的作用》(The Role of the Head)(1976)

《杜威新论》(John Dewey Reconsidered)(1977)

除此之外，彼得斯还陆陆续续发表了 70 余篇期刊论文，其中大部分论文已收录在他的专著或论文集中①。下面按出版时间重点介绍几部本书引用较多的彼得斯著作。

1.《权威、责任与教育》(Authority, Responsibility and Education)

1959 年，彼得斯的研究重点慢慢向教育、道德理论靠拢。这一年他发表了自己的第 5 部著作：《权威、责任与教育》，这是彼得斯第一部论及教育的著作，主要由彼得斯在 BBC 广播上所发表的演讲组成。在书中，彼得斯认为"权威"并非神秘"力量"，在现代社会中传统的权威力量在日趋衰落，主要原因在于科学和道德是反权威的力量，要人们服从条条框框是需要"理由"(reasons)的。对于"责任"，彼得斯认为人们误读了弗洛伊德的本意，因为揭示人类行为的"原因"(causes)并不能降低"责任"，涉及精神疾病、刑事犯罪等情况时尤其需要深入研究。对于"教育"，彼得斯认为与其说"教育"是"最终目的"或是"适切手段"，倒不如说"教育"是"规程"，而且心理学关于"学习"的理论都是有限的，不足以指导教育实践。学者弗莱切(Fletcher)在书评中写道，该书作为广播演讲集，文风固然"简洁明了"，但是难免有"过于简单化"之嫌。而且"权威""责任""教育"这样的主题意义重大，不该"轻描淡写"②。但是弗莱切也肯定了彼得斯的努力，称"很高兴看到至少有一位哲学家运用哲学工具来研究这些重要的实质性问题。"③

---

① 详见附录 2.
② Ronald Fletcher. Review[J]. The British Journal of Sociology, 1960, 11(2): 172.
③ Ronald Fletcher. Review[J]. The British Journal of Sociology, 1960, 11(2): 173.

2.《伦理学与教育》(Ethics and Education)

《伦理学与教育》出版于1966年,是奠定彼得斯学术地位的最重要著作之一。该书共3个部分。第一部分探讨"教育的概念",对"教育"与"训练""灌输"的不同进行区分,并提出教育"三标准"论,即教育必须"合价值性""合认知性"及"合自愿性"等。第二部分探索"教育的伦理学基础",提出"公平"(equality)、"关心别人利益"(consideration of interests)、"自由"(freedom)、"尊重他人"(respect for persons)、与"讲真话"(truth-telling)等5项"程序原则"(procedural principles)。第三部分讨论"教育与社会控制模式之间的关系",把权威、惩罚和民主制度等社会控制概念运用在教育活动的省思上。

在关于《伦理学与教育》的书评中,学者珀蒂斯(A. J. D. Porteous)指出,作为道德哲学家、教育工作者及师范生的必读作品,该书立意新颖、影响深远,但却遗憾地充斥着各种"印刷错误"[1],而且对于不熟悉概念分析术语的人而言,尽管彼得斯写作思路清晰,但是作为入门读物还是偏难。[2] 另一位学者亚当斯(J. W. L. Adams)认为,正如彼得斯本人所承认的那样,由于涉及面过广,文中有些地方描述太粗略;文风也不够严谨,类似"宣扬"(plugging)、"正确死了"(dead right)、"相干的东西"(matters to do with)之类惯用语比比皆是。另外,彼得斯似乎不擅长讲历史,在他笔下,英格兰竟成了一座岛屿。而且彼得斯对"英国人的"这一形容词的使用也非常晦涩,会严重"误导"学习比较教育的外国人。[3] 美国学者埃德尔(Abraham Edel)认为彼得斯的理论高度突出表现在他对于"有价值的"活动的描述上,[4]但是埃德尔也提出许多尖锐的批评。他认为彼得斯在书中对概念进行过分澄清使语言变得非常"乏味"[5];他还批评彼得斯没有认真领会杜威的理论,[6] 认为彼得斯提出的伦理结构,当置于杜威式的论证框架之下时,杜威会把它与人类历史发展中的道德观联系起来、把目的和手段关联起来考虑;而彼得

---

[1] A. J. D. Porteous. Review[J]. British Journal of Educational Studies, 1967, 15(1): 77.
[2] A. J. D. Porteous. Review[J]. British Journal of Educational Studies, 1967, 15(1): 75.
[3] J. W. L. Adams. Review[J]. The Philosophical Quarterly, 1968, 18(71): 187.
[4] Abraham Edel. Review[J]. Studies in Philosophy and Education, 1968, 6(1): 32.
[5] Abraham Edel. Review[J]. Studies in Philosophy and Education, 1968, 6(1): 28.
[6] Abraham Edel. Review[J]. Studies in Philosophy and Education, 1968, 6(1): 24.

斯却依照古典哲学传统的做法把目的和手段断然对立。① 另一位美国学者沃尼克(Bryan R. Warnick)在 2007 年发表的书评《伦理学与教育——40 年之后》中,根据《伦理学与教育》首次出版以来哲学和教育界所发生的重大变化重新审视前人对该书的批判。他发现前人的批评有些是夸大其词或是不合理的。沃尼克指出,由于彼得斯和社群主义者一样,认为"个体置身于社会网络中,受制于社会的规范性传统",所以可以把《伦理学与教育》一书当成社群主义文本来阅读。② 这样,前人所认为的该书缺乏连贯性的问题就迎刃而解,而且彼得斯正是利用这个"规范的武器"来抨击学校不断窄化"接受教育到底意味着什么"的趋势。③

3.《教育的概念》(The Concept of Education)

《教育的概念》(1967)是彼得斯作为主编出版的第一本论文集,共收录 12 篇论文,讨论的主题包括学习过程中的教学相长、技能和信息的传授方式、教学和灌输的区别、指令和发现的不同作用等,试图从不同的角度分析"接受教育"的进程,并区分科学、数学、历史、文学等对学生思维模式的影响。这本书的核心源自伦敦大学教育研究所的 4 次讲座文章,分别是彼得斯的《什么是教育过程》、汉姆林(D. W. Hamlyn)的《学习的逻辑和心理学因素》、Gilbert Ryle 的《教学与训练》以及奥克肖特(Michael Oakeshott)的《学与教》。除了这 4 篇文章,书中还收录了赫斯特(P. H. Hirst)的《学科教学的逻辑和心理学因素》、谢弗勒(Israel Scheffler)的《教的哲学模式》、迪尔登(R. F. Dearden)的《游戏的概念》和《通过发现来教和学》、弗赛(G. Vesey)的《制约与学习》、布莱克(Max Black)的《规则与常规》、J. P. White 的《灌输》、帕斯莫(John Passmore)的《论为了批判而教》共 8 篇论文。

学者珀蒂斯(A. J. D. Porteous)在书评中高度赞扬彼得斯这本著作的贡献。他说,12 位作者注重术语的定义和概念关系的理解,为教育类文献

---

① Abraham Edel. Review[J]. Studies in Philosophy and Education, 1968, 6(1): 32.
② Bryan R. Warnick. Ethics and Education Forty Years Later[J]. Educational Theory, 2007, 57(1): 72.
③ Bryan R. Warnick. Ethics and Education Forty Years Later[J]. Educational Theory, 2007, 57(1): 73.

提供了宝贵补充,值得研究教育理论的教师细细研读。"光凭那些作者的名字就能保证文章的高质量""之前的教育哲学领域犹如知识的丛林,是他们带来了曙光"。① 加拿大学者奥莱瑞(P. T. O'Leary)也对该书的哲学成就持肯定态度。他说,"哲学家们早就宣告过各种哲学活动的死亡,为形而上学也举行过几次葬礼了,甚至都没什么人哀悼。但是对于教育哲学,情况似乎不一样,主要原因是还没有人注意过教育哲学是否存在。这本书的出版,不仅表明教育哲学真实存在,而且很可能将长期存在下去。"②美国学者 R. J. B 评论道:"分析哲学家一直不大敢于讨论认识论及元伦理学以外的问题,不过他们暗示希望把分析的工具运用到更多领域。虽然在这部论文集里分析工具的应用并没有很夸张,但是我们看到,当代英国最优秀的哲学家正在试图为教育的概念绘制逻辑的轮廓,从而终结了教育问题讨论的混乱场面。"③英国学者费雪(Mark Fisher)认为这是一本有趣的书,书中的论文比以往的教育哲学文章更严密更精确,是"继赫林斯、阿昌葆的编著④和彼得斯的《伦理学与教育》一书之后教育哲学书库的有益补充"。⑤ 但是他也批评该书存在太多印刷错误,"不值 30 英镑"。⑥

4.《教育的逻辑》(The Logic of Education)

《教育的逻辑》(1970)是彼得斯和其同事赫斯特共同撰写的一部著作,目标读者是"研究教育哲学的教育学院 3 年级学生"⑦。该书目的非常明确的,即对于学界有关"教育是什么"和"怎样进行教育"观点的对立和纷争,以哲学的视角走一条中间道路。两位作者希望通过"教育"分析激励学生思考这些问题,并且在书后详细列举每章更精深的读物供学生参考。在序言中作者开门见山地阐明写作目的有二:一是"研究课程、教学、学校权威以及

---

① A. J. D. Porteous. Review[J]. British Journal of Educational Studies,1967,15(3):323.
② P. T. O'Leary. Review[J]. Dialogue,1968,7(1):148.
③ R. J. B. Review[J]. The Review of Metaphysics,1970,24(1):144.
④ 此处指赫林斯(T.H.Hollins)编著的《教育的目的》(Aims of Education,1964)和阿昌葆 R. D. Archambault 编著的《哲学分析与教育》(Philosophical Analysis and Education,1965).
⑤ Mark Fisher. More Philosophical Rigour And Exactness[J]. Journal on Uncertainty Quantification,December 1967:97.
⑥ Mark Fisher. More Philosophical Rigour And Exactness[J]. Journal on Uncertainty Quantification,December 1967:99.
⑦ 赫斯特,彼得斯. 教育的逻辑[M]. 刘贵杰,译. 台北:五南图书出版公司,1994:002.

教育分析等涵义,以便赋予知识与理解力的发展一个重要的地位";二是"介绍英国发展中的教育哲学著作"。① 该书各个章节大标题包括:哲学、教育、发展、课程、教学、教学与人际关系、教育机构等。第一章讨论哲学和教育哲学的本质,接下来的章节分别探讨教育的本质和价值、课程的目标和组织、教与学的过程、教师和学生之间的关系、教育机构的性质和功能。值得注意的是,该书只注明是两位作者合著,并未明确说明彼得斯和赫斯特分别负责撰写的章节。

学者对《教育的逻辑》的评价褒贬不一。塔克(J. P. Tuck)认为,该书展示了各方关于教育问题的尖锐争辩,无疑吸引了众多读者。它最大的优点在于每当争论中出现针锋相对的观点时,作者都会提出合理的意见。塔克认为尽管该书的参考书目冗长而且存在少量印刷错误,但这部著作是传统主义和进步主义的有效综合体,它的出版适时、重要,教育思想应该受到逻辑论证的严格测试。② 格里高利(Ian Gregory)对书中哲学分析方法的运用大加赞赏。他说,哲学注重精确和清晰,这对"照亮"教育冲突的"暗处"作用巨大③。加拿大学者贝克(Clive Beck)则对此提出比较尖锐的批评。虽然贝克承认该书是传统意义上精心撰写的学术性著作,但他认为二阶分析对于教育理论与实践没有多少意义。他说,从主题的广度上说,该书的出版标志着分析传统又迈出重要一步④。但是,针对彼得斯和赫斯特所遵循的所谓"分析传统",贝克指出,该书"最大的缺点在于作者继续坚持40、50年代英国分析哲学流派发展的哲学探讨的非实质性二阶概念"。两位作者为教育哲学家所设想的概念研究仅仅是概念"实"有(do have)的形式,而不是其"应"有(must have)的形式等实质性问题。⑤ "尽管人们已经在质疑纯粹的分析方法是否充分有效,但彼得斯和赫斯特还是没有创立新的模式出来。"⑥彼得斯和赫斯特在谈到概念分析的原则时曾写道:"我们所做的就是

---

① 赫斯特,彼得斯. 教育的逻辑[M]. 刘贵杰,译. 台北:五南图书出版公司,1994:001.
② J. P. Tuck. Review[J]. British Journal of Educational Studies, 1971, 19(2): 216.
③ Ian Gregory. Reivew[J]. Philosophical Books, 1972, 8(1): 9.
④ Clive Beck. Review[J]. Studies in Philosophy and Education, 1975, 9(1-2): 21.
⑤ Clive Beck. Review[J]. Studies in Philosophy and Education, 1975, 9(1-2): 23.
⑥ Clive Beck. Review[J]. Studies in Philosophy and Education, 1975, 9(1-2): 22.

检验词汇的使用,目的是为了发现支配其使用的原则。"①学者兰福德(Glenn Langford)对此提出批评。他在书评中举例指出,书中第二章论及他们所提出的"教育"的概念可能面临的反对声音时,两位作者写道,"我们常提及专业化教育"②,"我们也会提及斯巴达教育"③,等等,可以说两位作者使用某单词的原则似乎是"以定义的形式进行明确阐述,规定其用法上的逻辑必要条件"④。兰福德指出这种哲学分析方法的运用很奇怪,他认为不能因为做概念分析比较难就只满足于必要条件,而不顾充分条件。⑤尽管如此,瑕不掩瑜,兰福德并不否认《教育逻辑》一书为教育哲学发展所做的贡献:"本书是一本成功的著作,对教育哲学来说非常有价值和意义。"⑥

5.《教育与理性的发展》(Education and the Development of Reason)

《教育与理性的发展》(1972)由迪尔登、赫斯特和彼得斯主编,赫斯特作序。该书包括3个主题,共收录了28篇文章,其中有10篇属于首次发表。该书第一部分题为"对当今种种教育目的的批评",对当时"以儿童为中心"的教育目标进行批判,指出这些教育目标在哲学上的不足之处。第一部分收录的文章包括彼得斯的《教育与受过教育的人》、奥克肖特(M. Oakeshott)的《教育:承诺与失意》、迪尔登(R. F. Dearden)的《教育中的"需要"》、《教育是成长过程》和《幸福与教育》、威尔逊(J. Wilson)的《"心理健康"是教育的目的》、怀特(P. A. White)的《社会化与教育》、怀特(J. P. White)的《创造性与教育:一种哲学分析》。第二部分题为"理性",其中的文章集中讨论理性的概念,虽然与教育问题不直接相关,但是在讨论教育问题用及理性的概念时,这些文章所论述的理性的重要特征都必须加以考虑。这部分收录的文章包括波尔(D. Pole)的《理性的概念》、莱尔(G. Ryle)的《一种理智的动物》、布莱克(M. Black)的《明智》、彼得斯的《理性与热情》、格里菲斯(A. Phillips Griffiths)的《论信念》、汉姆林(D. W. Hamly)的《客

---

① R. S. Peters. The Logic of Education[M]. London: Routledge and Kegan Paul, 1970: 4.
② R. S. Peters. The Logic of Education[M]. London: Routledge and Kegan Paul, 1970: 22.
③ R. S. Peters. The Logic of Education[M]. London: Routledge and Kegan Paul, 1970: 23.
④⑤ Glenn Langford. Review[J]. Philosophy, 1972, 47(182): 373.
⑥ Glenn Langford. Review[J]. Philosophy, 1972, 47(182): 374.

观性》和《真理的对应理论》、昆顿(A. Quinton)的《知识的基础》、埃之理(R. Edgley)的《实践理性》、马伯特(J. D. Mabbott)的《理性与欲望》、格里菲斯(A. Phillips Griffiths)的《理性与起因》、普莱斯(H. H. Price)的《信念与愿望》、皮彻(G. Pitcher)的《情感》。教育工作者在熟悉了第二部分的内容后,如果需要进一步探讨,那么第三部分包含了样本供教育工作者参考。这部分题为"教育与理性",收录的文章有赫斯特的《博雅教育与知识的性质》、帕斯莫的《论为了批判的教育》、莱尔的《美德可以被教吗?》、迪尔登的《自主与教育》、彼得斯的《情感教育》和《教育与人的发展》、赫本(R. W. Hepburn)的《美术及感受和情感的教育》。上述作者大多是当时英国的顶尖哲学家,他们的真知灼见无疑给教育哲学领域注入活力、带来新鲜感。书中着重讨论教育的目的。对于那些试图把压力集团的影响从教育规划领域移除的人而言,第一和第三部分有着实际意义,有助于使其回归理性轨道。第一部分针砭教育目的的现有理论,之后卓有成效地重新表达有关理性发展的理论的核心涵义。第二部分的文章从哲学角度探讨当代分析哲学领域被忽视的一些概念,例如教育、学习、教化等。第三部分只是相关研究的开端,有待进一步深化。彼得斯编撰《教育与理性的发展》一书的目的是希望"把教育领域兼具实用价值和哲学内涵的作品汇合成集"[①]。在彼得斯等学者眼中,教育的目的就是发展理性。书中关于合乎理性的标准、批判性思维、与世界、他人和自己的感受进行理性沟通的这些讨论,恰逢当时反认知主义心理学盛行。编者努力让理性的概念具体化、明确化,通过把理性与感受、意志相联系而形成理性的概念,这既不会过于学术,又符合多元化的教育目标。

《教育与理性的发展》中收录的彼得斯的4篇论文与《教育的逻辑》中提出的论点大抵相同。其中在《教育与受过教育的人》中,彼得斯对业已广为人知的教育的概念进行重新表述,描述其普通用法,使得教育的概念更加翔实。库兹(Richard J. Cootes)认为这些描述涉及教育概念的外围应用,在某种程度上不如早先描述得那么犀利、清晰。[②]《教育与理性的发展》亦汇聚

---

① L. R. Perry. Review[J]. British Journal of Educational Studies,1973,21(1):117-119.
② Richard J. Cootes. Review[J]. Comparative Education,1972,8(3):156-157.

了不少哲学文章，它们批判现实、颇有见地，对教育目标的制定有特殊意义。但是正由于这些文章哲学性过强，读者如何将其运用于教育实践难度较大。正如佩里(L. R. Perry)所言，该书第二部分收录的文章均为名人所作，具有高度哲学价值，但是"情感""判断""真理""客观性"等纯哲学命题与教育的主题缺乏直接关联。在书中，格里芬森(Griffithson)对"信念""理性与起因"有着精彩论述，但是距离日常教学工作中哪些信念适合教师的问题比较远。书中还有一些关于心智理论的零碎讨论，但是几乎没有谈到行动的问题以及如何计划的问题，而这些正是教育问题的组成部分。有鉴于此，佩里认为该书第一部分和第三部分对大部分读者而言更为有价值。① 兰福德(Glenn Langford)也认为，尽管第二部分中的文章都是好文，但是它们与教育问题无明确关联，把它们收入该书是错误的。而且在各大教育学院有很多从事教育哲学教学的教授，但是该书竟然没有收录任何一篇由这些教授撰写的文章，这也是令人遗憾的地方之一。② 学者 J. T. K 对该书则有较高评价，认为该书反映了当代分析哲学家的志趣与教育哲学的核心概念的一致，并且把关注点延伸到教育的较高层次及理性的发展。书中文章的作者志趣各不相同，对于关心教育实际运用或是哲学背景深厚的读者均不无裨益。不过他也认为，该书没有能够关注有关分歧的问题。也就是说，编者似乎认为教育中理性的重要性更多地存在于个体发展领域，而非为了锻造社会一致性。③

6.《教育哲学》(The Philosophy of Education)

《教育哲学》出版于1973年。该书收录了12篇涉及教育哲学各个方面的论文，其中10篇已经在其他杂志或书籍中发表过，有的专门为了本书做了修订。这些论文分为4类，分别为教育的概念、教育的内容、教与学以及教育的证成。第一部分"教育的概念"实际上由6篇文章组成，包括赫波斯特(P. Herbst)的《工作、劳动与大学教育》，该文试图对工作和劳动进行区分，并对大学里的职业教育与博雅教育进行分析对比，以及谢弗勒(I.

---

① Richard J. Cootes. Review[J]. Comparative Education, 1972, 8(3): 156-157.
② Glenn Langford. Review[J]. Mind, New Series, 1974, 83(329): 151-154.
③ J. T. K. Review[J]. The Review of Metaphysics, 1973, 27(1): 122-123.

Scheffler)的《反思教育的关联性》。值得注意的是,这一部分开篇即是《教育的目标:概念探究》,文章对教育目的的概念进行分析,里面包括彼得斯的同名论文、两位加拿大教授伍兹(J. Woods)、德雷(W. H. Dray)撰写的两篇驳论以及彼得斯的回复。彼得斯探讨了教育的目的、教育的概念、受过教育的标准、教育过程中暗含的原则、内容和过程的融合、哲学分析的作用等主题,并且讨论了这些主题在教育理论中的意义。在该文发表后,加拿大教授伍兹和德雷分别表达了对彼得斯观点的批评。伍兹认为哲学分析方法对教育理论并无实质贡献,[①]德雷则认为彼得斯曲解了哲学家的任务,并使之含糊不清。[②] 为此,彼得斯专门撰文作出回应,指出当初《教育的目标:概念探究》是为一次国际研讨会而写,面对的读者对象是普通教师,而非哲学家,难免稍显粗糙、肤浅,并对两位教授其他质疑一一回应。三人的讨论发人深省,只是很遗憾没有留下定论,难免令人怀疑整个主题以及处理主题的方式。第二部分"教育的内容"里有赫斯特的《博雅教育与知识的性质》、沃诺克(M. Warnock)的《论教育中质量的定义》、普林(R. Pring)的《课程整合》、索科特(H. Sockett)的《课程规划:达到目的的手段》。赫斯特的文章以大量篇幅批评《哈佛报告》,提出了现代博雅教育的标准。沃诺克在谈到教育质量问题时,强调教育中想象力的重要性,并直言不讳地维护专业化。普林对课程整合(另称跨学科研究)的含义进行了深入细致的研究和分析,索科特则讨论了课程规划中涉及的目的与手段,两人均提出了许多新颖而有价值的观点。第三部分"教与学"里有3篇论文,赫斯特的《什么是教?》探讨教学的本质,海姆立(D. W. Hamly)的《人类的学习》和《关于学习的逻辑、心理学方面》,前者强调学习过程的社会性,试图在理性主义和经验主义的中间道路上探讨学习的理论,后者在深入探讨皮亚杰的学习理论的基础上阐述学习一门专业的意义。第四部分"教育的证成"有两篇文章,第一篇是怀特(P. A. White)的《教育、民主和公共利益》,检视了公共利益概念的涵义,

---

① John Woods. Commentary[G]//R. S. Peters, ed.. The Philosophy of Education. London: Oxford University Press, 1973: 29.
② William Dray. Commentary[G]//R. S. Peters, ed.. The Philosophy of Education. London: Oxford University Press, 1973: 34.

强调政治教育的重要性。第二篇是彼得斯的长文《教育的证成》,他认为应该把教育的工具性证成降为次要地位,但他没能明确说明教育的非工具性证成,只是认为教育的证成就是使人能够实践证成。塔克(J. P. Tuck)发表书评指出,虽然《教育哲学》收录的文章从整体水平而言参差不齐,大多数文章所使用的概念分析的哲学方法和以哲学术语表达的观点用普通语言也可以表达清楚,该书反映了当代哲学对教育的试验性探究,为教育专业的教师和高年级学生提供了非常有价值的文本。[1]

7.《心理学与伦理发展》(Psychology and Ehical Development)

《心理学与伦理发展》(1974)的全名是《心理学与伦理发展:心理学理论、伦理发展与人类认识的论文集》。该书共分 4 部分,收录了彼得斯的 23 篇文章,包括他 1951 年至 1974 年期间发表的有关心理学、伦理学及教育学的 20 篇论文和 3 篇传记体文章。第一部分主题是"心理学理论和理性心理学",第二部分主题为"伦理发展",第三部分为"教育和人类的认识",第四部分是"彼得斯生平背景"。彼得斯在该书前言中写道,本书一半文章写于 70 年代,都是关于"哲学和心理学之间的边界问题"[2]。书中有 7 篇文章专论道德发展心理学,其余文章主题涉及行为主义、弗洛伊德、皮亚杰、梅斯(C.A.Mace)、个体认识及人际关系等。彼得斯非常认同把弗洛伊德和皮亚杰理论相结合,反对行为主义,并为此专门撰写两篇文章说明理由。学者吉恩(William D. Gean)在书评中强烈推荐对心理学、道德发展或是哲学心理学边缘学科问题感兴趣的读者阅读该书,因为彼得斯是学心理学出身,对该领域非常熟稔,比其他哲学家更能胜任上述主题。从哲学上看,彼得斯深受卡尔·波普尔(Karl Popper)的影响,遵循分析的传统,他的概念分析无一例外都是为了澄清和评估心理学理论或是提出某项重要论点,因此,"不少文章取得良好效果……这种哲学探讨方法值得学习"[3]。吉恩认为,"书中文章内容丰富,值得研读一番。它们在内容上互为补充,虽

---

[1] J. P. Tuck. Review[J]. British Journal of Educational Studies,1974,22(2):204-205.
[2] R. S. Peters. Psychology and Ethical Development[M]. London:George Allen and Unwin Ltd.,1974:16.
[3] William D. Gean. Problems on the Borderline of Philosophy and Psychology[J]. Contemporary Psychology:APA Review of Books,1976,21(5):366.

然偶尔有重复的情况发生,但是彼得斯文风简洁明了,评论有根有据,颇有见地,发人深省"①。

8.《杜威新论》(John Dewey Reconsidered)

《杜威新论》(1977)是彼得斯主编的一本论文集。书中共收录了6篇论文,分别是:昆顿(Anthony Quinton)的《探究、思想和行动:约翰·杜威的知识理论》、布鲁纳(Jerome Bruner)等的《语言和经验》、怀特(Alan White)的《杜威的兴趣理论》、赫里斯(Martin Hollis)的《行动中的自我》、弗陆(Antony Flew)的《民主与教育》以及彼得斯的《杜威的教育哲学》。这些文章旨在进一步研究杜威的认识论观点、社会学理论以及教育哲学理论等。对此,科恩(Brenda Cohen)认为,该论文集主题分散,对于"不熟悉杜威哲学的读者而言很难领会杜威思想这三个方面(认识论、社会理论和教育理论)之间的内在关联性"。③ 对于那些对杜威的教育哲学理论感兴趣的读者而言,阅读彼得斯的文章无疑是大有裨益的。彼得斯在文中指出,杜威一开始是黑格尔的信徒(Hegelian),后来才成为实用主义者④,这可以说明为何杜威总是向二元论开战。杜威似乎试图逾越儿童的文化传统与其实际关切之间的鸿沟,所以对可能的现实世界和人类境况轻描淡写。他过度强调学生学习的自愿性,而忽略教师的权威和专业知识。他对情感教育以及人类不理性的一面只字不提。最糟糕的是,他的实用主义立场表现出"对宇宙的不敬",认为大自然要为人类目的服务。而彼得斯则认为,"人类身处个人世界,也身处公共世界;既要服从大自然,也要改造大自然。大自然应该成为人类享受、惊叹、和敬畏的对象,当然也可以为人类所用……而这些是杜威没能解决的二元性。"⑤针对彼得斯的上述观点,数位学者提出了中肯的意见。学者亨得利(Brian Hendley)在书评中写道:"彼得斯的观点大多数都有道理,但是杜威对经验的宗教维度的认可以及他对终结体验的关切似乎证明他并没有对宇宙不敬。诚然,杜威忽视了人类不理性的一面,但是

---

① William D. Gean. Problems on the Borderline of Philosophy and Psychology[J]. Contemporary Psychology: APA Review of Books, 1976, 21(5): 366.
③ Brenda Cohen. Review[J]. British Journal of Educational Studies, 1978, 26(2): 189.
④ R. S. Peters. John Dewey Reconsidered[M]. London: Routledge and Kegan Paul, 1977: 102.
⑤ R. S. Peters. John Dewey Reconsidered[M]. London: Routledge and Kegan Paul, 1977: 121.

这一缺点即便是彼得斯笔下的'受过教育的人'也没能完全克服。"①亨得利认为哲学家们包括杜威在内都倾向于回避人的阴暗面,杜威积极参与政治学和教育学的行为可以被视为为应对人类非理性一面而采取的实际行动。②亨得利也认为不能不加批判地接受彼得斯认为"杜威是进步主义与传统主义折中派"的观点,因为尽管杜威后来批评进步主义泛滥,但是杜威从根本上说是反对教育中的保守主义的,视之为"缺乏民主精神的社会组织的遗物"。③

9.《教育与教师教育》(Education and the Education of Teachers)

《教育与教师教育》也发表于 1977 年。正如书名所示,本书由两部分组成,第一部分讨论教育,第二部分讨论教师教育。在第一部分中,彼得斯在先前工作的基础上,再次阐发自己对教育的理解和主张,包括什么是教育与受过教育的人、教育质量的涵义、教育的证成、博雅教育的模糊性、内容与困境等。在第二部分谈论教师教育时,彼得斯就师资培训中哲学的地位问题、职前培训的"教育"、教育学学科、教师教育中大学的角色和责任等问题阐发自己的主张。虽然这些主题似曾相识,但是它们反映了彼得斯在过去 10 年中对教育和教师教育的不断思考。在书中收录的 10 篇论文中,第一篇《教育与受过教育的人》与第二篇《教育质量的涵义》实属会议论文。20 世纪 60 年代末,人们经常就教育质量开展论战,尤其是针对综合学校的教育质量,但是对教育质量本身却缺乏相应的分析。对此彼得斯专门撰文就"教育"及"教育质量"的深层含义进行探索与思考。接下来的 2 篇论文《博雅教育的模糊性及其内容问题》和《博雅教育的困境》是彼得斯较新的研究成果,论述了博雅教育及其最新进展。人们对博雅教育有着不同诠释,有的认为博雅教育只"以传授知识为目的",有的认为博雅教育就是普通教育,有的认为博雅教育即非专制教育,等等。彼得斯对这些博雅教育的模糊性问题一一进行辨析,并且指出,上述诠释都没能回答赫伯特·斯宾塞(Herbert Spencer)之问,即"什么样的知识是最有价值的?"在《博雅教育的困境》一文中,彼得斯叙述了从事博

---

①② Brian Hendley. Review[J]. Dialogue, 1980, 19(4): 713-717.
③ Brenda Cohen. Review[J]. British Journal of Educational Studies, 1978, 26(2): 189.

雅教育的教师在实践中会碰到的各种难题和困境。第5篇文章《教育的证成》是彼得斯对之前发表的《伦理学与教育》一书中有关教育的证成内容的再版，彼得斯对相关内容做了改进和进一步澄清。在第6篇文章《柏拉图的教育观到底对不对？》中，彼得斯没有关注柏拉图教育观不为人接受的那些方面，而是建设性地论述其合理的部分，与通常论述柏拉图教育观点的角度不同。第二部分的开篇是《师资培训中哲学的地位问题》，这是彼得斯1964年发表的一篇会议论文，他在文中区分了促成教育理论的各门学科，提出了教育理论的标准，这被认为是具有里程碑意义的尝试。然而这些学科各行其是，各种教育问题仍旧混乱不清，因为需要跨学科的方法来加以解决。

10.《论教育家》(Essays on Educators)

《论教育家》(1981)是彼得斯后期出版的一部专著。该书分为3个部分，共收录了彼得斯的8篇文章。第一部分题为"个人与社会"，包括《柏拉图对教育的看法对吗？》[①]、《卢梭的'爱弥儿'中的悖论》和《民主价值观和教育目标》3篇文章。第二部分题为"传统与进步主义"，包括《斯宾塞的科学进步主义》、《杜威的教育哲学》和《奥克肖特的教育哲学》。第三部分题为"跨学科批评"，包括《柯尔伯格的理论在道德教育中的地位》和《动机与教育》两篇文章。

彼得斯的这部著作与关于伟大教育家的传统著作不同。他没有详细描述诸如亚里士多德、洛克、夸美纽斯、裴斯塔洛奇等大家的生平或学术成就，而是根据主题的需要，精心选择了一小部分教育家进行述评，涉及教育领域中一些永恒的关键性问题，例如理性、动机、课程、个性化教育、有价值的知识、进步主义和传统主义等。《柏拉图对教育的看法对吗？》一文主要论述了理性发展在教育中的地位问题，认为柏拉图的错误在于完全依赖纯粹理性，忽视了一个人所做决定并不一定完全取决于理性这一事实。在《卢梭的"爱弥儿"中的悖论》中，彼得斯抨击了卢梭的自由理念，认为爱弥儿其实并不自由，而是完全受控于自己的老师。《民主价值观和教育目标》则反映了彼得斯对教育概念和教育目的的最新观点。针对人们对课程以及科学的地位问

---

① 此文与《教育与教师教育》中收录的同名文章内容基本相同。

什么是"受过教育的人"？——彼得斯教育思想研究

题存在争议,彼得斯在《斯宾塞的科学进步主义》一文中对斯宾塞的《论教育文集》(Essays on Education)中关于"什么知识最有价值？"的观点表示支持,但对斯宾塞其他包括科学在内的观点表示反对。在《杜威的教育哲学》和《奥克肖特的教育哲学》中,彼得斯分别对进步主义和现代传统主义进行了评述。彼得斯认为杜威错在过于重视"社会的自我"(the social self),而忽视了"私人自我"(private self)的可能性。彼得斯指出,杜威对教育实践的影响固然很大,但如果教育的最终目的是"使自己有所成就",那么杜威学派所创造的自我将是有缺陷的。该书的第三部分是从跨学科的角度对教育问题进行论述。《柯尔伯格的理论在道德教育中的地位》从哲学和心理学角度对柯尔伯格的道德发展理论进行评论,指出他的阶段论与皮亚杰理论的相似之处,但是批评柯尔伯格提出的第五和第六阶段与早期阶段不一样,在阶段论中格格不入。《动机与教育》则对影响着教育领域的斯金纳、皮亚杰和麦克利兰(David McClelland)等人的动机理论进行评述。彼得斯认为人们太过于关注内在动力和机械反应,而忽视了社会和情境因素的作用。

美国学者菲尼克斯(Philip H. Phenix)高度评价了这本著作的重要性,认为彼得斯对古典和当代重要教育家的思想和著作进行了建设性的、批判性的评价,是作者早期杰出著作的有价值的续集。[1] 弗赛(Arthur W. Foshay)也认为这本书令人耳目一新,是一本跨学科书籍,不局限于哲学,而且反映了作者的博学。该书虽然只有短短一百多页,但是反映了"高级"(high)和"流行"(popular)文化的元素,非常适合忙碌的教育者阅读。[2] 班托克(G. H. Bantock)则批评彼得斯似乎是把相关教育家当作磨刀石来磨砺自己的爪子,以便为自己的观点开路；而且彼得斯所持的一些观点也有误,例如关于柏拉图的理性概念、卢梭、斯宾塞的相关论点等。[3] 班托克特别提到彼得斯关于"民主价值观"的文章,认为彼得斯通过区分程序性的价值(例如理性发展、自由、宽容、求真和尊重等社会政治生活中需要的价值)与审美和宗教价值观(即民主主义者对生活可能持有的观点)的区别,回避

---

[1] Philip H. Phenix. Review[J]. American Journal of Education, 1981, 90(1): 46-49.
[2] Arthur W. Foshay. Review[J]. International Review of Education, 1982, 28(3): 397.
[3] G. H. Bantock. Review[J]. British Journal of Educational Studies, 1982, 30(3): 355.

了"文化权威"的问题。① 班托克认为虽然彼得斯重视那些非程序性的价值,但是这些价值并不一定需要优先考虑,而且彼得斯所认为的"民主主义者""不仅仅是民主主义者,他们也是人"的观点有待商榷,因为很难把人这样分裂开来看待。④

通过对以上相关著作的介绍和分析,可以粗略看到彼得斯教育思想发展的内在脉络。《权威、责任与教育》反映了彼得斯最初对教育的看法,不过他的教育思想集中体现在他的代表作《伦理学与教育》之中,之后的专著或论文基本上是对《伦理学与教育》的补充或澄清。彼得斯是哲学心理学家出身,这为他跨界进入教育哲学领域提供了基本的便利条件。在《教育的概念》、《教育的逻辑》和《教育哲学》中,他遵循分析传统,把哲学分析方法引入教育哲学领域,对教育的相关概念进行进一步厘清。《教育与理性的发展》、《心理学与伦理发展》和《教育与教师教育》把关注点延伸到了教育的较高层次,包括理性发展、道德发展、教师教育等。《杜威新论》和《论教育家》则为业界进一步研究古今著名思想家、教育家的认识论观点、社会学理论、心理学理论以及教育哲学理论等打开了新的视角。

---

① G. H. Bantock. Review[J]. British Journal of Educational Studies, 1982, 30(3): 355.
④ G. H. Bantock. Review[J]. British Journal of Educational Studies, 1982, 30(3): 356.